시진핑의 말

· 친근함의 힘 ·

시진핑의 말

천시시 엮음 박영인 옮김

平 易 近 人

예쎄

언어에는 신비한 힘이 있다. 중국공산당 총서기 시진핑習近
平(국가주석)은 연설이나 담화, 기자회견 등 주요 발언을 할 때
형상形象 비유를 들거나 고전 시문과 고사성어를 인용하여 심
오한 진리를 역설하고, 일반 서민이 실제 생활에서 자주 쓰는
속언과 속담을 인용해 의혹을 해소하며 중국의 우수한 문화
적 전통이 담긴 표현을 통해 자신이 주장하려는 바를 간략하
고도 분명하게 제시한다. 이처럼 시진핑의 언어는 평이하고도
현실적인 표현 안에 뛰어난 지혜와 통찰력을 담고 있으며 투
명하고도 직접적인 표현으로 사람의 마음을 사로잡는 힘을
지녔다.

"호랑이와 파리를 잡자" "권력을 제도라는 우리에 가두자"
와 같이 생생한 비유 안에 심오한 진리를 담은 시진핑의 발언
은 국민의 찬사를 이끌어냈다. "쇠를 두드리려면 자신이 단단

해야 한다" "할 말이 있으면 공개적으로 하라" 등의 표현은 간결하면서도 생동감이 넘친다. 이 밖에 시진핑은 "큰 나라를 다스리는 것은 작은 생선을 삶는 것과 같다" "현명한 사람을 숭상하는 것이 정치의 근본이다" 등의 경전과 시구를 인용하여 그의 국정 운영 방침을 드러내기도 한다. 또 "갈 길이 아득하고 끝이 없는데 돛을 달고 바람 따라 떠가네"라는 시구로 아시아태평양 공동체의 발전에 대한 바람을 드러내는가 하면 "공허한 담론이 일을 그르친다"라는 구절을 인용해 이론과 현실을 아우르는 업무 기풍을 강조하기도 한다.

이 책은 '시진핑의 말'에 깃든 그의 언어적 품격에 착안하여 제18차 당 대회(2012년 11월)부터 2014년 5월까지 시진핑이 여러 공식 석상에서 발표한 주요 발언 가운데 특색 있는 표현 70가지를 선별하여 그 어원과 의미, 이론적 가치 및 사회적 영향 등에 대해 간략하고도 압축적인 설명을 덧붙였다.

이 책을 출판하는 또 하나의 목적이 있다면 바로 독자에게 시대에 맞는 문체와 문풍文風 그리고 '화법'을 익히는 게 얼마나 중요하고 긴박한 일인지를 알리는 것이다. 공직에 있는 이라면 모름지기 시진핑의 '화법'을 배워 형식적이고 겉치레가 넘치는 '관료체'가 아니라 일반 서민이라면 누구나 알아듣기 쉬운 온화하고 친근한 언어를 사용해야 할 것이다.

이 책은 '고전 시문' '속언·속담' '형상 비유' 인용 등 총 세 부분으로 나누어 시진핑의 말, 말, 말을 다루고 있다. 각 편에 실린 시진핑 어록은 중국공산당 중앙선전부가 편찬한 『시진핑 총서기 주요 발언 모음집』에 실린 12개 대주제의 순서에 따라 배열했으며 유사한 주제를 담은 말은 발언을 한 시간 순서에 따라 수록했다.

딩샤오핑丁曉萍(상하이교통대 인문학원 부교수), 왕위선汪雨申, 황칭차오黃慶橋 등 이 책의 편저자들이 쏟은 노고에 감사를 전한다. 여러 차례 원고를 수정하여 책 한 권을 완성하는 일은 참으로 어렵고 힘든 작업이다. 이 책의 기획과 출판에 성원을 아끼지 않은 중공중앙선전부, 교육부, 국가신문출판광전총국, 상하이 시 당위원회 선전부, 상하이 시 신문출판국 등 관련 당·정부기관에도 이 자리를 빌려 감사의 말을 전하고 싶다. 또 이 책의 출판에 진심어린 조언을 아끼지 않은 펑강馮剛, 왕란王然, 쉬옌궈徐艶國, 주젠朱健, 지보季波, 탄이談毅, 류화제劉華傑, 자오정옌趙正言 등 각 조직 고위 간부와 전문가에게도 감사를 전한다. 특히 이 책의 감수를 맡아준 장시張曦 전前 저장성 당위원회 상무위원, 성 당위원회 서기 겸 저장대학교 당위원회 서기에게 깊은 감사를 전한다.

시진핑의 주요 발언은 방대한 분야에 걸쳐 심오한 진리를 담고 있다. 그러나 유감스럽게도 필자의 능력의 한계와 시간적 제약으로 인해 이 책에 싣지 못한 훌륭한 발언들이 아직 많이 남아 있다. 독자 여러분의 너그러운 이해를 바란다.

2014년 11월

제3장

'호랑이'와 '파리'를
한꺼번에 잡자

– 형상 비유 편

글을 마치며

제1장

큰 나라를
다스리는 것은

―――――――――

작은 생선을
삶는 것과 같다

-고전 시문 편

함부로 자신을 낮추거나 자만하지 말라

既不妄自菲薄, 也不妄自尊大

우리는 당과 국민이 지난 90여 년 동안 실천하고 경험한 바를 토대로 삼아 한시도 잊어서는 안 되며, 함부로 자신을 비하하거나 자만하는 일 없이既不妄自菲薄, 也不妄自尊大, 당과 국민이 오랜 실천과 모색으로 열어젖힌 올바른 길을 흔들림 없이 걸어가야 한다.

— 2013년 12월 26일 '마오쩌둥 탄생 120주년 기념 좌담회'에서

'함부로 스스로를 비하하다妄自菲薄'와 '터무니없이 자만하다妄自尊大'라는 두 가지 고사성어를 모르는 중국인은 없을 것이다. 첫 고사성어의 출처는 『삼국지』「촉蜀」편에 나오는 제갈량의 '출사표出師表'다.

"자신을 함부로 낮추지 마시고 옳지 않은 비유로 의를 잃으셔서 충성스러운 간언의 길을 막지 마십시오不宜妄自菲薄, 引喻失

義, 以塞忠諫之路也."

제갈량은 한漢나라 황실 재건을 위해 유비의 아들 유선을 보필했으나 유선은 원대한 포부나 야망이 없는 자였다. 이런 군주가 심히 걱정되었던 제갈공명은 북방의 위나라를 정벌하러 떠나기 전에 '출사표'라는 서한을 남겨 유선에게 스스로를 지나치게 낮추지 말 것을 간언했다.

두 번째 고사성어의 출처는 남북조시대 송나라의 범엽範曄이 편찬한 『후한서後漢書』「마원전馬援傳」이다.

"자양(공손술의 자)은 우물 안 개구리처럼 터무니없이 우쭐대는 사람입니다 子陽井底蛙耳, 以妄自尊大."

이 구절에 얽힌 이야기는 이러하다. 유수劉秀는 동한東漢을 세우고 광무제가 되었지만 전국은 통일을 이루지 못한 채 여전히 군웅들이 날뛰는 형국이었다. 당시 최대 세력 중 하나인 공손술公孫述은 사천 지방에서 황제가 되었다. 한편 농서隴西 일대를 점거하고 있던 외효隗囂는 정치적인 출로를 찾기 위해 공손술과 동향인 마원을 공손술에게 보내 군웅할거에 관해 논의하게 했다. 그러나 공손술은 황제의 지위를 참칭하고 거드름을 피우며 마원을 냉대했다. 이에 불쾌해진 마원이 돌아와 외효에게 말했다.

"공손술은 우물 안 개구리와 같아 천하가 얼마나 넓은지 모른 채 스스로를 꽤나 대단하게 여기는 자입니다 公孫述是井底之蛙, 看不到天下之廣大, 自以爲了不起."

시진핑이 이 두 고사성어를 인용한 것은 중국 특색의 사회주의 노선을 추진하는 과정에서 중국 사회에 나타난 두 가지 잘못된 경향, 즉 '함부로 스스로를 비하하는' 허무주의와 '터무니없이 자만하는' 폐쇄적이고 경직된 태도를 경계해야 한다는 점을 강조하기 위함이다.

'함부로 스스로를 비하하는' 이들은 서구 선진국을 기준으로 삼아 중국의 현실을 평가한다. 이들은 중국과 서구 선진국의 격차 및 중국의 발전 과정에서 나타나는 각종 사회적 갈등을 과장하는 한편, 서구 문명을 인류 문명의 보편적이고 유일한 형태로 여기고 서구 모델을 그대로 따르지 않을 경우 서구 선진국과의 격차를 절대로 좁힐 수 없으며 중국에 존재하는 각종 문제와 갈등을 해소할 수 없다고 주장한다. 또 이를 근거로 중국의 발전이 맞이할 앞날에 비관적인 견해를 덧붙인다. 이들은 오늘날 중국의 기틀을 마련한 역사적 토대, 즉 1840년부터 1940년대까지 중국 국민이 외세에 항거했던 항쟁의 역사를 간과하고, 많은 인구와 빈약한 부존자원이라는 중국의 기본 상황을 제대로 인지하지 않으며 30여 년 동안 중국이 개혁개방으로 거둔 성과와 발전을 인정하려 하지 않는다. '지나친 자기비하'는 한마디로 '역사적 허무주의'의 또 다른 모습이다.

'지나친 자기비하'라는 잘못된 태도에서 벗어나기 위해서는 중국 특색의 사회주의 노선과 이론 및 관련 제도에 대한 자신감을 가져야 한다. 중국식 노선은 구소련의 스탈린 모델과 다르며 자본주의가 걸어온 길과도 같지 않다. 중국이 만든 제도

덕분에 전반적인 국정 운영 방침과 장기적인 국가 발전 계획이 통일성, 안정성, 연속성을 유지할 수 있고 정책의 결정과 시행의 효율성을 보장할 수 있다. 이와 관련해 덩샤오핑은 이런 말을 남겼다.

"사회주의 국가가 가진 최대의 장점은 어떤 일을 추진할 때 의사 결정과 집행이 아무런 제약 없이 신속하게 이루어진다는 점이다. (…) 이런 범위에서 볼 때 우리는 효율성 높은 체제를 갖추었다. 여기서 말하는 효율성이란 총체적인 효율을 말한다. 이 장점을 유지하여 사회주의가 지닌 우월성을 보장해야 한다."

중국인은 바로 이러한 자신감을 가져야 한다. 그동안 중국이 거친 경험에 대한 자신감은 흔들림 없이 굳건한 믿음으로 중국 특색의 사회주의 노선을 걸어가는 데서 드러난다.

'지나친 자기비하'와는 정반대로 '터무니없는 자만'은 중국에 대한 자만과 비합리적인 자부심으로 똘똘 뭉친 태도 및 행태로 나타난다. 이런 경향이 나타나는 원인은 개혁개방 실시 이후 30여 년 동안 거둔 발전의 성과를 맹신하는 데 있다. 이런 태도를 보이는 이들은 현재 중국 경제 총량이 이미 세계 2위로 비약적으로 성장했으며 국력이 증강하고 국민이 부유해졌으며 국제적 지위가 향상되었으므로 더 이상 목표 달성을 위해 힘겹게 달려가거나 평화발전 노선을 추구할 필요가 없다고 주장한다. 이들은 중국의 기본적인 국가 사정에서 드러나는 세 가지 문제점을 간과한다. 그 세 가지는 다음과 같다.

첫째, 중국은 여전히 사회주의 초급 단계에 있다. 둘째, 갈수록 늘어나는 국민의 물질적 수요와 여전히 낙후한 생산력의 격차가 현재 사회적 갈등을 야기하는 주요 요인이다. 셋째, 중국은 여전히 세계에서 가장 큰 개발도상국이다. 자국에 대한 자만에 빠진 이들은 이런 문제와 갈등을 덮어두려 하고 작은 성과에 도취되어 더 큰 목표를 향해 나아가려 하지 않으며 개혁 심화를 위한 동력을 잃었다. 혹은 눈앞의 성과에 급급하여 사치와 낭비 풍조를 조장하거나 우물 안 개구리처럼 스스로를 세계 최고로 여기면서 다른 국가의 우수한 점을 배우려 하지 않는 등 폐쇄적이고 경직된 자세를 취한다.

이처럼 '터무니없이 자만하는' 그릇된 태도에서 벗어나기 위해서는 자신의 상황에 대한 정확한 자각이 필요하다. 즉 미래를 걱정하고 이에 대비하는 자세를 갖춰야 한다. 중국 특색의 사회주의 노선은 현재 새로운 역사적 출발점에 놓여 있고 관련 이론도 아직 완성되지 않은 채 끊임없는 모색의 과정에 있으며 기본적인 제도 역시 지속적인 보완을 필요로 한다. 중국의 '고도로 집중된' 정치체제가 보유한 장점을 언급하면서 덩샤오핑은 그 폐단 역시 정확하게 지적했다. 즉 '관료주의 현상, 권력의 지나친 집중, 가부장적 사회 제도, 고위 공직자 종신제 및 각종 특권 남용 현상' 등이 쉽게 발생해 '사회주의 체제가 지닌 우월성을 제대로 발휘할 수 없게 만든다'는 것이다. 덩샤오핑의 이 발언이야말로 진정한 자각의식이 무엇인지 보여준다. 자신의 처지를 정확히 자각하지 못한 자신감은 맹목적인 자신감으로 발전해 "무식한 자에게 두려움이 없다無知者無畏"(『논어』 「계씨季氏」 편 공자의 다음 말에서 유래한다. "군자에게는 세 가지 두려워해야 할 일이 있다. 천명을 두려워해야 하고, 위대한 성인을 두려워해야 하며, 성인의 말씀을 두려워해야 한다. 소인은 천명을 알지 못하여 두려워하지 않고, 위대한 성인에게 함부로 대하며, 성인의 말씀을 업신여기는 것이다君子有三畏, 畏天命, 畏大人, 畏聖人之言. 小人不知天命而不畏也, 狎大人, 侮聖人之言")라는 말을 현실화한다. 그동안 중국이 경험한 것에 대한 자각은 폐쇄적이고 경직된 과거의 방식에서 벗어나 중국 특색의 사회주의 노선을 흔들림 없이 걸어갈 때 비로소 그 빛을 발한다.

'지나친 자기비하'와 '터무니없는 자만'은 정반대의 태도로 보이지만 실제로는 둘 다 역사와 현실을 객관적으로 보지 않고 문제를 단편적이며 부분적으로 대하는 잘못된 사고방식의 소산으로 나라의 발전을 가로막는 점에서 동일하다. 현재 중국인에게 필요한 것은 자신감과 자각이다. 확고한 자신감을 가지고 흔들림 없이 중국 특색의 사회주의 노선을 걸으며, 중국의 발전 과정에서 발생하는 문제와 갈등을 회피하지 않고 정확하게 인식해야 한다. 그리고 한마음 한뜻으로 샤오캉 사회小康社會(모든 국민이 편안하고 풍족한 생활을 누리는 상태)를 건설하고 중국의 위대한 부흥을 실현하겠다는 굳은 결심을 품어야 한다.

02

진실로 새로워지려면
날마다 새로워지고 또 날로 새로워져야 한다

苟日新, 日日新, 又日新

중화민족은 위대한 혁신의 정신을 지닌 민족이며 위대한 창의
성으로 세계에 이름을 떨쳐왔다. "진실로 새로워지려면 날마
다 새로워지고 또 날로 새로워져야 한다苟日新, 日日新, 又日新." 이
말은 중화민족의 혁신 정신을 가장 잘 드러낸다.

— 2013년 12월 31일 '전국정치협상회의 신년 다과회'에서

시진핑은 2013년 말에 열린 '전국정치협상회의(정협) 신년
다과회'에서 『대학大學』에 나오는 "진실로 하루를 새롭게 하려
면 날마다 새로워지고 또 날로 새로워져야 한다"라는 말을 인
용했다. 이 구절의 원문은 다음과 같다.

"탕湯 임금의 「반명盤銘」에 이렇게 새겨져 있다. '진실로 하루
를 새롭게 하려면 날마다 새로워지고 또 날로 새로워져야 한

22

다.' '강고康誥'에 이르기를 '백성을 새로 거듭나게 하라作新民'라고 했다. 『시경』에 이르기를 '주나라는 오래된 나라이나 그 천명을 오로지 새롭게 한다周雖舊邦, 其命惟新'고 했다. 이런 고로 군자는 그 지극함을 쓰지 않는 바가 없다君子無所不用其極.'

이 구절을 풀어보자.

"만일 하루를 새롭게 하려면 날마다 새로워지고 그 위에 다시 새로워져야 한다. '강고'(『서경書經』「주서周書」 '강고' 편)에서는 '백성이 옛것을 버리고 새것을 도모하며 악습을 버리고 선한 것을 추구하도록 장려하라'라고 했다. 『시경』에서는 '주나라는 비록 오래된 나라이지만 그 사명은 혁신에 있다'고 했다. 그러므로 군자는 지극한 완벽함을 추구하지 않는 이가 없다."

'창신創新'이라는 말이 이 구절에서 비롯되었다고 한다. 『대학』은 원래 『예기禮記』의 편서篇書 중 하나였으나 송나라의 유학자인 정호, 정이 형제가 『예기』에서 따로 떼어 착간錯簡(책장 또는 편장의 순서가 잘못된 것)을 바로잡고 장구章句를 구분했다. 훗날 주희가 『대학』에 『중용』『논어』『맹자』를 합하여 주석을 달고 이를 '사서四書'라 통칭했다. 이후 『대학』은 유교 경전의 하나가 되었다.

"진실로 하루를 새롭게 하려면 날마다 새로워지고 또 날로 새로워져야 한다." 이 말은 은殷나라를 세운 탕 임금이 욕조에 새겨놓은 잠언으로, 날마다 몸의 때를 닦아 몸을 새롭게 해야 한다는 뜻이지만 그 의미를 확장하면 사상을 새롭게 하고 품덕을 수양하며 정신적으로 옛것을 버리고 새것을 추구해야 한다는 뜻이다. 즉 끊임없는 혁신을 강조한 말이다. 하루를 새롭게 하는 것'이 쉽지 않다면 '날마다 새로워지기'는 더욱 어렵고, '다시 날마다 새로워지기'란 더더욱 어려울 수밖에 없다.

"주나라는 오래된 나라이나 그 천명을 오로지 새롭게 한다"라는 구절처럼, 중국은 오랜 역사를 가진 나라이지만 끊임없이 혁신을 추구해야 한다. 중국의 전통문화에서는 옛것을 답습하는 것을 배격하고 혁신을 강조하며 사회의 끝없는 변화를 추구하고 위정자가 끊임없이 도덕을 수양하며 새로운 사상을 받아들여야 한다고 강조한다. 이런 전통 덕분에 중국 문명은 예로부터 수많은 발명품과 혁신을 일구어 인류에게 지대한 공헌을 했다.

이런 의미에서 볼 때 "진실로 새로워지려면 날마다 새로워지고 다시 날로 새로워져야 한다"는 시진핑의 발언은 중국의 혁신 정신을 가장 잘 드러낸다. 시진핑은 2013년 '5·4 청년의 날 기념 연설'에서 이 잠언을 인용해 중국 청년에게 혁신의 선봉에 설 것을 독려했다. "혁신은 민족 발전의 영혼이자 국가 발전의 마르지 않는 샘이며 중화민족의 가장 깊은 곳에 내재되어 있는 천부적 자질입니다. '진실로 새로워지려면 날마다 새로워지고 다시 날로 새로워져야 한다'는 구절처럼 말입니다."

온갖 도전과 기회가 공존하는 오늘날, 혁신의 중요성은 굳이 거듭 강조하지 않아도 좋을 만큼 당연시된다. 혁신은 사회 발전을 추진하는 강력한 힘이다. 21세기 들어 중국이 신속하게 발전하는 데 있어 혁신이 중요한 역할을 했음은 의심의 여지가 없다. 시진핑이 '진실로 새로워지려면 날마다 새로워지고 다시 날로 새로워져야 한다'는 구절을 인용한 것은 중국이 예로부터 혁신 정신을 바탕으로 위대한 창의성을 발휘했다는 사실을 강조하기 위한 것이기도 하지만 그보다는 현대 중국이 지속적인 혁신을 통해 시대의 발전에 발맞춰야 할 중요성을 강조하기 위함이다.

'진실로 새로워지려면 날마다 새로워지고 다시 날로 새로워져야 한다.' 이 문장을 실천하기 위해서는 스스로 끊임없이 발전하고자 노력하는 자강불식自強不息의 정신을 지니는 한편 외부로부터 새로운 것을 계속 배우며 받아들이는 능력도 갖춰야 한다. 중국인의 핏속에는 바로 이런 정신과 능력이 면면히 흐르고 있다. 빠르게 변화하는 세상, 치열한 경쟁이 벌어지는 각 분야에서 이러한 혁신 정신을 잃지 않는다면 각종 도전에 대응할 충분한 힘을 기를 수 있으며 이를 바탕으로 세계 무대에서 위대함을 다시 한번 빛낼 수 있을 것이다.

큰 나라를 다스리는 것은 작은 생선을 삶는 것과 같다

治大國若烹小鮮

이렇게 큰 나라에서 이토록 많은 국민을 위해 일하고 이토록
복잡한 국내 상황을 다스려야 하는 지도자라면 국가의 상황
을 깊이 이해하고 국민의 생각과 요구를 정확히 인식해야 한
다. "못 가에 서 있듯, 얇은 얼음을 밟고 가듯如履薄冰, 如臨深淵"
(『논어』「태백泰伯」) 신중하게 국정에 임한다는 자각과 "큰 나라
를 다스리는 것은 작은 생선을 삶는 것과 같다治大國若烹小鮮"라
는 태도로 결코 태만하거나 대충 하려는 마음을 품지 않고 성
실히 업무에 몰두해야 한다.

— 2013년 3월 19일 브릭스 각국 언론과의 합동 인터뷰에서

"큰 나라를 다스리는 것은 작은 생선을 삶는 것과 같다." 노
자의 『도덕경道德經』 60장에 나오는 말이다.

"큰 나라를 다스리는 것은 작은 생선을 삶는 것과 같다. 도

로써 세상을 다스리면 귀신도 신령한 힘을 쓰지 않는다. 귀신이 신령한 힘을 쓰지 않는 것이 아니라 그 힘이 사람을 해치지 않는 것이다. 귀신의 신령한 힘이 사람을 해치지 않을 뿐아니라 성인 또한 사람을 해치지 않는다. 귀신과 성인이 서로 (사람을) 해치지 않으므로 그 덕이 모두 백성에게 돌아간다治大國若烹小鮮. 以道莅天下, 其鬼不神. 非其鬼不神, 其神不傷人. 非其神不傷人, 聖人亦不傷人. 夫兩不相傷, 故德交歸焉."

풀이해보면 이런 뜻이다.

"큰 나라를 다스릴 때는 작은 생선을 요리할 때와 마찬가지로 함부로 이리저리 뒤집어서는 안 된다. 도로써 천하를 다스리면 귀신도 힘을 쓰지 못한다. 귀신이 힘을 쓰지 못하는 것이 아니라 그 힘이 사람을 다치게 하지 못하는 것이다. 귀신의 힘만 사람을 다치게 하지 못하는 것이 아니라 성인군자의 도 역시 사람을 다치게 하지 못한다. 신령한 힘을 가진 귀신과 도를 가진 성인 모두 사람을 다치게 하지 못하기 때문에 백성은 덕의 혜택을 누릴 수 있다."

"큰 나라를 다스리는 것은 작은 생선을 삶는 것과 같다"라는 말은 중국인이라면 누구나 알 만한 구절이자 중국 정치가들에게 큰 영향을 미친 명언이다. 후대의 수많은 학자와 정치인은 각자 자신이 이해한 바를 토대로 이 문장에 대한 다양한 해석을 내놓았다. 그러나 '작은 생선'을 '작은 물고기'로 해석하든 '맛있는 음식'으로 해석하든, 이 구절의 핵심은 국가 운영을 '요리'에 비유한 데 있다. 작은 생선을 요리할 때는 함부로 뒤집어서는 안 되고 기름과 소금, 간장 등의 양념도 적절하게 가미해야 하며 불의 세기도 적절히 조절해야 한다. 그렇지 않으면 생선이 흐물흐물해지거나 타버리며, 지나치게 짜거나 싱거워진다. 국가 운영도 이와 같다. 한번 결정한 정책을 생선 뒤집듯 수시로 바꾸거나 자신의 정치적 업적을 위해 졸속으로 추진해서는 안 되며 책임감 없이 업무에 태만하거나 대강대강 처리해서도 안 된다.

"큰 나라를 다스리는 것은 작은 생선을 삶는 것과 같다"라는 문장 속에는 국가를 운영할 때 반드시 갖춰야 할 이념과 정신이 깃들어 있다. 시진핑은 브릭스 각국 언론과의 합동 인터뷰에서 이 문장으로 자신의 국정 운영 철학을 표현했다. 작은 생선을 삶을 때는 먼저 작은 생선의 특징을 제대로 파악한 뒤 그 특성에 맞게 양념을 첨가하고 불의 세기를 조절해야 한다. 큰 나라를 다스리는 것도 이와 같다. 먼저 국가의 상황과 민심을 정확히 파악해야 국민을 근본으로 하는 정치를 실현할 수 있으며 원칙을 존중하는 자세와 가장 적합한 정책을 바탕으로 국정을 합리적으로 운영할 수 있다. 일상의 작은 일을 처리할 때도 작은 생선을 삶는 마음으로 최선을 다해야 좋은 결과를 얻을 수 있다. 국가의 앞날과 민족의 운명을 가름하는 국정 운영에는 그보다 더 강한 역사적 사명감과 책임감을 가지고 임해야 한다.

"큰 나라를 다스리는 것은 작은 생선을 삶는 것과 같다"라는 말은 '무위이치無爲而治' 곧 '하지 않음으로써 다스린다'는 노자의 철학을 잘 드러낸다. 무위이치는 결코 소극적으로 손 놓고 아무것도 하지 않는 것이 아니다. 자연과 세상의 객관적인 규칙에 순응하여 자연스럽게 제 몫을 한다는 의미다. 국가를 통치하는 데 있어 위정자가 내리는 모든 결정은 역사 발전의 법칙과 사회질서, 그리고 민심을 존중해야 한다. 수시로 정책을 번복하거나 치적을 위해 주관적이고 독자적인 태도로 정책을 결정하거나 순간의 충동에 이끌려 국민에게 해가 되는 정책을 추진한다면 국민의 안락한 삶을 보장할 수 없으며 부국강병 또한 실현할 수 없다. 시진핑이 "지도자는 국가의 상황을 깊이 이해하고 국민의 생각과 요구를 정확히 인식해야 한다"고 강조한 이유도 여기에 있다. 지도자의 이런 자세야말로 '큰 나라를 다스리는' 밑바탕이기 때문이다.

대략적인 통계에 따르면 『성경』을 제외하고 지금까지 세계에서 가장 많은 언어로 번역되고 가장 널리 전해진 저작물이 바로 노자의 가르침을 담은 경전이다. 서양에서는 "내가 억지로 하지 않으므로 백성이 저절로 바뀌고, 내가 고요를 좋아하므로 백성이 저절로 바르게 되며, 내가 일을 꾸미지 않으므로 백성이 저절로 부유해지고, 내가 욕심을 내지 않으므로 백성이 저절로 소박해진다我無爲而民自化, 我好靜而民自正, 我無事而民自富, 我無欲而民自樸"(『도덕경』 57장)는 노자의 구절이 자유주의를 최초로 설파한 선구적인 사상으로 인식되고 있다. 많은 외국 지도자 역시 노자의 명언을 자주 인용한다.

레이건 전 미국 대통령은 1982년 국정 연설에서 "큰 나라를 다스리는 것은 작은 생선을 삶는 것과 같다"라는 말을 인용했고, 메드베데프 전 러시아 대통령 역시 2010년에 열린 한 국제회의에서 노자의 "그칠 줄 알면 위태롭지 않다知止不殆"(『도덕경』 44장)라는 말을 인용한 바 있다. 그러므로 시진핑이 브릭스 각국 언론과의 합동 인터뷰에서 "큰 나라를 다스리는 것은 작은 생선을 삶는 것과 같다"라는 말로 국정 운영 철학을 드러낸 것 역시 세계가 수긍할 만한 표현이다.

시진핑이 "큰 나라를 다스리는 것은 작은 생선을 삶는 것과 같다"라는 표현을 인용해 자신의 국정 운영 철학을 밝힌 것은 중국의 전통문화가 그의 정치사상에 미친 영향을 잘 보여준다. 실제로 "큰 나라를 다스리는 것은 작은 생선을 삶는 것과 같다"라는 표현 외에 "국민을 통치의 근본으로 삼는다以民爲本" "정치가 잘 이루어져야 국민이 화합한다政通人和" "인재 양성을 중시해야 한다尙賢重才" "절약형 사회를 건설해야 한다建設節約型社會" 등 그동안 시진핑이 밝힌 많은 국정 운영 철학을 보면 중국 전통문화의 정수가 그에게 깊은 영향을 미쳤다는 것을 알 수 있다. 시진핑이 다양한 자리에서 중국의 전통문화가 담긴 경전의 구절을 인용한 것은 대내외에 중국 전통문화의 특별한 매력을 알리고 그것에 대한 관심을 불러일으키는 데 크게 기여했다.

형제가 마음을 합하면 그 날카로움이 쇠도 끊을 수 있다

兄弟同心, 其利斷金

"형제가 마음을 합하면 그 날카로움이 쇠도 끊을 수 있다兄弟同心, 其利斷金." 중국 대륙과 타이완의 국민이 서로 힘을 합하고 당파와 계층, 종교와 지역의 구분 없이 민족 부흥의 여정에 동참하여 중화민족의 공통 염원인 '중국의 꿈'이 실현되는 날을 앞당겨야 한다.

― 2014년 2월 18일 타이완 각계 인사로 구성된 방중 대표단을 만난 자리에서

렌잔連戰 중국국민당 명예주석 겸 양안평화발전기금회 이사장이 이끄는 타이완 각계 인사 대표단이 중국 대륙 정부의 초청으로 2014년 2월 17일부터 20일까지 베이징을 방문했다. 시진핑은 렌잔 명예주석과 만난 자리에서 '중화민족의 위대한 부흥'이라는 중국의 꿈을 함께 실현하자'라는 연설문을 발표

했다. 시진핑은 연설문 말미에 "형제가 마음을 합하면 그 날카로움이 쇠도 끊을 수 있다"라는 구절을 인용해 양안 관계에 대한 희망을 드러냈다.

"형제가 마음을 합하면 그 날카로움이 쇠도 끊을 수 있다"라는 말은 『주역周易』「계사系辭」편에 나오는 구절을 응용한 것이다. 『주역』은 '역경易經'이라고도 하며 줄여서 '역易'이라고도 한다. '역'에는 이간易簡, 변역變易, 불역不易이라는 세 가지 뜻이 있다. 이간이란 '천지의 자연 현상은 끊임없이 변하나 간단하고 평이하다'는 뜻이고, 변역이란 '천지만물은 멈추어 있는 듯해도 항상 변하고 바뀐다'는 뜻이며, 불역이란 '모든 것이 변하고 있으나 그 변하는 것은 일정한 항구불변의 법칙을 따르기 때문에 법칙 그 자체는 영원히 변하지 않는다'는 뜻을 담고 있다. 예로부터 전해오던 내용을 글로 엮은 것이 주周나라 사람이기에 『주역』이라는 이름이 붙었다. 『주역』의 내용은 크게 '역경'과 '역전易傳' 두 부분으로 나뉜다. 『주역』은 보편적으로 존재하는 양자 관계에서 일어날 수 있는 각종 변화를 매우 추상적인 64괘卦의 형태로 표현하며 각 괘에 효사爻辭를 붙여 간략하게 설명한다. "형제가 마음을 합하면 그 날카로움이 쇠도 끊을 수 있다"라는 문장의 원문은 다음과 같다.

"두 사람이 마음을 합하면 그 날카로움이 쇠도 끊을 수 있다二人同心, 其利斷金. 같은 마음으로 하는 말은 그 냄새가 난초와 같이 향기롭다同心之言, 其臭如蘭."

풀이해보면, 두 사람이 마음을 합하면 그 힘이 금속을 끊을 수 있을 정도로 강하며, 두 사람이 같은 마음으로 하는 말은 난초처럼 향기롭다는 뜻이다. 이 구절은 '단결하면 강한 힘을 가질 수 있다'는 의미로 곧잘 쓰인다.

시진핑이 타이완 대표단과 만난 자리에서 발표한 연설문은 다음의 네 가지를 강조하고 있다. 첫째, 양안 동포는 피를 나눈 한 가족으로 누구도 그 혈연관계를 끊을 수 없다. 둘째, 양안 동포는 운명공동체로 서로 간에 풀지 못할 매듭이 없다. 셋째, 양안 동포는 한마음 한뜻으로 양안 관계의 평화로운 발전을 지속적으로 추진해야 한다. 넷째, 양안 동포는 힘을 모아 중화민족의 위대한 부흥이라는 중국의 꿈을 함께 이루어 나가야 한다.

중국 본토와 타이완의 국민은 같은 피와 정신을 나누고 같은 역사와 문화를 가진 친형제다. 본토와 타이완 사이에 해협이 가로지르고는 있지만 양안 동포의 운명은 늘 긴밀하게 엮여 있다. 민족의 흥성은 양안 동포가 함께 누리는 복이고 민족의 쇠망은 양안 동포가 함께 겪는 재앙이다. 양안 관계 회복과 민족의 화합은 양안 동포 공동의 염원이며, 어떤 세력도 양안 동포의 사이를 갈라놓을 수 없다. 시진핑은 다음과 같이 힘주어 강조했다.

"우리는 역사가 타이완 동포에게 남긴 상처를 함께 아파한다. 마음의 상처를 낫게 하는 것은 가족의 정이다. 가족의 정은 상처를 치료하고 아픔을 멎게 하며 마음의 응어리를 없앨 뿐 아니라 영혼의 화합까지도 이뤄내는 힘이 있다. 형제간의 정은 그만큼 소중한 것이다."

2008년 양안 관계가 새로운 전환기를 맞이하고 3통(직항로 개설通航, 직교역 추진通商, 서신왕래 실시通郵)이 실현되는 등 관계 회복이 급물살을 탄 후, 양안 동포는 양안 관계의 평화로운 발전이라는 길을 선택하여 유례없는 관계의 진전을 이루었고 이는 양안 모두에게 큰 이익을 안겨주었다. 중국의 위대한 부흥을 이루고 국가의 부강, 민족 부흥, 국민의 행복을 이루는 것은 쑨원孫文의 숙원이자 중국공산당의 오랜 염원이며 근대 이후 모든 중국인이 품어온 바람이다. 중국의 꿈中國夢이란 바로 중국인의 염원을 가리킨다. 중국의 꿈은 양안 동포가 함께 꾸는 꿈이다. 그렇기 때문에 모두 함께 이 꿈의 실현에 동참해야 한다.

오로지 양안 "형제가 마음을 합해야만" 비로소 "그 날카로움이 쇠도 끊을 수 있다." 양안 동포가 민족 부흥의 여정에 동참할 때 비로소 '중국의 꿈'의 실현을 앞당길 수 있고 양안 관계의 가장 아름다운 미래를 창출할 수 있는 것이다.

한 줌의 흙이 모여 산을 만들고
한 방울의 물이 모여 바다를 이룬다

積土爲山, 積水爲海

> "한 줌의 흙이 모여 산을 만들고, 한 방울의 물이 모여 바다를 이룬다積土爲山, 積水爲海." 중국과 아프리카가 꾸준히 긴밀한 협력을 추진한다면 반드시 더 큰 성과를 거둘 것이다.
>
> — 2013년 3월 19일 브릭스 5개국 언론사 및 신화통신과의 공동 인터뷰에서

2013년 3월 19일, 시진핑은 브릭스 5개국 언론사가 주최한 합동 기자회견에서 "한 줌의 흙이 모여 산을 만들고 한 방울의 물이 모여 바다를 이룬다"라고 하면서 중국과 아프리카가 긴밀한 협력을 꾸준히 추진한다면 '티끌 모아 태산이 되듯' 조만간 위대한 결실을 거둘 수 있을 거라고 강조했다.

"한 줌의 흙이 모여 산을 만들고 한 방울의 물이 모여 바다를 이룬다"는 『순자荀子』의 「권학勸學」 편과 「유효儒效」 편에 나오

는 구절이다. 전국시대 말기의 유물주의 사상가인 순자는 경험과 인간사, 사회질서를 매우 중시했다. 반면에 천명, 귀신과 같은 신비주의 사상에 반대하고 사물의 자연법칙을 강조하며 인간의 주관성과 능동성을 중요하게 여겼다.

「권학」 편에 '흙이 모여 산이 되면 바람과 비가 일어나고, 물이 모여 못이 되면 교룡蛟龍이 생긴다積土成山, 風雨興焉. 積水成淵, 蛟龍生焉'"라는 구절이 있다. 흙이 쌓이면 산이 되고 물이 모이면 바다가 된다는 의미로, 작은 성공과 성과가 꾸준하게 쌓이면 양적 변화에서 질적 변화로의 전환을 꾀할 수 있음을 비유한다.

「유효」는 『순자』 제8편으로 유자儒者(선비)의 역할을 설명하고 있다.

"그러므로 흙이 쌓이면 산이 되고 물이 모이면 바다가 되며 아침과 저녁이 쌓이면 한 해라고 일컫는다. 지극히 높은 것을 하늘이라 말하고 지극히 낮은 것을 땅이라 하며 우주의 상하 동서남북 6개 방향을 극이라고 말한다. 저잣거리의 일반 백성이라도 선善을 쌓아 지극해지면 성인으로 불린다故積土而爲山, 積水而爲海, 旦暮積謂之歲, 至高謂之天, 至下謂之地, 宇中六指謂之極, 塗之人百姓, 積善而全盡, 謂之聖人."

「유효」의 이 구절은 어떤 사람이든 착한 일을 끊임없이 행한다면 이상적인 성인이 될 수 있다는 의미다. 배움이든 사람 됨됨이든 작은 것에서 시작해 꾸준하게 행한다면 이상적인 경지에 도달할 수 있다는 순자의 생각을 엿볼 수 있다.

어떤 사물이든 양적 변화를 거쳐 질적 변화가 일어난다. "흙이 모여 산을 만들고 물이 모여 바다를 이룬다"라는 구절은 사물의 발전에 대한 순자의 뚜렷한 인식을 보여주며, "9층 누각도 한 줌의 흙에서 시작된다九層之台, 起於累土"라는 『도덕경』 64장 구절과 더불어 고대 사상가의 소박한 변증법적 철학을 드러낸다. 이러한 인식은 이 시대를 사는 사람들에게 큰 가르침을 준다. 올바른 방향을 잡고 꾸준히 가면 어떤 일이든 사소한 결과들이 쌓여 큰 성과를 이루게 되고, 이러한 양적 변화가 마침내 질적 변화로 바뀐다. 작게는 개인의 지식 축적과 인격 수양, 크게는 국가 운영, 더 나아가 국가와 국가 간의 외교관계 모두에 이러한 이치가 적용된다.

중국과 아프리카는 모두 개발도상국으로, 유사한 역사적 경험과 발전 과제, 전략적 이해관계를 가진 운명공동체다. 중국과 아프리카의 전면적이고 균형적이며 전향적인 발전을 추진하여 중국과 아프리카 국민의 행복을 실현하는 것은 중국의 자주 독립과 평화외교 정책의 핵심 사항 중 하나다. 시진핑은 국가주석으로 취임한 이후 가장 먼저 탄자니아를 포함한 아프리카 국가를 순방함으로써 중국의 차세대 지도부가 아프리카 대륙 및 중국-아프리카 관계를 얼마나 중시하는지를 표명했다.

중국과 아프리카의 관계는 상호 존중, 대등한 공존, 상호 지원, 호혜 상생을 특징으로 한다. 과거 중국이 UN에 가입할 때 큰 힘을 실어준 것이 바로 아프리카 대륙의 형제 국가들이었다. 또한 중국은 자국의 발전을 위해 노력하는 한편 아프리카의 평화와 발전을 위해 할 수 있는 모든 노력을 기울여왔다. 지금까지 중국의 경제발전이 거둔 성공과 대對 아프리카 경제지원 및 경제협력을 살펴보면 중국의 발전이 자국뿐 아니라 아프리카와 전 세계에도 크게 기여했음을 알 수 있다.

"흙이 쌓여 산을 만들고 물이 모여 바다를 이룬다." 순자의 지혜가 담긴 이 가르침에 따라 중국과 아프리카의 협력과 발전을 추진한다면 '중국의 꿈'과 '아프리카의 꿈'을 함께 실현하고자 하는 염원을 달성할 수 있을 것이다.

06

물이 깊지 않으면 큰 배를 띄울 수 없다

水之積也不厚, 則其負大舟也無力

멕시코의 옥타비오 파스는 2000년 전 중국의 철학자인 노자와 장자의 사상을 스페인어로 번역했다. 장자는 "물이 깊지 않으면 큰 배를 띄울 수 없다水之積也不厚, 則其負大舟也無力"고 했다. 중국과 멕시코 국민의 우정이라는 광활한 대양에서 중국과 멕시코의 우호 협력이라는 큰 배가 거친 바람과 파도를 이겨내고 순항할 수 있기를 기대한다.

— 2013년 6월 5일 멕시코 상원에서의 연설

2013년 6월 5일 시진핑은 멕시코 국빈 방문 기간에 멕시코 상원에서 기조연설을 했다. 연설에서 그는 "물이 깊지 않으면 큰 배를 띄울 수 없다"라는 장자의 구절을 인용해 '중국과 멕시코 국민의 우정'이라는 '바다'에 '우호 협력'이라는 '큰 배'를 띄우자는 염원을 밝혔다.

"물이 깊지 않으면 큰 배를 띄울 수 없다"는 구절은 『장자莊子』「소요유逍遙遊」 편에서 유래했다.

"무릇 물이 괸 것이 깊지 않으면 큰 배를 띄울 만한 힘이 없다. 한 잔의 물을 마루의 파인 곳에 엎지르면 풀이 배가 되나 잔을 띄우면 바닥에 닿는다. 물은 얕은데 배가 크기 때문이다 且夫水之積也不厚, 則負大舟也無力. 覆杯水於坳堂之上, 則芥爲之舟. 置杯焉則膠, 水淺而舟大也."

위 구절의 뜻은 이렇다. 물이 충분히 깊지 않으면 큰 배를 뜨게 할 힘이 없다. 물 한 잔을 마루의 움푹 팬 곳에 부으면 작은 지푸라기 정도야 배처럼 띄울 수 있지만 잔을 띄우면 가라앉아 움직이지 않는다. 물이 너무 얕고 배는 너무 크기 때문이다.

장자는 물과 배의 비유를 들어 만물에는 '때'가 있음을 설명한 것이다. 큰 배가 항해하려면 물의 '때'를 기다려야 하고 커다란 붕새가 9만 리를 날아가려면 바람의 '때'를 기다려야 하듯이 어떤 일이든 주관적인 조건과 객관적인 조건이 충족되어야 한다는 것이다.

장자의 이름은 주周이고 전국시대 중기의 사상가이자 철학자, 문인이었으며 도가道家의 대표적인 인물이다. 노자와 함께 '노장老莊'이라고 일컬어지며, 그들의 철학사상은 학계에서 '노장철학'으로 불린다. '소요유逍遙遊'는 장자 철학의 핵심을 보여주는 것으로, 우화와 생생한 비유로 세상의 이치를 은근하게 밝히고 과거의 어떤 사상과도 다른 주장을 펼치며 정신세계의 절대 자유를 추구한다. 전편에 걸쳐 기괴한 상상력과 낭만주의적인 색채가 가득한 이 '소요유'는 제자백가의 저술 가운데서도 특히나 널리 알려져 있다.

장자가 추구하는 '소요유'는 모든 것을 초월하고 어디에도 의지하지 않는 절대 자유의 정신적인 경지다. 그러나 '소요유'의 행간에 숨은 뜻을 이해한다면 "물이 깊지 않으면 큰 배를 띄울 수 없다"라는 구절의 의미와 거기에 담긴 장자의 소박한 변증법적 사유를 엿볼 수 있다. 시진핑이 이 구절을 인용한 까닭은 바로 이 변증법적 사유 때문이다. 게다가 『장자』는 멕시코의 대표적인 작가인 옥타비오 파스에 의해 스페인어로 번역되어 멕시코 사람들에게 무척 친숙하다. 시진핑은 중국과 멕시코의 협력을 '큰 배'에, 양국 국민의 우애를 큰 배를 띄울 수 있는 '바다'에 비유했다.

중국과 멕시코는 모두 고대 문명의 발상지로서, 양국은 오랜 왕래와 교류의 역사를 보유하고 있다. 『양서梁書』(남조南朝 양나라 정사正史)를 보면 5세기에 중국의 불자가 멕시코 등 중남미 국가에 도착했다는 기록이 있다. 19세기 말에 중국과 멕시코 양국은 이미 정식 외교관계를 수립했다. 1899년 양국은 통상 및 해상 통항에 관한 우호 협정을 맺기도 했다. 멕시코는 중국과 수교를 맺은 최초의 중남미 국가로, 1972년에 국교를 맺은 이후 양국은 꾸준히 국제 문제에서 협력관계를 유지해왔다. 양국 정상들의 상호 국빈 방문이 꾸준히 이어졌고 양국의 협력과 교류의 분야도 계속 확대되어왔다. 멕시코는 중남미 국가 가운데 중국의 2대 무역 동반자이며 문화 교류가 가장 많은 국가이기도 하다.

시진핑 주석은 연설에서 중국과 멕시코 양국의 유구한 역사 문명을 거론하고 양국 간의 정치, 경제, 무역, 과학기술, 문화, 예술, 스포츠 등 광범위한 교류과 협력을 소개하면서 중국과 멕시코가 오랜 세월 축적한 돈독한 우의가 두 나라의 우호 협력이라는 '큰 배'를 띄울 수 있는 '광활한 바다'라고 강조했다. 역사의 새로운 전환점을 맞아 양국의 '전략적 동반자 관계'는 '전면적인 전략적 동반자 관계'로 승격되었다. 두 나라가 서로 존중하고 동등하게 공존하며 긴밀하게 협력한다면 우호 협력이라는 '큰 배'가 거친 풍랑을 헤치고 장밋빛 미래를 향해 순항할 수 있을 것이다.

07

아름드리나무도 싹에서 자라고, 구층 누각도 한 줌의 흙에서 시작된다

合抱之木, 生於毫末

"아름드리나무도 새싹에서 자라고, 구층 누각도 한 줌의 흙에서 시작된다合抱之木, 生於毫末, 九層之台, 起於累土." 중국과 아세안의 우정의 나무가 상록수가 되기 위해서는 양자 관계의 발전에 필요한 사회적 토양을 비옥하게 가꿔야 한다.

— 2013년 10월 3일 인도네시아 의회에서의 연설

시진핑은 2013년 10월 2일부터 8일까지 인도네시아와 말레이시아를 순방하고 APEC의 제21차 비공식 정상회의에 참석했다. 이 기간 동안 그는 인도네시아 의회에서 '중국-아세안 운명공동체를 함께 건설하자'라는 주제로 연설을 하면서 "아름드리나무도 새싹에서 자라고 구층 누각도 한 줌의 흙에서 시작된다"라는 구절을 인용해 양측의 관계를 발전시키기 위한 사회적 토양을 길러 중국과 아세안의 우의를 돈독히 다지며 협력을 강화해야 한다고 주장했다.

"아름드리나무도 새싹에서 자라고 구층 누각도 한 줌의 흙에서 시작된다"는 구절은 노자의 『도덕경』 64장에 나온다. 원문은 다음과 같다.

안정된 상태에 있을 때 유지하기가 쉽고 아직 기미가 나타나기 전에 도모하기가 쉽다. 연약한 것은 부수기 쉽고 미세한 것은 흩어버리기 쉽다. 기미가 생기기 전에 조치를 취하고 어지럽기 전에 다스려야 한다. 아름드리나무도 새싹에서 자라고 구층 누각도 한 줌 흙에서 시작되며 천릿길도 한 걸음부터 시작된다. 이기려는 자는 지기 쉽고 집착하는 자는 놓치기 쉽다. 성인 聖人은 행함이 없으므로 패하지 않고 집착하지 않으니 놓치지 않는다. 보통 사람이 일을 하는 것을 보면 항상 성공하기 직전에 실패한다. 시작할 때처럼 끝까지 조심하면 실패하는 일이 없다. 그러므로 성인은 일을 할 때 욕심내지 않고 얻기 어려운 재물을 귀하게 여기지 않는다. 남들이 배우지 않는 진리를 배우고 사람들이 간과하는 진리를 따른다. 만물을 자연 그대로 도울 뿐 인위적으로 자연을 거스르지 않는다.

노자는 성은 이李이고 이름은 이耳이며 자는 담聃이다. 도가의 창시자로 중국에서 가장 위대한 철학자이자 사상가 중 한 명이다. 『도덕경』은 『노자』『노자오천문老子五千文』이라고도 불리며 총 81장으로 구성되어 있다. 노자의 저술로 전해지는 이 책은 도가 사상의 주요 원천이자 중국 역사상 처음으로 완성된 형태를 갖춘 철학 저작물이다. 소박한 변증법적 관점과 유물론적 관점을 담은 글이 여러 편 수록되어 있는 『도덕경』은 '무위이치'를 주장하며 중국 철학이 발전하는 데 커다란 영향을 끼쳤다.

"아름드리나무도 새싹에서 자라고 구층 누각도 한 줌 흙에서 시작된다"라는 구절의 바로 뒤에 나오는 "천릿길도 한 걸음부터 시작한다千裏之行, 始於足下"라는 구절은 앞 구절보다 더 널리 알려져 있다. "큰 것은 작은 것에서 비롯된다大生於小"라는 노자의 관점을 상징적으로 담은 대목으로, 사물이 발전하고 변화하는 규칙에 대해 날카로운 정의를 내리고 있다. 만물은 아주 미세한 것에서 시작하므로 큰일을 성취하려면 반드시 작은 일부터 시작해야 한다는 의미다.

중국과 아세안은 지리적으로 매우 가까운 이웃이다. 특히 1991년에 중국과 아세안의 모든 회원국이 공식 외교관계를 수립한 이후 정치, 경제, 문화 등 각 분야에서 교류와 협력을 확대하고 심화시켜왔다. 인도네시아 의회 연설에서 시진핑이 '중국—아세안 공동 운명체'의 구축을 제안한 것은 양자의 관계를 과거 수준에서 한층 더 격상시켜 같은 배를 탄 공동체, 함께 발전하고 번영하는 운명공동체로 만들어가자는 의미를 담고 있다.

친척이나 친구와의 관계와 마찬가지로 국제사회에서 우방

국의 관계 역시 자주 왕래하고 교류해야 우애가 돈독해지는 법이다. 그렇지 않으면 관계는 소원해진다. 시진핑은 구체적인 통계 자료를 들어 중국과 아세안 회원국의 긴밀한 교류를 설명했다. 2012년 중국과 아세안 회원국의 인적 교류는 1500만여 회에 이른다. 매주 1000여 차례의 항공편이 중국과 아세안 회원국을 왕복했다. 이런 자료는 양자 관계가 얼마나 가까운지를 알려주며 중국과 아세안 회원국의 왕래가 고위층의 외교 및 경제무역뿐만 아니라 관광 등 민간 차원에서도 매우 빈번하게 이뤄지고 있음을 보여준다. 양측은 이미 상대의 주요 관광객 수출대국으로 성장했다. 양측의 왕래가 잦아지면서 상대국의 사회, 경제, 문화, 풍습 등에 대한 이해도 깊어졌다. 상호 이해의 토대가 있어야 서로를 이해할 수 있고, 서로를 이해해야 우애를 돈독하게 다질 수 있다. 이것이 바로 시진핑이 말하는 '양측 관계의 발전을 위한 사회적 토양'이다.

중국과 아세안의 우정의 나무가 하늘을 찌를 정도로 울창하게 자라려면 '어린 새싹'과 '한 줌의 흙'이 필요하다. 중국과 아세안이 각 분야에서 펼치는 교류와 협력이 바로 우정의 '새싹'이자 '한 줌의 흙'이다. 이런 기반 위에서 중국은 2014년을 중국과 아세안의 문화 교류의 해로 정하고 아세안에 더 많은 인력을 보내 아세안의 문화, 교육, 보건, 의료 등 다양한 분야의 발전을 지원하겠다는 뜻을 밝혔다. 중국과 아세안의 우정의 나무를 늘 푸른 상록수로 키우려면 우정의 '새싹'을 잘 틔우고 '한 줌의 흙'을 잘 쌓아올려야 한다. 이런 관점에서 중국은 향후 3~5년간 아세안 회원국에 1만5000명분의 정부 장학금을 지원해 중국-아세안 관계의 발전을 위해 필요한 인재 양성에 힘쓸 계획이다. 청년은 미래다. 양측의 청년이 서로 교류하고 소통함으로써 우정이 가슴속에 뿌리를 내려야 중국과 아세안 회원국의 우정이 자랄 수 있는 사회적 토대가 만들어질 수 있으며, 그 토양 위에서 '아름드리나무'가 자라고 '구층 누각'도 세울 수 있다.

08

바다는 모든 강물을 받아들이는
너그러움이 있어 거대해진다

海納百川, 有容乃大

"바다는 모든 강물을 받아들이는 너그러움이 있어 거대해진다 海納百川, 有容乃大." 유구한 역사의 흐름 속에서 중국과 아세안 회원국의 국민은 풍성하고 다채로우며 찬란한 문명을 창조했다. 이 지역은 다양성이 넘친다. 각종 문명이 서로 영향을 주고받으며 어우러지고 발전해왔다. 이런 역사는 중국과 아세안 회원국 국민이 서로 본받고 상대의 발전을 촉진하는 데 중요한 문화적 토대가 된다.

— 2013년 10월 3일, 인도네시아 의회에서의 연설

"바다는 모든 강물을 받아들이는 너그러움이 있어 거대해진다"라는 구절은 청나라 말기 양광兩廣 총독으로 부임한 임칙서林則徐가 관아에 걸었던, 스스로를 독려하고자 썼던 당련堂聯

의 일부다.

"바다는 모든 강물을 받아들이니 그 너그러움이 있어 거대하고, 낭떠러지가 천 길 높이 서 있어도 욕심이 없으니 굳건하다海納百川 有容乃大, 壁立千仞, 無欲則剛."

시진핑은 "바다는 모든 강물을 받아들이는 너그러움이 있어 거대해진다"라는 구절을 인용하여 중국과 아세안 회원국의 국민이 서로를 본받고 함께 발전을 추진하자는 다짐을 표현했다.

임칙서(1785~1850)는 복건성福建省 후관侯官(푸저우福州) 사람으로 자는 원무元撫, 소목少穆, 석린石麟이며 만년의 호는 사촌노인竢村老人이다. 그는 청나라의 저명한 정치인이자 사상가, 시인이었다. 호광湖廣총독, 섬감陝甘총독과 운귀雲貴총독을 역임했고 두 차례 흠차대신欽差大臣(청나라 때 외국에 파견된 중국 사신 및 중국에 주재하고 있는 외국 사신을 모두 일컬었으며, 대사나 공사에 해당됨―옮긴이)에 임명되었다. 그는 아편을 엄금하고 서구 열강의 침략에 강력하게 저항할 것을 주장하여 중국의 '민족 영웅'으로 추앙받는다.

"바다는 모든 강물을 받아들인다海納百川"라는 말은 『장자』「추수秋水」편에 나오는 "천하의 물은 바다보다 큰 것이 없으니 온갖 물이 그곳으로 흐른다天下之水, 莫大於海, 萬川歸之"는 구절에서 유래한다. 동한 시대의 허신許愼이 쓴 『설문해자說文解字』(1만여 자에 달하는 한자 하나하나에 대해 본래의 글자 모양과 뜻 그리고 발음을 종합적으로 해설한 일종의 자전字典―옮긴이)를 보면, "바다는 하늘 못으로 온갖 시냇물을 받아들인다海天池也, 此納百川者"고 쓰여 있다. 진晉나라 원굉袁宏의 『삼국명신서찬三國名臣序贊』(『삼국지』에 실려 있는 명신 20여 명을 찬양한 글)을 보면, "형태와 틀이 존재하지 않으므로 사방 한 치 넓이의 마음이라도 바다와 같이 많은 것을 받아들일 수 있다形器不存, 方寸海納"라고 적혀 있다. 이에 대해 이주한李周翰(당나라의 문신)은 "바다가 온갖 물길을 받아들이는 것과 같이 도량이 매우 넓음을 말한다"라는 주석을 붙였다. "너그러움이 있어 거대해진다有容乃大"라는 구절은 『서경書經』 「군진君陳」 편 중 "그대는 완고함에 대해 화내고 미워하지 말고 한 사람이 모든 것을 다 갖추기를 바라지 말라. 반드시 인내가 있어야 이에 구제함이 있고 너그러움이 있어야 덕이 커진다尒無忿疾於頑, 無求備於一夫. 必有忍, 其乃有濟, 有容德乃大"라는 구절에서 유래한다.

"바다는 모든 강물을 받아들이는 너그러움이 있어 거대해진다"는 구절은 바다가 수백 수천의 물길을 받아들일 수 있는 것은 바다가 광활한 품을 가진 위대한 존재이기 때문이므로 사람도 넓은 도량을 가져야 위대해질 수 있다는 의미를 담고 있다. "낭떠러지가 천 길 높이로 서 있어도 욕심이 없으니 굳건하다"라는 구절은 험준한 절벽이 천 길 높이인데도 똑바로 서 있는 것은 다른 방향으로 기울어지고자 하는 욕심이 없기 때문이듯 사람됨이나 행동 모두 사리사욕을 버려야 한 치의 흔들림 없이 강인해질 수 있다는 뜻을 담고 있다.

"바다는 모든 강물을 받아들이는 너그러움이 있어 거대해진다"는 구절은 사람됨이나 국가 운영뿐 아니라 국가 간의 교류에도 마찬가지로 적용된다. 1955년 저우언라이周恩来는 인도네시아 반둥에서 열린 '아시아-아프리카 정상회의'에서 '구동존이求同存異(차이점을 인정하면서 같은 점을 추구한다)'의 외교 방침을 제시했다. '구동求同(같은 점을 추구한다)'이란 공통의 사상, 공통된 요구 사항, 공통의 이익을 의미하는 말로 화해의 기반을 마련하는 것을 뜻하며 '존이存異(차이점의 존재를 인정하다)'라는 다른 관점, 다른 주장, 다른 이해관계를 남겨둔다는 뜻으로 조화의 여건을 조성하는 것이다. 시진핑이 인도네시아 의회 연설에서 "바다는 모든 강물을 받아들이는 너그러움이 있어 거대해진다"라는 구절을 인용한 까닭은 '구동존이'의 원칙을 재확인하고 널리 알리기 위함이었다.

중국과 아세안 회원국의 우호관계는 오랜 역사를 자랑한다. 특히 2002년 11월에 중국과 아세안의 10개국 정상은 '중국과 아세안의 전면적인 경제협력 기본협정'을 체결하여 2010년까지 중국-아세안 자유무역지대CAFTA를 구축한다는 데 합의했다. 이로써 중국-아세안 FTA가 본격적으로 추진되어 중국과 아세안의 관계가 새로운 단계로 도약하게 되었다. 그 후 지난 10여 년 동안 중국과 아세안 각 회원국은 정치, 경제, 사회문화 등 여러 분야에서의 협력을 꾸준하게 심화, 확대하면서 양측 공동의 발전을 추진해왔다.

시진핑은 연설에서 "다른 지역의 발전 경험을 적극적으로 본받아야 하며 역외 국가들이 이 지역의 안정적인 발전에 건설적인 도움을 주는 것을 기쁘게 받아들여야 한다. 역외 국가들 역시 이 지역의 다양성을 존중하고 이 지역의 안정적인 발전을 위해 더 많은 일을 해야 한다"라고 주장했다. 이 말에는 중국과 아세안의 관계를 자극하거나 이간질하려는 역외 국가들의 움직임에 대해 경계해야 한다는 의미가 내포되어 있다. 중국은 줄곧 '평화 발전'의 원칙을 따랐지만 중국의 국력이 끊임없이 증대되면서 일부 국가들이 중국의 발전을 위협적으로 인식하고 중국에 대해 회의적이거나 적대적인 태도를 보였고 심지어 중국과 주변국의 관계를 분열시키려 했다. 이런 상황에서 시진핑이 "바다는 모든 강물을 받아들이는 너그러움이 있어 거대해진다"라는 구절을 인용한 것은 세계가 우려하는 '중국위협론'에 대한 중국의 대답이기도 하다.

중국은 시종일관 주변국과의 공동 발전과 공동의 번영을 추구해왔다. 이 원칙을 실현하기 위해서는 '너그러움이 있어 거대해지는' 모습을 보여주어야 한다. 중국은 이 '너그러움'으로 다양한 지역에 존재하는 각종 문명의 차이점뿐 아니라 개발도상국의 발전과 진보까지 포용해야 한다. 중국과 아세안의 운명공동체는 아세안, 나아가 동아시아 공동체와 밀접한 관계가 있다. 각각의 강점을 발휘하고 다양성을 포용하며 공생해야 중국과 아세안, 더 나아가 세계 각국 사람들의 행복을 실현할 수 있다.

09

갈 길이 아득하고 끝이 없는데
돛을 달고 바람 따라 떠가네

浩渺行無極, 揚帆但信風

"갈 길이 아득하고 끝없는데, 돛을 달고 바람 따라 떠가네浩渺行無極, 揚帆但信風"라는 시구가 있다. 아시아태평양 지역은 우리가 함께 발전시켜나가야 할 공간이다. 모두가 아시아태평양이라는 바다를 항해하는 범선이다.

— 2013년 10월 7일 '아시아태평양경제협력체APEC 최고경영자회의'에서

'활력과 성장을 향하여'라는 주제로 열린 2013년 '아시아태평양경제협력체 최고경영자회의'는 APEC의 각 경제체가 세계 경제의 회복 과정에서 산업의 중요성에 주목하고 포용적이며 지속 가능한 발전을 실현하는 데 노력할 것을 촉구했다. 시진핑은 정상회의에서 '개혁개방을 심화하여 아시아태평양의 밝은 미래를 이루자'라는 주제의 기조연설을 발표하면서 "갈 길이 아득하고 끝이 없는데, 돛을 달고 바람 따라 떠가

네"라는 시구를 인용해 아시아태평양 지역의 밝은 미래에 대한 낙관적 전망을 생생하게 표현했다.

"갈 길이 아득하고 끝이 없는데, 돛을 달고 바람 따라 떠가네"라는 구절은 당나라 말기 호북성 형문荊門 출신의 문인이자 승려인 상안尙顔이 지은 이별의 시「신라로 돌아가는 박산인을 배웅하다送朴山人歸新羅」의 일부다. 시의 전문은 다음과 같다.

신라로 돌아가는 박산인을 배웅하다

갈 길은 아득하고 끝이 없는데	浩渺行無極
돛을 달고 바람 따라 떠가네	揚帆但信風
구름 산 넘고 바다의 반을 지나면	雲山過海半
고향 나무가 배 안으로 들어올 터	鄕樹入舟中
바다 물결 하늘가로 밀려가고	波定遙天出
모래밭은 먼 해안에 있거늘	沙平遠岸窮
이별의 마음 어디로 부쳐볼까	離心寄何處
눈 들어 동 트는 동쪽을 바라보네	目斷曙霞東

이 시의 1연과 2연에는 배를 타고 끝없이 아득한 바다를 건너갈 벗이 배의 돛을 올리고 무탈하게 순항하기를 바라는 시인의 마음이 담겨 있다. 3연부터는 곧 눈앞에 펼쳐질 바다의 풍광을 묘사하고, 마지막 연은 벗을 떠나보내기 아쉬워하는 시인의 깊은 우정을 드러내고 있다.

중국에는 이러한 송별시가 숱하다. 시진핑이 그중에서도 당나라 문인이자 승려인 상안이 신라 출신의 친구인 박산인을 고향으로 떠나보내며 지은 시를 인용하여 중국과 APEC 회원국 간의 관계를 표현한 것은 더할 나위 없이 적절하다. 이 시는 친구 사이의 돈독한 우정뿐 아니라 중국이 예로부터 추구해온 주변국과의 우호관계를 드러내고 있기 때문이다.

인도양에 떠 있는 섬 발리에서 동북쪽을 바라보면 끝없이 펼쳐진 태평양이 보인다. 시진핑이 발리에서 이 시를 인용한 것은 짙은 서정성을 느끼게 한다. 광활한 대양을 항해할 때는 넓은 시야로 정확한 방향을 잡아 목적지를 정조준하며 바람을 잘 살펴야 목적지에 순조롭게 안착할 수 있다. APEC 회원국의 발전 역시 넓은 시야를 가지고 협력과 조화로운 발전이라는 공동의 목표를 향해 같은 배를 타고 넓은 바다를 항해하는 것과 같다.

발리는 예로부터 동서양의 경제문화 교류가 왕성했음을 입증하는 공간이다. 명나라 때 정화鄭和가 서쪽 바다를 항해하는 과정에서 발리에 가져간 각종 수공예품은 발리의 경제적 번영을 촉진했다. 발리에는 현재까지도 당시 정화가 대항해를 하며 남긴 흔적이 있다. 600년 전 정화의 대항해는 중국의 대외 경제 교류 및 발전을 이끌고 중국과 태평양, 인도양 연안국의 경제발전을 촉진했을 뿐만 아니라 "태평스런 복을 함께 누리자共享太不之福"라는 대외 정책의 기치를 내걸고 중국과 아시아·아프리카 각국의 우호관계를 이끌었다. 이런 배경을 고려할 때 시진핑이 발리에서 "갈 길 아득하고 끝이 없는데, 돛을 달고 바람 따라 떠가네"라는 표현으로 아시아태평양 지역의 발전을 강조한 것은 더욱 의미심장하다.

끝이 보이지 않는 막막한 세계경제 환경에서 아시아태평양 지역의 동반자들은 같은 배에 타 돛을 올리고 바람에 따르는 자세로 '세계의 발전을 이끌고 각국에 보탬이 되며 후세의 행복을 보장하는' 아시아태평양을 함께 만들어가야 한다. 이는 시진핑이 제시한 장밋빛 전망이자 아시아태평양 각국이 실현할 수 있는 아름다운 내일이다.

10

만물은 반드시 먼저 썩은 다음에 벌레가 생긴다

物必先腐, 而後蟲生

"만물은 반드시 먼저 썩은 다음에 벌레가 생긴다物必先腐, 而後蟲生." 최근 들어 일부 국가에서는 오랫동안 쌓인 갈등으로 인해 대중의 불만이 폭발하고, 심지어 사회 혼란과 정권의 몰락을 야기하는 사태가 번지고 있다. 여러 원인 중에서도 부정부패가 가장 큰 원인이다. 갈수록 심각해지는 부패 문제는 결국 당과 국가의 존립을 위협할 것이다. 이에 대해 경각심을 지녀야 한다.

— 2012년 11월 15일 '18기 중앙정치국 제1차 집단학습'에서

"만물은 반드시 먼저 썩은 다음에 벌레가 생긴다"라는 말은 『순자』 「권학勸學」 편 중 "고기가 썩으면 벌레가 나오고 물고기가 마르면 좀이 인다肉腐生蟲, 魚枯生蠹"는 구절에서 유래했다.

이후 송나라 소식蘇軾(소동파)의 저서 『범증론范增論』에서 "만물은 반드시 먼저 썩은 다음에 벌레가 생긴다物必先腐也, 而後蟲生之"라는 구절로 바뀌었다. 시진핑은 바로 이 말을 인용해 부패가 당과 국가에 재앙을 가져오는 주요 원인이며 고위 공직자가 청렴결백한 자세로 자기 본분을 다하는 것만이 당과 국가가 지속적으로 발전할 수 있는 토대라는 경각심을 일깨웠다.

「권학」은 『순자』의 제1편이다. '권학'이라는 말은 배움을 장려한다는 뜻이다. 「권학」 편은 학습의 이론과 방법을 체계적으로 설명하고 있다. 순자에 따르면 학습은 지식과 재능을 키우고 인격과 품행을 수양시켜 화를 멀리하도록 돕는다. 뜻을 모아 꾸준하게 집중하는 것이 올바른 학습 태도다. 유가 경전을 공부하는 한편 현자賢者에게 가르침을 구해야 하며 동시에 타인을 잘 가르쳐야 한다. 학습은 중간에 포기하지 않고 시작부터 끝까지 같은 자세로 꾸준하게 추구해야 완전하고 순수한 정신적 경지에 도달할 수 있다. 『범증론』은 소식의 초창기 역사 이론서로, 이 책에서 소식은 범증이 항우를 떠나야 했는지, 떠난다면 언제 떠나는 것이 옳은지에 대한 자신의 생각을 피력하고 있다. 역사적 인물과 사건에 대한 소식의 독창적인 견해가 담겨 있다. 「권학」과 『범증론』은 모두 널리 알려진 중국의 고전으로 시대를 뛰어넘는 가치를 지닌다.

"만물은 반드시 먼저 썩은 다음에 벌레가 생긴다"라는 구절은 사물의 발전에 대한 중국 성현의 진솔한 견해이며 유물론적 변증법에도 부합한다. 사물의 발전 과정에서 외적 요인이 변화의 조건이라면 내적 요인은 변화의 근거이고 외적 요인은 내적 요인을 통해 작용한다. 파리는 껍질에 금이 가지 않은 알을 물지 않는다. 재앙이 발생하는 데 결정적인 역할을 하는 것은 언제나 내부 요인이다. 일부 당 간부들이 부패하고 타락하는 것은 가장 먼저 각자의 변질에서 시작된다. 권력이나 돈을 탐하거나 여자나 술에 빠지거나 독단적으로 변하면 사사로운 욕망을 채우기에 여념 없어 아무것도 눈에 들어오지 않게 된다. 그러면 스스로를 통제하지 못한 채 권력을 이용해 개인의 이익을 도모하고 기율과 법률을 위반하다가 결국 모든 것을 잃고 만다.

사회가 급변하고 경제가 고도성장하면서 사람들의 가치관이 왜곡되는 현상이 일어난다. 일부 고위 공직자는 온갖 이익의 유혹을 이기지 못하고 향락을 일삼으면서 자기도 모르게 부패의 나락에 빠져든다. 고위 공직자가 부패의 유혹을 이기고 청렴결백한 공직자가 되기 위해서는 가장 먼저 확고한 신념을 세우고 이를 행동으로 옮기는 것이 필요하다.

첫째, 열심히 학습하여 올바른 세계관과 인생관 및 가치관을 정립해야 한다. '국민을 위해 봉사한다'는 당의 근본이념을 항상 명심하고 '권력은 국민을 위해 사용하며 이익은 국민을 위해 도모하고, 애정으로 국민을 대해야 한다(2003년 중국공산당 창설 82주년을 기념하여 후진타오 전 주석이 발표한 연설문의 일부―옮긴이)'라는 3대 덕목을 실현해야 한다. 그래야만 물질주의와 향락주의 앞에서 '안색도 변하지 않고 가슴도 두근거리지 않으며 한 치의 흔들림 없이' 혁명 정신을 굳건히 지킬 수 있다. 그렇지 않고 현재에 안주하고 학습에 태만하고 정치적 의식이 퇴색하고 가치관이 왜곡되면 결국 부정부패를 저질러 역사의 죄인으로 타락하게 된다.

둘째, 당과 국민이 간부에게 부여한 권력은 국민의 복지를 실현하는 수단이다. 공공의 권력은 반드시 공익을 위해 사용되어야 한다. 결코 개인의 이익을 도모하는 데 사용해서는 안 된다. 권력은 양날의 칼과 같다. 진심으로 국민을 위하고 "정해진 규칙에서 한 걸음도 나아가지 않고 한계선을 지키며不敢越雷池一步"(『진서晉書』「유량전庾亮傳」) 살얼음 위를 걷는 마음으로 항상 조심하고 공명정대하고 청렴결백하면 국민의 사랑을 받지만 사리사욕에 미혹되어 권력을 휘두르거나 법을 위반하면 파멸의 늪으로 빠져들 것이다.

"만물은 반드시 먼저 썩은 다음에 벌레가 생긴다"는 구절은 개인의 행동거지뿐 아니라 정당에도 똑같이 적용된다. 당내에서 부정부패가 움틀 수 있는 토양을 없애 당의 건전성을 확립해야 외부로부터의 침식을 막을 수 있다. 따라서 당원과 간부는 인격 수양과 청렴결백에 힘써야 하며 집권당과 정부는 관련 제도를 보완하고 법치를 강화하여 부패의 싹이 자랄 수 있는 여지를 남기지 말아야 한다. 그렇게 할 때 '만물'은 절대로 썩지 않고 '벌레'도 생기지 않는다.

11

민심을 따르면 정치가 흥하고,
민심을 거스르면 정치가 쇠퇴한다
政之所興在順民心, 政之所廢在逆民心

당의 군중 노선을 지키려면 '마음과 뜻을 다해 국민을 위해 봉사한다'라는 당의 근본이념을 지켜야 한다. 옛말에 "정치가 흥하는 것은 민심을 따르는 데 있고, 정치가 쇠퇴하는 것은 민심을 거스르는 데 있다政之所興在順民心, 政之所廢在逆民心"고 했다. 마음과 뜻을 다해 국민을 위해 봉사하는 것은 중국공산당이 행하는 모든 행동의 출발점이자 귀결점이며, 여타 모든 정당과 구별되는 중국공산당만의 특징이다.

— 2013년 12월 26일 '마오쩌둥 탄생 120주년 기념 좌담회'에서

"정치가 흥하는 것은 민심을 따르는 데 있고, 정치가 쇠퇴하는 것은 민심을 거스르는 데 있다." 이 말은 『관자管子』「목민牧民」 편에 나오는 구절로, 원문은 다음과 같다.

정치가 흥하는 것은 민심을 따르는 데 있고 정치가 쇠퇴하는
것은 민심을 거스르는 데 있다. 백성은 근심과 수고를 싫어하
므로 군주는 그들을 편안하고 즐겁게 해줘야 한다. 백성은 가
난하고 천한 것을 싫어하므로 군주는 그들을 부유하고 귀하게
해줘야 한다. 백성은 위험에 빠지는 것을 싫어하므로 군주는
그들을 보호하고 안전하게 해줘야 한다. 백성은 후사가 끊기는
것을 싫어하므로 군주는 그들을 살리고 길러야 한다. 백성을
편안하고 즐겁게 해줄 수 있으면 백성은 군주를 위하여 근심
과 노고도 감수한다. 백성을 부유하고 귀하게 해줄 수 있으면
백성은 군주를 위하여 위험에 빠지는 것도 감수한다. 백성을
살리고 기를 수 있으면 백성은 군주를 위하여 목숨을 버리는
것도 감수한다.

시진핑이 "정치가 흥하는 것은 민심을 따르는 데 있고, 정
치가 쇠퇴하는 것은 민심을 거스르는 데 있다"라는 구절을 인
용한 까닭은 민심의 향배가 정당과 정권의 흥망을 결정하는
근본 요인임을 강조하고, 정당이 온 마음을 다해 국민을 위해
봉사하는 것이야말로 모든 행동의 출발점이자 귀결점이어야
하며 집권당이 잘했는지의 여부를 판단할 때도 국민의 만족
도를 기준으로 삼아야 한다는 것을 역설하기 위해서였다.

관자의 이름은 이오夷吾, 경중敬仲이라고도 하며 자는 중仲이
다. 춘추시대 제齊나라의 정치가이자 군사 전략가이며 그의
사상은 법가에 속한다. 그는 제나라 환공을 도와 내정과 외

교를 개혁하고 부국강병을 이룩하였다. 환공은 그를 '중부仲父' 라고 존칭하였다. 『관자』가 관중의 이름을 빌린 것은 이 책이 사실상 제자백가 시대의 방대한 사상을 수록하고 있으며, 한 사람의 저작물이 아니라 백과사전과 같은 대작이기 때문이 다. 「목민」 편은 『관자』의 첫 편으로 관자의 정치사상과 통치 이론을 담고 있다.

관자는 중국 역사상 최초로 "민본주의以民爲本" 사상을 주 창한 정치가로, 통치자가 백성의 마음을 따라야 하고 백성의 힘을 헤아려야 하며 백성의 삶을 이롭게 해야 한다고 주장했 다. "정치가 흥하는 것은 민심을 따르는 데 있고, 정치가 쇠퇴 하는 것은 민심을 거스르는 데 있다"고 생각했기 때문이다. 법령이 제대로 실행되느냐의 여부는 민심을 따르느냐에 달려 있다. 그는 통치자가 민심을 잘 따라야 백성의 지지를 받을 수 있으며 민심을 잘 따르려면 먼저 백성의 사정을 잘 이해하 고 백성이 힘들어하는 물정에 관심을 두고 있어야 한다고 지 적했다.

「목민」 편에서 관자는 백성이 '싫어하는 것'과 '원하는 것'을 매우 구체적으로 분석했다. 그는 백성이 "근심과 노역을 싫어 하고惡憂勞""가난과 천함을 싫어하며惡貧賤""위험에 빠짐을 싫 어하고惡危墜""후사가 끊김을 싫어한다惡滅絶"는 것을 정확히 인식했다. 그렇다면 통치자는 나라를 다스리는 방안을 정할 때 백성의 이런 마음을 잘 헤아려서 백성을 편안히 즐겁게 해 주고, 부유하고 귀하게 해줘야 하며 안전하게 보호해주어야 한다. 백성의 경제적 이익이 보장되어야 나라와 동고동락하고 나라를 위해 목숨도 버릴 용기를 내게 된다.

중국공산당은 국민의 이익을 대표하고 마음을 다해 국민을 위해 봉사하는 것을 당의 근본이념으로 삼는다. 이른바 '마음을 다해 국민을 위해 봉사하는 것'은 말 그대로 국민이 생각하는 것을 생각하고 국민이 위급하게 여기는 문제를 가장 먼저 고민하며, 국민이 가장 관심을 갖는 직접적이고 현실적인 문제를 해결하는 데 최선을 다해 국민이 요구하는 바를 충족시킴으로써 국민의 생활수준을 향상시키고 국민이 안심하고 행복한 삶을 누릴 수 있도록 하는 것이다. 민심이 잘 따르면 국가가 흥하고 백성이 잘 협력하면 국가가 태평해진다. 백성이 편안해야 나라도 편안해지는 것이다.

중국공산당이 1921년에 창당된 이후 불과 28년이라는 짧은 기간 동안 빠르게 성장하여 국가 정권을 획득하고 1949년 '신중국(중화인민공화국)'을 수립할 수 있었던 것은 역사의 흐름에 순응하여 민심을 얻었기 때문이다. 신중국 수립 후 60여 년 동안 역사적으로 힘든 시기를 거치면서도 온갖 역경을 이겨낼 수 있었던 것은 국민의 힘이 뒷받침되었기 때문이다. 중국공산당 90여 년의 역사는 "정치가 흥하는 것은 민심을 따르는 데 있다"라는 만고불변의 진리를 입증한다. 그동안 중국공산당과 중국 정부는 민생 문제 해결을 최우선 과제로 추진해왔다. 18차 당 대회 보고서는 "국민의 물질적, 문화적 수준을 끌어올리는 것이야말로 개혁개방과 사회주의 현대화 건설의 근본 목표다"라고 분명히 밝혔다. 18차 당 대회 폐막 후, 시진핑은 신임 상무위원회가 주최한 기자회견에서 "신임 지도부는 국민에 대해 막중한 책임을 지고 있다"고 명확하게 밝혔다. 중국 국민은 좋은 교육, 안정적인 일자리, 만족할 만한 소득, 신뢰할 수 있는 사회보장제도, 수준 높은 의료보건 서비스, 편안한 주거 조건, 아름답고 깨끗한 환경을 바란다. 이런 국민의 기대를 정확히 인식하고 있었기 때문에 시진핑은 국민의 염원을 실현시키는 것이 중국공산당이 달성해야 할 가장 궁극적인 목표라고 엄중하게 약속했던 것이다.

샤오캉 사회를 건설하고 중국의 위대한 부흥을 실현한다는 것은 근본적으로 말해 국민이 더 나은 삶을 누리도록 노력한다는 의미다. 민심을 잘 알고 민심에 따르고 민심을 결집하여 국민이 행복한 삶을 누리도록 하는 것은 중국공산당이 추진하는 모든 사업의 궁극적인 목표이며 이를 잘 실천하는지의 여부는 당과 정부 각 조직의 국민을 위해 추진하는 사업이 제대로 실행되는지 판가름하는 기준이다. "정치가 흥하는 것은 민심을 따르는 데 있고, 정치가 쇠퇴하는 것은 민심을 거스르는 데 있다." 민생의 개선과 보장을 모든 정책의 출발점이자 귀결점으로 삼고 국민의 이익을 궁극적인 목표로 삼아 개혁개방의 열매가 국민 모두에게 골고루 돌아가도록 해야 한다. 그래야만 국민으로부터 진정한 지지와 사랑을 받을 수 있다.

선을 보면 미치지 못할 듯 노력하고, 악을 보면 끓는 물에 손 넣은 듯 피하라

見善如不及, 見不善如探湯

"선한 것을 보면 마치 거기에 미치지 못할 듯이 열심히 노력하고, 선하지 않은 것을 보면 마치 끓는 물에 손을 넣은 듯이 재빨리 피해야 한다見善如不及, 見不善如探湯." 고위 공직자는 요행을 바랄 것이 아니라 두려워하는 마음을 가져야 한다.

— 2014년 1월 14일 '18기 중앙기율검사위원회 3차 전체 회의'에서

"선한 것을 보면 마치 거기에 미치지 못할 듯이 열심히 노력하고, 선하지 않은 것을 보면 마치 끓는 물에 손을 넣은 듯이 재빨리 피해야 한다." 『논어』 「계씨季氏」 편에 나오는 구절이다. 원문은 다음과 같다.

선한 것을 보면 마치 거기에 미치지 못할 듯이 열심히 노력하고, 선하지 않은 것을 보면 마치 끓는 물에 손을 넣은 듯이 재

빨리 피해야 한다. 나는 그런 사람을 보았고 또 그런 말을 들었다. 숨어 삶으로써 자신의 뜻을 추구하고, 의로움을 실천하면서 자신의 도를 이루어야 한다는데, 나는 그런 사람이 있다는 말을 듣기는 했지만 아직 그런 사람을 보지는 못했다見善如不及. 見不善如探湯. 吾見其人矣. 吾聞其語矣. 隱居以求其志, 行義以達其道. 吾聞其語矣. 未見其人也.

의미를 구체적으로 살펴보면 다음과 같다. "선한 것을 보면 힘껏 노력하되 미치지 못함을 안타까워하고 나쁜 것을 보면 뜨거운 물에 손이 닿은 것처럼 재빨리 피해야 한다. 나는 이런 사람을 본 적이 있고 이런 사람이 있었다는 말을 들은 적이 있다. 은거하면서 자신의 뜻을 추구하고 의로운 일을 하면서 자신의 주장을 관철시키는 사람이 있다. 나는 이런 사람이 있었다는 이야기는 들은 적이 있지만 몸소 본 적은 없다."

『논어』는 유가 경전으로 춘추시대 말기 공자와 제자들의 언행을 기록한 책이다. 「계씨」 편은 『논어』 제16장으로, 주로 공자와 제자들의 정치활동, 사람들과 교제하는 원칙, 군자가 반드시 지켜야 할 세 가지三戒, 군자가 두려워하고 지켜야 할 세 가지三畏, 군자가 늘 마음에 새겨두어야 할 아홉 가지 일九思 등 개인의 도덕 수양에 관한 가르침을 담고 있다.

공자의 원문에서는 두 가지 인생관이 거론된다. 하나는 청렴결백하고 홀로 자기 수양에 정진하는 삶이며 다른 하나는 맹자가 말했듯이 "궁색할 때는 홀로 수양에 주력하고 잘 풀릴 때는 천하에 나가 선한 일을 하는窮則獨善其身, 達則兼善天下"것이다. 공자가 생각하기에는 후자가 훨씬 더 도달하기 어려운 경지다.

"선한 것을 보면 마치 거기에 미치지 못할 듯이 열심히 노력하고, 선하지 않은 것을 보면 마치 끓는 물에 손을 넣은 듯이 재빨리 피해야 한다"라는 것과 "어진 이를 보면 그와 같아질 것을 생각하고, 어질지 못한 이를 보면 자신 또한 그렇지 않은지를 반성해야 한다見賢思齊焉, 見不賢而內自省也"(『논어』「이인里仁」)는 것은, 모두 자신의 인격 수양을 강조한 가르침이다. 하지만 여기에서 드러나는 경지는 "이로움을 좇고 해로움은 피한다趨利避害"(한漢나라 곽서霍諝, 「진기대장군奏記大將軍 양상梁商」)는 것보다 훨씬 더 심오하다. 특히 '선하지 않은 것'에 대한 두려움과 자기 통제 수준이 매우 높다. 그렇기 때문에 시진핑이 '18기 중앙기율검사위원회 제3차 전체 회의'에서 "선한 것을 보면 마치 거기에 미치지 못할 듯이 열심히 노력하고, 선하지 않은 것을 보면 마치 끓는 물에 손을 넣은 듯이 재빨리 피해야 한다"라는 구절을 인용하여 '고강도의 반부패'에 관한 경각심을 일깨운 것은 의미심장하고 정확한 현실 인식을 보여준다.

"선한 것을 보면 마치 거기에 미치지 못할 듯이 열심히 노력하고, 선하지 않은 것을 보면 마치 끓는 물에 손을 넣은 듯이 재빨리 피해야 한다"라는 가르침을 실천하기 위해서는 먼저 옳고 그름, 선함과 악함, 진짜와 가짜에 대해 예리하고 뛰어난 통찰력을 갖고 있어야 한다. 이러한 예민함과 통찰력은

"나는 날마다 나를 세 가지 점에서 반성한다吾日三省吾身"(『논어』「학이學而」)라는 자기 수양에서 비롯된다. 날마다 '반성해야' 자신이 '선함' '어진 마음'과 얼마나 가까이 있는지 정확히 알 수 있고 '선함'과 '어진 마음'을 자기 학습의 목표로 삼을 수 있으며, 또한 날마다 '반성해야' '선하지 않음'이 무엇인지 알 수 있고 이에 대해 항상 경계하고 한계선을 넘지 않기 위해 조심하게 되기 때문이다.

시진핑은 "선한 것을 보면 마치 거기에 미치지 못할 듯이 열심히 노력하고, 선하지 않은 것을 보면 마치 끓는 물에 손을 넣은 듯이 재빨리 피해야 한다"라는 말로 고위 공직자들에게 '두려워하는 마음'을 가져야 한다고 경고한다. '선한 것을 보고 미치지 못한 것과 같이 하는' 것을 '내면의 수양'이라고 한다면 '선하지 않은 것을 보면 끓는 물을 만진 것과 같이 하는 것'은 이 '내면의 수양'을 전제로 한 자기 절제다. "선한 것을 보면 마치 거기에 미치지 못할 듯이 열심히 노력해야 한다"는 스스로에 대한 요구치가 있어야 '선하지 않은 일'을 충분히 경계할 수 있기 때문이다.

고위 공직자 대부분은 여러 권력을 쥐고 있기 때문에 그만큼 권력과 지위와 돈과 여자의 유혹에 더 많이 맞닥뜨리게 된다. '선하지 않은 일'에 대해 두려워하는 마음만 갖고 있다면, 권력은 국민이 부여한 것이며 그 권력을 국민의 이익을 도모하는 데 사용해야지 자신의 사리사욕을 채우는 데 사용해서는 안 된다는 사실만 확실히 알고 있다면, 권력 앞에서 "손오

공 머리에 씌워져 있는 금테를 죄는 삼장법사의 주문緊箍咒"(『서유기』)을 스스로 외우면서 자신을 통제할 수 있고, 돈 앞에서 스스로 '고압선'을 설치할 수 있으며 여자 앞에 '방화벽'을 구축할 수 있다.

경외심은 사람을 스스로 절제하게 하는 힘이다. 고위 공직자가 권력과 제도를 두려워해야만 항상 자기를 절제하는 마음을 갖게 되고 자발적으로 감독을 받으며 권력을 올바르게 행사할 수 있다. 기율과 법률을 거스르는 일을 저지르거나 정당하지 않은 재물을 탐하지 않으며 부정부패에 물들지도 않는다. 당 중앙에서는 "뼈를 깎아 독을 치료하는 고통刮骨療毒"과 "독사에 물린 팔을 잘라내는壯士斷腕" 것과 같은 과감함 및 결단력으로 "호랑이와 파리를 한꺼번에 잡는老虎蒼蠅一起打(몸통에서 깃털까지 발본색원)" 반부패운동을 적극 전개하고 있다. 이런 일련의 움직임은 권력과 제도에 대한 두려움을 잃고 당의 기율과 국가의 법률을 무시하면 부패의 나락에 추락하고 만다는 사실을 모두에게 엄중하게 경고하는 것이다.

모든 고위 공무원은 "선한 것을 보면 마치 거기에 미치지 못할 듯이 열심히 노력하고, 선하지 않은 것을 보면 마치 끓는 물에 손을 넣은 듯이 재빨리 피해야 한다." 요행을 바라는 마음 대신에 두려워하는 마음을 지녀야 한다. 부패는 모든 지도자 간부의 두 손 위에 언제 쏟아질지 모르는 끓는 물이므로 항상 경계해야 한다. 물론 하루아침에 모두가 이런 마음가짐을 갖는 것은 쉽지 않지만 이를 목표로 끊임없이 노력해야 한다. 사소한 비리도 허용하지 않고 "사안 발생 초기에, 사안의 규모가 작을 때 확실히 적발하고 병이 있으면 즉시 치료해야 한다. 문제를 발견하면 그 즉시 처리하여 작은 종기가 후환이 되는 것을 막아야 한다." 이를 위해 끊임없이 애를 쓴다면 "나는 그런 사람을 보았고 또 그런 말을 들었다吾見其人矣, 吾聞其語矣"는 날이 반드시 다가올 터이다.

13

뼈를 깎아 독을 치료하고 독사에 물린 손목을 잘라내라

刮骨療毒, 壯士斷腕

모든 당원은 부패와의 전쟁이 오래 걸리고 복잡하며 어렵다는 점을 인식해야 한다. 극약처방 및 엄격한 제도로 부정부패를 척결하겠다는 결심과 "뼈를 깎아 독을 치료하고 독사에 물린 팔을 잘라내는刮骨療毒, 壯士斷腕" 용기로 청렴결백한 당 기풍 조성, 부패와의 전쟁을 철저하게 추진해야 한다.

— 2014년 1월 14일 '18기 중앙기율검사위원회 3차 전체 회의'에서

2014년 1월 14일 시진핑은 '18기 중앙기율검사위원회 3차 전체 회의'에서 "극약 처방으로 병을 치료하고 엄격한 제도로 혼란을 다스린다" "뼈를 깎아 독을 치료하고 독사에 물린 팔을 잘라낸다"는 구절을 인용해 청렴한 당 기풍 조성과 부패와의 전쟁을 추진하겠다는 용기, 결심, 신념을 표현했다.

"뼈를 깎아 독을 치료한다"라는 구절은 진晉나라 진수陳壽의 『삼국지』「촉서蜀書」'관우전關羽傳'에서 유래한다.

관우가 조조와의 전투에서 왼쪽 팔에 화살을 맞았다. 후에 그 상처를 치료했지만 장마가 올 때마다 뼈에 극심한 통증이 느껴졌다. 화타라는 명의가 상처를 본 후 말했다. '화살에 묻어 있던 독이 뼛속까지 스며들어 팔이 크게 손상을 입었습니다. 뼈를 깎아 독을 제거해야 상처를 치료할 수 있습니다.' 이에 관우는 팔을 화타에게 내밀어 살갗을 베어내고 치료하게 했다. 이때 관우는 자리에 있던 장수들과 더불어 음식을 먹고 술을 마셨다. 그의 팔에서 흘러내린 피가 대야에 가득 찼다. 그러나 관우가 술을 마시며 이야기하고 웃는 모습이 무척 태연했다.

이후 "뼈를 깎아 독을 제거한다刮骨去毒"는 말은 어떤 고통도 두려워하지 않는 확고한 의지를 표현하는 데 자주 쓰인다.

"장수가 팔을 자르다壯士斷腕"는 말은 『삼국지』「위서魏書」'진수전陳泰傳' 중 "옛사람이 이르기를 살무사에게 물린 장수가 손목을 잘라냈다고 했다古人有言, 蝮蛇螫手, 壯士解其腕"라는 구절에 나온다. 살무사는 맹독을 품은 뱀이다. 이 살무사에게 물리면 곧바로 손목을 잘라내 맹독이 온몸에 퍼지는 것을 막아야 한다. 이 표현은 어떤 일을 하는 데 있어 중요한 시기에 주저 없이 결단 내리는 것을 비유할 때 쓰인다.

"뼈를 깎아 독을 치료한다"는 말과 "장수가 손목을 잘라낸다"는 말 모두 신체에 독소가 침투했을 때 과감하게 치료하여 일부를 희생하더라도 건강을 지킨다는 뜻으로 스스로 몸에 칼을 대는 과감한 용기를 의미한다. '뼈를 깎아 독을 치료하는 것이 의사의 도움을 받는 것이라면 '장수가 손목을 자르는' 경우는 본인이 직접 자신의 손목을 자르는 것으로 훨씬 더 큰 용기와 담력이 요구된다.

시진핑이 '18기 중앙기율검사위원회 3차 전체 회의'에서 '뼈를 깎아 독을 치료한다' '장수가 손목을 잘라낸다'는 표현을 인용한 데에는 다음과 같은 의미가 있다.

첫째, 뇌물 수수와 부정부패는 당의 존립을 위협하는 '독소'다. 이를 그대로 방치하면 효과적인 부패 척결 시스템을 구축하지 못해 부패의 독소가 뼈에 스며들어 당의 이미지를 해치고 나아가 당의 존립마저 위협할 수 있다.

둘째, 부패의 독이 당의 뼛속 깊이 스며들었고 각종 부정부패가 존재한다는 사실을 직시해야 한다. 문제를 해결하려면 문제가 있다는 사실을 똑바로 봐야 한다. 시진핑은 "부패가 자랄 수 있는 토양이 여전히 존재하며 부패 척결을 둘러싼 상황이 여전히 열악하다. 옳지 못한 기풍과 부패 문제는 매우 심각한 결과를 낳을 수 있으므로 반드시 빠른 시일 내에 해결해야 한다"고 강조했다. 당과 국가의 존립을 위협하는 부정부패라는 독소는 절대로 그대로 두어서는 안 된다는 것이다.

셋째, 부패라는 독소를 제거해야 한다. 관우와 장사처럼 뼈를 깎아 독을 치료하고 팔을 자르는 용기와 결심으로 '수술

칼을 들어 크고 작은 '종양'을 과감하게 제거해야 한다. 이로 써 당 전체의 건강과 도덕성을 지키고 '국민을 위해 청렴결백 한 자세로 일한다'는 중국공산당의 정치적 유전자를 지킬 수 있다.

18차 당 대회 이후 8항 규정八項規定(공직자 윤리 규정)을 실시 하고 군중 노선 교육 실천활동을 전개해 4풍四風(관료주의, 형 식주의, 향락주의, 사치풍조) 척결을 강화한 것이 "싹이 자라기 도 전에 뿌리를 뽑는防微杜漸"(『송서宋書』「오희전吳喜傳」) 일이라면 "호랑이와 파리를 한꺼번에 잡기老虎蒼蠅一起打"에 나선 것은 "뼈를 깎아 독을 치료하고 살모사에게 물린 손목을 잘라내 는" 까다로운 일이다. 이런 노력에서 무관용의 자세로 부정부 패 인사를 엄벌하여 당과 군대의 부정부패를 척결하고자 하 는 당 중앙 차원의 군건한 결심을 볼 수 있다.

18차 당 대회 이후 낙마한 성장省長·부장급 이상의 고위 관 료가 40명에 이르고 국유기업 임원진도 50명이 넘는다. 2014년 5월까지 적발된 현장縣長·처장급 이상의 공직자는 1577명에 이른다. 이들은 뼛속 깊이 스며든 '독소'이며 이미 맹독에 감염된 '손목'과 같은 자들로서, 이들을 사법 절차에 따라 엄격히 처벌한 것은 '뼈를 깎아 독을 치료하고' '독사에 게 물린 손목을 잘라내겠다'는 중국공산당의 과감한 결단을 보여줄 뿐만 아니라 '독소를 없애고 병을 치료하듯' 자정 작용 을 통해 당의 건전성과 도덕성을 유지하는 능력이 있음을 과 시한 것이다. 이런 과감한 결단과 노력이 있어야만 중국이 좀

더 강한 활력을 발산하여 국가와 사회의 공평과 정의, 조화로운 발전을 실현할 수 있다.

14

나무 기둥을 옮기게 해 백성의 신뢰를 얻어라

徙木立信

많은 사람이 중앙의 '8항 규정'에 대해 기대하는 동시에 우려한다. 현재로서는 무엇보다 이 규정을 지속적으로 실천하여 '사목입신徙木立信'의 효과를 얻어야 한다. 이번 일을 확실하게 처리하여 실질적인 성과를 거두어야 다른 일도 할 수 있다.

― 2014년 3월 5일 전국 양회 상하이대표단 심의회의에서의 발언

2014년 중국의 양회 기간에 시진핑은 상하이 대표단의 심의회의에 참석했다. 당시 전국인민대회 대표 화베이花蓓가 당 중앙이 정한 '8항 규정'을 철저히 이행하고 기풍 건설을 강화하는 문제에 대한 건의안을 발표했다. 시진핑은 화베이의 제안에 답변하면서 '사목입신徙木立信'이라는 고사성어를 인용했다.

'사목입신'이라는 말은 사마천의 『사기史記』 「상군열전商君列傳」

에 나온다.

"효공孝公이 위앙을 중용했다. 위앙이 변법을 하고자 했지만 천하 사람들이 자신을 비방할까 두려워했다. (…) 새 법령을 만들었지만 아직 공포하지 않았다. 백성이 믿지 않을까 염려했기 때문이다. 그리하여 높이가 3장丈 되는 나무를 도시 남문에 세우고 '이 나무를 북문에 옮겨놓은 자에게 10금을 준다'면서 사람을 모았다. 모든 백성이 이상하게 여겨 감히 옮기려는 자가 없었다. 이에 다시 '이 나무를 북문에 옮기는 자에게는 50금을 준다'고 말했다. 어떤 이가 나무를 옮기자 바로 50금을 주어서 백성을 속이지 않는다는 것을 밝혔다. 마침내 법령을 공포하였다."

'사목입신' 고사는 상앙商鞅이 변법을 단행할 때의 이야기다. 상앙은 전국시대의 정치가이자 개혁자였다. 위衛나라의 서자였던 상앙은 성이 공손씨公孫氏이며 조상은 희성姬姓이다. 그는 위앙衛鞅, 공손앙公孫鞅으로도 불렸다. 훗날 하서河西 전투에서 공을 세워 상商 땅의 50읍을 봉지로 받아 상군商君으로 불렸기에 상앙이라 일컬어진다. 상앙은 변법을 통해 진秦나라의 부국강병을 이루었는데, 이를 '상앙변법商鞅變法'이라 한다.

진나라 효공이 즉위한 뒤 강대국을 만들겠다고 결심하고 주위의 현자를 불러 모았다. 상앙이 위魏나라에서 진나라로 와서 효공에게 중용되었다. 그는 변법을 시행하고자 했지만 천하 사람들이 비방할까 염려했던 탓에 법령을 만들고도 공포하지 못했다. 그는 백성의 믿음을 얻고자 시장의 남문에 높이 3장의 나무 기둥을 세워놓고 나무 기둥을 남문에서 북문으로 옮겨놓은 사람에게 10금을 주겠노라고 했다. 모든 백성이 이상하게 여겨 아무도 나무 기둥을 옮기려고 하지 않았다. 그러자 상앙이 다시 말했다. "이 나무 기둥을 옮길 수 있는 자에게 50금을 주겠다." 어떤 이가 나무 기둥을 옮기자 상앙은 곧바로 그에게 50금을 주어 자신의 말에 신용이 있으며 백성을 속이지 않는다는 것을 보여주었다. 시진핑 주석이 "나무 기둥을 옮기게 해 백성의 신뢰를 얻다徙木立信"는 고사성어를 인용한 것은 정책이 철저하게 시행되어야 국민의 신뢰를 얻을 수 있다는 것을 재확인하기 위함이었다.

또 다른 개혁가인 북송의 왕안석王安石은 상앙의 변법을 찬양하는 시 「상앙」을 지었다.

예로부터 백성 부리는 데는 신의와 성실에 있으니自古驅民在信誠
한마디 말은 무겁고 백금은 가볍도다　　　　一言爲重百金輕
요즘 사람이라고 상앙을 나무랄 수 없을지니　今人 木可非商鞅
상앙은 법령을 만들면 기필코 실행했기 때문일 터商鞅能令政必行

바로 사목입신의 이야기를 전해주는 시다. 왕안석이 상앙을 높이 평가한 데에는 자신의 원대한 포부가 실현되지 못한 안타까움이 숨어 있다. 그 또한 북송의 변법을 단행하고 새로운 정치를 펼치고자 했지만 상앙처럼 '법령을 만들면 반드시 실행하지' 못했기 때문에 실패하고 말았다.

어떤 법령과 제도도 제대로 집행되지 못하면 결국 한낱 종 잇조각에 불과하다. 상앙은 자신이 제안한 법을 기필코 실행 하기 위해 두 가지 조치를 취했다. 하나는 '사목입신'하여 백성 의 믿음을 얻은 것이고, 다른 하나는 변법을 반대하는 자, 특 히 지위가 높고 권세를 가진 자들에 대해 조금의 관용도 베풀 지 않고 엄벌에 처한 것이다. 법령을 공포하면 반드시 실행하 겠다는 결심과 더불어 이를 제대로 실행시킬 강력한 수단도 갖고 있어야 정책의 실행을 보장할 수 있다.

당 중앙이 정한 8항 규정은 2012년 12월 4일 정치국 회의 에서 채택되었다. 18차 당 대회가 폐막한 지 얼마 지나지 않 아 중앙에서 이 8항 규정을 정한 것은 서민이 가장 주목하는 현안인 당의 기풍 문제에 대한 답을 제시함으로써 국민이 당 에 대해 가지고 있던 이미지를 쇄신하기 위함이다. 고위 공직 자의 업무 기풍을 개선하고 중앙정치국의 솔선수범을 요구하 는 것은 그 구체적인 방법이다. 8항 규정은 신임 중앙 지도부 의 지도 방침을 반영한 것이며 중국공산당이 전 국민에게 내 건 엄격하게 당을 관리하겠다는 엄중한 약속이기도 하다.

8항 규정은 실시 이후 많은 성과를 거두어 국민으로부터 뜨거운 호응을 얻었다. 하지만 일각에서는 이 규정이 장기적 으로 실행될 수 있는지에 대해 회의적이었다. 과거 중국공산 당은 고위 공직자가 업무와 생활 측면에서 누리는 권한을 제 한하기 위해 수많은 '목록'을 만들었지만 정작 실행 과정에서 는 요란한 빈 수레처럼 떠들썩하기만 하거나 정책의 빈틈을

악용하는 이들 때문에 효과적인 집행을 할 수 없거나 제대로 된 성과를 거두지 못한 채 용두사미가 되는 경우가 허다했다. 상황이 이렇게 되자 '규정'의 권위가 떨어지고 국민의 신뢰도 사라졌다. 화베이가 원칙과 제도를 보완하여 8항 규정을 지속적으로 시행함으로써 확실한 성과를 거둬야 한다고 제안한 데는 이런 배경이 있었다.

화베이의 제안에 답변할 때 시진핑은 중앙의 8항 규정이 '사목입신'의 이야기처럼 국민에게 신뢰를 줄 수 있어야 한다고 지적했다. 즉 변법을 준비한 상앙처럼 8항 규정에 대한 엄중한 약속을 반드시 실행해야 국민이 당의 확고한 결심을 확인하고 신뢰를 보일 거라는 말이다.

한 사람은 "하겠다고 약속하면 반드시 실천해야言必信"("논어』 「자로子路」) 하고, 국가는 "정책을 발표하면 반드시 실행해야政必行"(왕안석 시 「상앙」) 한다. 핵심은 실천과 집행에 있다. 수많은 기율이 있는데도 기율을 '허수아비'로 여기고 무시하는 사람이 있는 것은 기율이 제대로 집행되지 않기 때문이다. '입법'에 치우친 나머지 '집행'을 간과하는 경우가 많다. 시진핑이 8항 규정에 대해 '사목입신'과 같이 단호하게 실행해야 한다고 강조한 것은 부패와의 전쟁에 대해 상앙 변법과 같이 '법령을 만들면 반드시 실행해야 한다'라는 당 중앙의 용단, "정령政令을 태산처럼 여기고" 자신이 뱉은 말을 반드시 지키는 기백을 보여준다.

15

득과 실을 역사의 거울에 비추어 흥망성쇠를 알라

鑒得失, 知興替

역사를 배우면 성공과 실패를 볼 수 있고 "득과 실을 거울에 비추어 흥망성쇠를 알 수 있다鑒得失, 知興替." 시를 배우면 정서가 풍부해지고 뜻이 높아지며 사람 됨됨이가 함양된다. 윤리를 배우면 염치를 알 수 있고 명예와 모욕을 깨달으며 옳고 그름을 판별할 줄 알게 된다.

— 2013년 3월 1일 '중앙당교 개교 80주년 기념식 및 2013년 봄학기 개학식'에서

"득과 실을 거울에 비추어 흥망성쇠를 알 수 있다鑒得失, 知興替." 이 말은 『신당서新唐書』 「위징전魏徵傳」에 나오는 다음 구절에서 유래한다.

"청동을 거울로 삼으면 의관을 바르게 할 수 있고, 옛것을 거울로 삼으면 흥망성쇠를 알 수 있으며, 사람을 거울로 삼으

면 득과 실을 알 수 있다以銅爲鑑, 可正衣冠. 以古爲鑑, 可知興替. 以人爲鑑, 可明得失."

청동을 거울로 삼으면 사람의 의관이 바르게 되었는지 알 수 있고, 옛것을 거울로 삼으면 역사에서 있었던 흥망성쇠를 배울 수 있으며, 다른 사람을 거울로 삼으면 자신의 득과 실을 알 수 있다는 의미다. 시진핑이 "득과 실을 거울에 비추어 흥망성쇠를 알 수 있다"는 말을 인용한 것은 고위 공직자에게 역사와 문화를 배워 인류 문명의 정수를 습득하도록 독려하기 위함이다.

『신당서』는 북송시대 구양수歐陽修, 송기宋祁, 범전范鎭, 여하경呂夏卿 등이 공동으로 당나라의 역사를 기록한 기전체 역사서로 '24사史' 중 하나다. 「열전列傳」은 신하들의 행적을 서술하여 후세에 전할 수 있게 하였다. 위징魏徵은 당나라의 정치가로 강직한 성격을 지녔고 학식이 뛰어난 인물로, 황제를 두려워하지 않고 직간을 서슴지 않았다. 당나라의 통치를 공고히 하기 위해 200여 차례 간언하여 당 태종에게 역사의 교훈을 거울삼아 국가통치에 태만하지 말고 간언을 하는 현명한 인재를 등용하라고 권고했다. 이 구절은 위징이 죽은 후 당 태종이 매우 안타까워하며 남긴 것이다.

"역사는 기록이다史, 記事者也."(『설문해자』) 역사는 한 민족과 한 국가의 발전 및 흥망성쇠를 사실대로 기록한 것으로, 세세대대로 축적된 지식과 경험과 지혜의 총체다. 역사는 "앞 수레가 뒤집히는 것을 보고, 뒤 수레가 경각심을 갖게 한다前車

之鑒."(『순자』 「성상成相」) 앞 사람의 득得은 본받아 배울 수 있고 앞 사람의 역사는 자신이 경계해야 할 대상으로 삼을 수 있다. 러시아의 철학자 알렉산드르 게르첸은 "과거를 잘 이해하면 현재를 명확하게 살펴볼 수 있다. 과거의 의미를 제대로 인식하면 우리는 미래의 의미를 밝힐 수 있다. 뒤를 살펴보는 것은 앞을 향해 전진하는 것이다"라고 말했다. 미국의 미래학자 앨빈 토플러도 "역사로부터 배우지 않는다면 역사를 반복하게 될 것이다"라고 말했다. 이러한 명언들은 서로 다른 각도에서 역사를 공부하는 중요성을 강조하고 있다. 역사를 알아야 흥한다.

당 태종이 '정관의 치貞觀之治'를 이룩할 수 있었던 것은 그가 "득과 실을 거울에 비추어 흥망성쇠를 아는" 것의 중요성을 정확히 인식하고 역사의 경험을 잘 받아들였으며 다른 사람의 올바른 의견에 귀를 기울였기 때문이다.

시진핑은 다양한 자리에서 독서를 좋은 생활습관으로 강조한다. 국가의 최고 통치자로서 몹시 바쁜 정무 속에서도 항상 시간을 내서 책을 읽는 그의 자세는 각급 공직자의 모범이 되었다. 또한 중앙정치국의 집단학습제도는 배움을 중시하고 학습에 매진하는 중국공산당의 훌륭한 전통을 계승 발전시킨 것이다.

시진핑의 이런 발언은 사실상 우리가 역사와 문화를 공부해야 하는 이유를 일깨워준다. 역사와 시가詩歌와 윤리와 같은 전통문화 및 지식의 사회적 기능과 가치에 대해 정확하게 설명한 것이다. 역사를 배우는 것은 역사와 현실에 대한 인식과 비판 능력을 키우는 일이고, 시가를 배우는 것은 아름다운 사물이나 감정을 느끼고 감상하는 능력을 향상시키는 일이며, 윤리를 배우는 것은 사람과 사람, 사람과 사회가 따라야 하는 도덕과 의례 준칙을 익히는 일이다.

글로벌화 시대에 고위 공직자는 자국의 역사와 문화를 아는 데 그쳐서는 안 된다. 세계화의 흐름 속에서 고위 공직자는 세계적인 시각으로 세계 인류 문명의 훌륭한 성과를 받아들일 줄 알아야 하기 때문이다. 다른 나라의 역사와 문화를 배운다면 다른 문화를 이해하고 포용하며 존중하는 넓은 도량을 지닐 수 있고 자신의 문화전통 또한 새로운 시각으로 바라볼 수 있다.

고위 공직자가 민족 전통문화의 계승과 발전, 중국 문화의 혁신과 발전에 대해 독립적인 시각을 갖는 동시에 세계의 다른 문화와 평등하게 대화하는 용기와 저력을 지닌다면 진정한 의미의 세계적인 눈과 가슴을 지닐 수 있으며 치열한 글로벌 경쟁 속에서도 살아남을 수 있을 것이다.

16

장님이 눈 먼 말을 타고 한밤중에 깊은 연못가에 서다

盲人騎瞎馬 , 夜半臨深池

학습을 강화해야 업무의 합리성과 예측 가능성, 적극성을 강화할 수 있고 지도와 정책결정에 시대정신, 규칙성, 창조성을 적용할 수 있다. 또 제대로 알지 못하는 데서 비롯되는 미혹과 무지로 인한 혼란을 피할 수 있고 능력의 부족과 실력공포증 및 뒤처짐 등의 문제를 이겨낼 수 있다. 학습을 강화하지 않으면 "장님이 눈 먼 말을 타고 한밤중에 깊은 연못에 서 있는盲人騎瞎馬, 夜半臨深池" 것과 같은 위험한 상황이 일어날 수 있다. 아무리 패기가 충천해도 경솔한 행동을 해서는 안 된다. 그랬다가는 업무에서 새로운 국면을 열 수 없을뿐더러 방향을 잃고 시대에 뒤떨어질 위험이 있다.

— 2013년 3월 1일 '중앙당교 개교 80주년 기념식 및 2013년 봄학기 개학식' 연설

"장님이 눈 먼 말을 타고, 한밤중에 깊은 연못가에 섰네." 이 말은 위진남북조 시대 송나라 사람 유의경劉義慶의 『세설신어世說新語』「배조排調」편 제61조에서 유래한다. 원문은 다음과 같다.

환남군桓南郡에 사는 환현桓玄과 은형주殷荊州에 사는 은중감殷仲堪은 모두 말솜씨가 뛰어난 이들로, 함께 끝말놀이了語(문장의 마지막 구절의 운을 맞추는 놀이)를 했다.

고개지가 말했다.

"불이 들판을 모두 태워 민둥이 되었다火燒平原無遺燎."

환현이 말했다.

"백포로 관을 싸고 장례식의 깃발을 세웠다白布纏棺竪旒旐."

은중감이 말했다.

"물고기를 깊은 연못에 던져 비조를 놓쳤다投魚深淵放飛鳥."

그리고 '가장 위험한 상황危語'에 대해 한마디씩 하기로 했다.

환현이 말했다.

"창끝으로 쌀을 씻고 칼로 불을 때서 밥하기."

은중감이 말했다.

"백 살 먹은 노인이 마른 나뭇가지에 기어오르기."

고개지가 말했다.

"우물 물의 용두레 위에 어린애 누워있기."

자리에 있던 은중감 휘하의 한 참군參軍이 말했다.

"장님이 눈 먼 말을 타고 한밤중에 깊은 연못가에 가기."

은중감이 말했다.

"쳇, 가슴이 찔리는군!"

은중감은 애꾸눈이었기 때문이다.

「배조」 편의 '배조排調'는 비꼬고 희롱한다는 의미다. 『세설신어』 「배조」 편은 비꼼, 비아냥거림, 풍자, 반격, 충고, 농담과 관련된 이야기가 수록되어 있어 당시 사람들의 지혜와 처세술을 엿볼 수 있다. 기발하고 흥미진진한 언어유희는 위진남북조 시대의 사회상 중에서도 중요한 부분이다.

시진핑이 인용한 구절을 다시 한번 살펴보자. 몇몇 문인이 가장 위험한 상황에 대해 이야기를 나누고 있었다. 한 사람이 "장님이 눈 먼 말을 타고 한밤중에 연못가에 가는" 상황을 언급했다. 이 말은 장님이 위험한 지경에 이르고도 자기만 알지 못하는 상황을 가리키는 것이다.

시진핑이 "장님이 눈 먼 말을 타고, 한밤중에 깊은 연못가에 섰네"라는 구절을 인용한 것은 무지와 무모함으로 인해 위기에 직면하고도 자각하지 못하는 상황을 피하기 위해서는 반드시 학습을 강화해야 한다고 고위 공직자들에게 강조하기 위함이다.

시진핑이 '중앙당교 개교 80주년 기념식 및 2013년 봄학기 개학식' 연설에서 이 구절을 인용한 것은 매우 적절한 선택이었다. 고위 공직자들이 책을 읽지 않고 공부하지 않으면 어떻게 되는지, "장님이 눈 먼 말을 타는 것"처럼 현실을 제대로 자각하지 못하는 상황에서 정책결정을 하면 무지로 인해 방향을 잃고 혼란에 빠질 수 있다는 점을 일깨운 것이다.

중국공산당은 창당 이후 중요한 순간마다 역사적 사명의 변화에 발맞춰 전당 차원의 학습을 강조하곤 했다. 공산혁명의 시기, 중국공산당의 주요 구성원은 마르크스가 말한 것처럼 노동자가 아니라 농민이었다. 하지만 중국공산당은 끊임없이 당원의 학습을 강조함으로써 무산계급 정당의 선진성을 유지하며 공산혁명의 주도권을 획득했다. 제2차 국공내전 시기에 일부 교조주의자들이 "촌구석에서 어떻게 마르크스주의를 실천하겠는가"라며 비난한 데 대해, 마오쩌둥은 백방으로 마르크스와 레닌의 서적을 구하여 탐독했다. 1932년 홍군紅軍이 장주漳州를 공격할 시기에도 엥겔스의 『반反듀링론』을 찾아내고는 마치 귀한 보물을 수중에 넣은 것처럼 애지중지했고 병으로 침상에 누워 있을 때에도 손에서 놓지 않았다. 이렇듯 중국공산당은 학습을 통해 투쟁능력을 강화했고 공산혁명을 승리로 이끌 수 있었다.

신중국 수립 직전에도 마오쩌둥은 전 당원에게 학습을 강조했다. 그 이유에 대해 마오쩌둥은 다음처럼 말했다. "경제건설이라는 막중한 사명이 우리 앞에 놓여 있다. 우리가 잘 알고 있던 것들은 곧 쓸모없어질 것이고 우리에게 낯선 것들이 지금 우리를 압박하고 있다." "우리는 모르는 것을 배워야 한다." "경건한 자세로 진지하고 성실하게 배워야 한다."

이처럼 중국공산당은 학습을 통해 경제를 발전시키고 국가 건설을 지휘할 능력을 손에 쥘 수 있었다.

중국은 이미 새로운 발전 단계에 들어섰다. 개혁과 발전과 안정이라는 막중한 사명을 짊어진 중국 앞에 새로운 상황, 새로운 문제, 새로운 갈등이 끊임없이 나타나고 있다. 또한 중국은 현재 이른바 '정보의 홍수' 시대 또는 '빅 데이터'의 시대를 맞이했다. 지식의 업데이트, 더 나아가 혁신의 속도가 갈수록 빨라지고 있다. 학습을 강화하지 않으면 시대에 뒤떨어질 뿐 아니라 심할 경우 한 걸음도 움직일 수 없게 된다. 탁상공론으로 정책을 결정하고 무모하게 움직이다가는 "한밤중에 깊은 연못가로 가는" 위험에 빠지게 된다. 역사를 배우지 않으면 역사의 발전과 국가 운영의 위대함을 알 수 없다. 과학을 배우지 않으면 세상의 광활함과 날씨의 변화무쌍함을 알 수 없다. 고금의 위인을 배우지 않으면 고결한 인격이 어떤 것인지 모르고 "높은 산을 우러러 보며 큰길을 따라가는高山仰止, 景行行止"(『시경』「소아小雅」, 『사기』「공자세가孔子世家」) 삶을 살 수 없다. 학습을 강화해야만 업무의 합리성, 예측 가능성, 적극성을 강화할 수 있고 지도와 정책결정에 있어 시대정신, 규칙성, 창조성을 실현할 수 있다.

17

배운 자가 꼭 벼슬하는 것은 아니지만
벼슬한 자는 꼭 배워야 한다
學者非必爲仕 , 而仕者必爲學

고위 간부의 학습 여부 및 능력의 크기는 개인의 문제에 국한되지 않고 당과 국가 발전에 영향을 미치는 중요한 문제다. 옛 성현이 말한 것처럼 "배운 자가 반드시 벼슬을 하는 것은 아니지만 벼슬하는 자는 반드시 배워야 한다學者非必爲仕, 而仕者必爲學."

— 2013년 3월 1일, '중앙당교 개교 80주년 기념식 및 2013년 봄학기 개학식'에서

"배운 자가 반드시 벼슬을 하는 것은 아니지만 벼슬하는 자는 반드시 배워야 한다."『순자』「대략大略」27편에 나오는 구절이다. 원문은 다음과 같다.

"군자가 벼슬을 하면 왕의 명예를 드높이고 백성의 근심을 덜어줄 수 있다. 그런 능력도 없으면서 자리를 차지하는 것은

잘못된 일이며, 도움도 주지 못하면서 많은 봉록을 받는 것은 훔치는 일과 같다君子進, 則能益上之譽而損下之憂. 不能而居之, 誣也, 無益而厚受之, 竊也. 배운 자가 반드시 벼슬을 하는 것은 아니지만 벼슬하는 자는 반드시 배워야 한다."

시진핑은 이 연설에서 "배운 자가 반드시 벼슬을 하는 것은 아니지만 벼슬하는 자는 반드시 배워야 한다"라는 구절을 인용하여 당의 고위 간부에게 배움의 중요성을 강조했다.

순자는 전국시대 말기의 사상가이자 교육자로 유가를 대표하는 인물 중 한 명이다. 그는 공자의 사상을 계승하고 발전시켰으며 전국시대 말기에 유가사상을 집대성했다. 고증에 따르면 「대략」 편은 순자의 제자가 순자의 어록을 정리한 것이다. 광범위한 주제와 방대한 내용을 담고 있으며 중요한 문제를 대부분 수록하고 있기 때문에 하나의 명칭을 붙일 수 없어 '대략大略'이라는 편명篇名이 붙었다. 「대략」 편은 『순자』 속의 '논어'라고도 불린다.

"배운 자가 반드시 벼슬을 하는 것은 아니지만 벼슬하는 자는 반드시 배워야 한다." 이 말은 학문을 하는 사람이라고 해서 모두 공직자가 되지는 않지만 공직자는 반드시 배워야 한다는 뜻이다. 이 구절은 중국 봉건시대에 뿌리 깊이 박혀 있던 "공부를 하면서 여유가 있으면 벼슬한다學而優則仕"라는 관념을 떠올리게 한다. 사실 "공부를 하면서 여유가 있으면 벼슬을 한다"라는 구절은 순자의 스승이자 공자의 제자인 자하子夏의 다음 말에서 비롯되었다.

"벼슬하면서 여유가 있으면 공부를 하고, 공부를 하면서 여유가 있으면 벼슬을 한다仕而優則學, 學而優則仕."(『논어』「자장子張」)

그러나 후대에 과거제도가 시행되면서 대다수 중국인은 공리주의의 관점에서 앞 구절을 생략한 채 "공부를 하면서 여유가 있으면 벼슬을 한다"라는 뒤 구절만 남겼으며, 이 뒤 구절마저 글자만 보고 대강 뜻을 짐작하여 "책을 읽으면 벼슬해야 한다讀書做官論"라는 왜곡된 관습을 낳았다.

여기에서 '우優'는 일반적으로 이해하고 있는 '우월하다'라는 뜻이 아니라 '여력이 있다'라는 뜻이다. 그러므로 "벼슬하면서 여유가 있으면 공부를 하고, 공부를 하면서 여유가 있으면 벼슬을 한다"라는 구절의 의미는 '공직에 있으면서 여력이 있는 사람은 공부할 수 있고, 공부하면서 여력이 되는 사람은 공직에 나아갈 수 있다'라고 해석해야 한다. 이 말은 공자의 교육 방침 및 교육 목표를 압축한 것으로, '배웠다면 반드시 세상을 위해 일해야 한다'는 공자의 철학을 보여준다. 여기에서 이른바 '배움學'은 단순히 지식이나 학문에 국한되지 않고 인격 수양까지 포함한다. 공자는 개인의 학문과 인격 수양이 "출사出仕(벼슬하기)"의 기본이라고 보았다. 그러므로 능력이 있고 시간적 여유가 있는 공직자는 열심히 배우고 수양해야 하고, 학문과 인격 수양이 적절한 궤도에 올라 여력이 있는 사람은 공직자가 될 수 있다고 역설한 것이다.

순자도 공자와 마찬가지로 '배움'이 '벼슬仕'의 전제조건이자 기초가 되어야 함을 강조하고 있다. 공직자가 되는 것이 배움

의 유일한 목표는 아니지만 공직자라는 목적을 달성했다고
해서 배움을 멈춰서는 안 된다. 오히려 계속해서 학문을 닦
고 자기 수양에 힘써야 "제가치국평천하齊家治國平天下"(『대학大
學』)라는 이상을 실현할 수 있다. 재능과 학문 수준이 충분하
지 않은데도 후한 봉록을 받는다면 그것은 도둑질이나 마찬
가지다.

1933년에 창립된 중앙당교는 중국공산당의 고위 간부를
양성하고 마르크스 이론을 교육하는 최고 교육기관이다. 시
진핑이 '중앙당교 개교 80주년 기념식'에서 "배운 자가 반드시
벼슬을 하는 것은 아니지만 벼슬하는 자는 반드시 배워야 한
다"라는 말로 고위 공직자들을 격려한 것은 매우 큰 의의가
있다.

지식경제 시대에 들어선 오늘날, 과학기술이 날로 발전하고
새로운 지식이 하루가 다르게 쏟아져 나오고 있다. 문외한이
전문가를 이끌어 나갈 수 없는 것은 물론이거니와 전문가조
차도 평생 공부해야 시대의 변화를 따라갈 수 있다. 현재의
지식수준에 스스로 만족한다면 곧 시대의 흐름에 도태되고
만다.

'배움'을 협의의 지식 습득으로만 이해해서는 안 된다. 광의
의 배움, 즉 전면적인 자기 수양으로 받아들여야 한다. 사람
이 정신적으로 공허하면 지식이 부족한 것보다 훨씬 위험한
결과를 초래할 수 있다. 사회 곳곳에 도사린 온갖 유혹을 이
겨낼 수 있는 정신력이 부족하기 때문이다. 개인의 지식 습득

과 인격 수양의 수준이 그 자신의 미래와 운명에 영향을 준다면 수많은 고위 공직자의 지식습득 및 인격수양의 수준은 국가와 민족의 미래에 영향을 미친다. 18차 당 대회 보고서에서 제시된 "학습형, 봉사형, 혁신형 마르크스주의 집권당 건설建設學習型, 服務型, 創新型的馬克思主義執政黨"이라는 목표 가운데 '학습형'이라는 단어가 가장 앞에 놓인 이유가 바로 여기에 있다.

18

배우기만 하고 생각하지 않으면 어리석고
생각만 하고 배우지 않으면 위태롭다

學而不思則罔, 思而不學則殆

배움에 대한 흥미가 크면 '소극적인 배움'에서 '적극적인 배움'으로 배움의 자세가 바뀌고, '일시적 배움'에서 '평생 배움'으로 배움의 시기 또한 바뀐다. 배움과 사고, 배움과 실천은 서로 아우르며 보완하는 불가분의 관계에 있다. 이른바 "배우기만 하고 생각하지 않으면 어리석고, 생각만 하고 배우지 않으면 위태롭다學而不思則罔, 思而不學則殆." 머릿속의 문제를 잘 해결하고 싶다면 자발적으로 배움의 길에 나서야 한다.

— 2013년 3월 1일 '중앙당교 개교 80주년 기념식 및 2013년 봄학기 개학식'에서

"배우기만 하고 생각하지 않으면 어리석고 생각만 하고 배우지 않으면 위태롭다學而不思則罔, 思而不學則殆." 공자의 『논어』「위정爲政」 편에 나오는 구절이다. 시진핑은 중앙당교 개학식에

서의 연설에서 이 구절을 인용하여 배움과 사고, 배움과 실천의 보편적 관계와 중요성을 설명했다.

공자는 춘추시대 말기의 철학자이자 교육가이며 유가의 창시자다. 그는 평생 성현의 도를 전하고 제자를 교육하며 의혹을 풀어주는 데 힘써 '성인의 경지에 오른 위대한 스승至聖先師' '만세에 빛날 스승의 표상萬世師表'으로 존경받는다. 공자가 세상을 떠나자 제자들이 공자와 제자들의 언행과 사상을 기록하여 그 유명한 유가 경전인 『논어』를 펴냈다. 『논어』는 총 20편으로 이루어졌는데 정치, 교육, 문학, 철학 및 입신양명의 이치 등 다양한 분야의 내용을 수록하고 있다. 문답 형식의 어록체語錄體로 『대학』『중용』『맹자』와 더불어 '사서四書'로 불린다.

"배우기만 하고 생각하지 않으면 어리석고 생각만 하고 배우지 않으면 위태롭다." 배우고 익히기만 할 뿐 생각하지 않으면 이치가 가려져 어리석고 막연하여 얻는 것이 없으며, 생각만 할 뿐 배우고 익히지 않으면 미혹이 많아지고 확실한 주관을 가지기 힘들다. 이 구절은 공자가 제시하는 일종의 학습법으로 받아들여도 좋을 터이다. 무턱대고 배우기만 하고 생각하지 않으면 책의 가르침에 휘둘리면서 자기 주관을 잃게 된다. 이른바 "『서경書經』을 맹신하는 것은 차라리 『서경』이 없느니만 못하다盡信書, 不如無書"(『맹자』「진심盡心」)는 말이 바로 이런 의미다. 반대로 헛되이 생각만 하고 실질적인 것을 배우고 연구하지 않으면 모래로 쌓은 탑처럼 쉽게 무너지고 아무것도 얻지 못한다. 배움과 생각을 결합해야만 확실하고 쓸모 있는 참 지식을 배울 수 있다.

고위 공직자들이 진정으로 배움에서 무언가를 얻으려면 피나는 노력을 해야 한다. 중국에는 열심히 공부하는 자세에 관한 성현들의 감동적인 일화가 많다. 현량지고懸梁刺股(대들보에 머리카락을 묶고 정강이를 찌르며 공부하다), 착벽투광鑿壁偸光(벽에 구멍을 뚫어 이웃집의 불빛을 빌어 공부하다), 형설지공囊螢映雪(개똥벌레의 불빛과 겨울 눈빛으로 글을 읽는다)과 같은 고사성어는 미담처럼 지금까지도 전해 내려온다. 이처럼 힘든 환경에서도 열심히 공부하는 정신력은 마땅히 본받아야 한다. 시진핑이 "배우기만 하고 생각하지 않으면 어리석고, 생각만 하고 배우지 않으면 위태롭다"라는 말을 인용한 까닭은 성실한 배움과 치열한 생각은 서로를 아우르고 도와주는 불가분의 관계라는 것을 강조하기 위해서였다.

고위 공직자는 배움에 있어 교조주의로 빠져서는 안 되고 배움과 생각의 상생 관계를 실천해야 한다. 일부 고위 당 간부는 마르크스주의 문제에 관해 교조주의적 태도를 보인다. 마르크스주의를 어떻게 실제 문제에 적용하여 문제를 해결할지 생각하지 않은 채 마르크스주의를 만병통치약으로 여겨 모든 문제에 적용하려 한다. 마르크스와 엥겔스는 일찍이 이런 경향을 강력하게 비난했다. 마르크스는 "마르크스주의가 이런 것이라면 내가 알 수 있는 것은 나 자신이 마르크스주의자가 아니라는 사실뿐이다"라고 일갈했고, 엥겔스도 이들을 가리켜 "'뿌린 것은 용의 알인데 거둔 것은 벼룩이다.' 하이네가 자신을 모방하는 이들에게 했던 이 말을 어쩌면 마르크스도 똑같이 하고 싶을 것이다"라고 비꼬았다.

고위 간부는 학습 과정에서 항상 현실 문제를 염두에 두고 이론을 어떻게 적용해야 할지를 고민해야 한다. 마오쩌둥의 표현을 빌자면 '과녁을 정확히 겨누어 화살을 쏘아야' 한다. 형식주의에 빠져 배우는 흉내만 내거나 틀에 박힌 말을 하거나 공허한 말을 늘어놓아서는 안 된다. 또는 '교조주의'에 빠져 케케묵은 틀에 박힌 채 본질을 도외시하고 현실 문제를 해결하는 데 이론을 어떻게 적용할지 고민하는 것이 아니라 기계적으로 책의 구절을 외워 개혁개방의 실행 현황을 판단하려고 해서도 안 된다. 또는 실용주의를 표방하며 문맥을 왜곡하여 아전인수로 해석해서도 안 된다.

현실 문제를 해결하는 데 필요한 이론을 고민하려면 먼저 개혁개방의 형세와 국제정세를 파악한 후 새롭게 나타난 변화를 이해하고 새로운 문제를 발견하며 새로운 철학을 모색하고 새로운 국면을 열어야 한다. 옛것을 답습하여 현상을 유지하는 데 머물러서는 안 된다. 문제를 인식했다면 자발적이고 적극적인 자세로 배워야 하며 평생 배우는 자세를 멈추지 말아야 하는 것이다.

19

자신의 어둠으로 남을 밝히려 한다

以其昏昏, 使人昭昭

현재 일부 간부는 학습에 태만하고 향락주의에 젖어 있다. "자
신의 어둠으로 남을 밝히려 한다以其昏昏, 使人昭昭." 이런 태도는
업무를 그르치고 당과 국가의 사업에 악영향을 끼칠 뿐이다.

— 2013년 3월 1일 '중앙당교 개교 80주년 기념식 및 2013년 봄학기 개학식'에서

"자신의 어둠으로 남을 밝히려 한다."『맹자』「진심하盡心下」
에 나오는 구절이다. '현명한 사람은 자신의 밝음으로 다른
사람을 밝히지만, 요즘은 자신의 어둠으로 다른 사람을 밝히
려 한다.' 즉 '현명한 사람은 먼저 자신이 깨달은 후에야 다른
사람을 이해시키지만 요즘 세대는 자신도 잘 모르면서 다른
사람을 이해시키려고 한다'라는 뜻이다. '선무당이 사람 잡듯
이' 문외한이 함부로 전문가를 가르치려 하거나 자신도 잘 모

르면서 남을 가르치려 하는 태도에 따끔한 일침을 가하는 말
이다.

『맹자』는 맹자와 제자의 대화를 기록한 책이다. 『한서漢書』
「예문지藝文志」에 『맹자』 11편이 수록되어 있고, 7편 14권이 현
존하며 훗날 『사서』 및 『십삼경』 중의 하나로 분류되어 유가의
주요 경전이 되었다. 맹자는 전국시대의 저명한 철학자이자
정치가, 교육가다. 공자 이후 유가에서 가장 중요한 인물로서,
공자의 '인仁' 사상을 계승하고 '인정仁政' 사상으로 발전시켜
'공자에 버금간다'는 의미로 '아성亞聖'으로 불린다. 그래서 유
가학설은 '공맹의 도孔孟之道'라고도 불린다.

시진핑은 "자신의 어둠으로 남을 밝히려 한다"는 말을 인용
하여 현재 고위 공직자들 사이에서 학습에 태만하고 향락주
의에 젖는 현상을 비판했다. 구체적으로는 현재에 안주하여
자기 계발을 추구하지 않고 학습을 멀리하거나, 접대받기에
몰두하여 학습을 게을리하거나, 형식에 치우쳐 진정한 배움
을 소홀히 하거나, 깊이 배우려 하지 않고 수박 겉핥기식으로
학습하거나, 배운 것을 자기 것으로 소화하지 못하는 등의 잘
못된 학습 풍조를 가진 간부들이 "자신의 어둠으로 남을 밝
히려 한다"라며, 이런 자세가 업무에 심각한 폐해를 가져다
줄 것이라고 일갈했다.

'자신의 어둠으로 남을 밝히려' 하는 현상은 당원과 고위 공
직자들 사이에게서 흔히 찾아볼 수 있다. 일반 서민들이 보기
에 배운 게 없어 무능하고 엉터리로 업무를 지휘하며 별 도움

이 되지 않는 '멍청한 관료', 직책은 있으나 현장에는 얼굴도 비추지 않고 일을 해도 적당히 대충 대충하는 '날라리 관료', 높은 문턱을 쌓고 만나기 힘든 얼굴인 채 일처리가 형편없는 '공무원 나리들' 모두 '자신의 어둠으로 남을 밝히려 하는' 이들이다.

시진핑은 고위 공직자에게 '실력공포증'을 경계해야 한다고 재차 강조하지만 사실 그보다 더 위험한 것은 일부 간부들이 실력에 대한 두려움을 가지고 있으면서도 그 사실을 인지하지 못한다는 점이다. 여불위呂不韋는 『여씨춘추呂氏春秋』에서 "알지 못하면서 스스로 안다고 여기는 것은 수많은 재앙 가운데 가장 큰 재앙이다不知而自以爲知, 百禍之宗也"라고 했다. '알지 못하면서 스스로 안다고 여기면' '자신의 어둠으로 남을 밝히려' 들거나, 모르면서 아는 체거나, 오래된 경험 또는 낡은 방법으로 현재의 문제를 해결하려 들 것이고, 그러면 중요한 문제에 대해 정확하게 이해하지 못하고 판단 착오를 일으켜 섣불리 행동을 취하여 결국 업무를 그르치고 당과 국가의 사업에 악영향을 끼칠 것이다.

지도자의 지식수준은 그의 정책결정 능력과 수준을 좌우한다. 풍부한 이론적 바탕을 갖추어야 전략적 안목과 미래를 내다보는 식견을 지닐 수 있다. 폭넓은 지식이 있어야 정책 결정에 필요한 정보를 획득하고 정책을 마련하는 과정을 통제하여 정책결정을 성공적으로 마칠 수 있기 때문이다. 오늘날은 정보가 폭증하고 지식이 기하급수적으로 증가하며 새로운 지식과 기술의 발전 속도도 엄청나게 빠르다. 전문가의 지식과 기술도 순식간에 시대에 뒤떨어지는 지경인데 고위 공직자는 어떻겠는가?

고위 공직자는 맡고 있거나 관계된 업무가 아주 많고 까다롭다. 그러므로 관련 분야에 대해 심도 있게 이해하고 체계적으로 파악하여 자기 분야의 전문가가 되어야 한다. 그래야만 자기 업무에서 새로운 돌파구를 찾고 혁신을 모색할 방법을 강구할 수 있다. 배움이 시대의 흐름에 뒤떨어지면 지식의 노화가 이뤄지고 사상과 철학이 경직되며 갖고 있는 능력이 퇴화된다. 게다가 새로운 흐름에 적응하지 못하고 새로운 방법을 체득하지 못해 새로운 문제를 해결할 수 없게 됨으로써 결국 새로운 역사적 사명을 완수할 수 없다.

「중국공산당장정中國共産黨章程」에서는 마르크스-레닌주의, 마오쩌둥 사상, 덩샤오핑 이론, "세 가지 대표 중요 사상"(중국공산당이 선진 생산력과 선진 문화, 수많은 국민의 근본이익 등 세 가지를 대표한다는 사상. 장쩌민 전 주석이 제시했다—옮긴이)과 '과학발전관'을 성실히 학습하고 당의 노선과 방침과 정책과 결의를 학습하며, 당의 기본 지식과 과학, 문화, 법률과 업무지식을 학습하고, 국민을 위해 봉사하는 능력을 제고하는 것을 당원이 이행해야 할 여덟 가지 의무 가운데 첫 번째로 두고 있다.

모든 당원과 간부가 '자신의 어둠으로 남을 밝히려 하는 것'이 아니라 먼저 스스로 잘 알고 다른 사람을 가르칠 수 있는

'현명하고 능력 있는 사람'이 되도록 하기 위해서다. 고위 공직자들이 학습을 꺼리고 게을리하며 불법적이고 불합리한 정책을 일삼으면 당과 정부의 이미지와 명예를 실추시킨다. 샤오캉 사회 건설을 전면적으로 강화해야 하는 중요한 시기인 지금, 학습을 강화하고 실사구시의 자세로 향락주의를 지양하고 성실한 배움의 자세를 지향해야 한다. 그래야만 고위 공직자의 종합적인 자질과 능력을 단련하고 향상시킬 수 있고 시대의 변화에 발맞추어 갈 수 있는 능력을 키울 수 있으며 직무와 직책을 수행하는 데 필요한 능력을 갖출 수 있고 국가 발전 및 국민의 행복을 보장할 수 있다.

20

탁상공론과 고담준론이 일을 그르친다

虛談廢務

전국시대 조괄趙括이 "종이 위에서 병법을 논하다紙上談兵" 전투에서 크게 패하고 말았던 사건. 서진西晉과 동진東晉의 학사들이 "공허한 담론에 빠져 할 일을 제쳐두었던虛談廢務" 역사를 반면교사로 삼아야 한다. 독서와 실천 모두 학습의 방법이나 실천이 보다 중요하다. 고위 공직자는 이론과 현실을 아우르는 마르크스주의 학풍을 되살려 문제의식을 품고 국민을 스승으로 삼아 일 속에서 배우고 배움 속에서 실천해야 한다. 또한 배운 지식을 실전에 활용하고 실천을 바탕으로 배움을 확장하여 배움과 활용이 서로를 촉진하도록 해야 한다. 허풍을 떨거나 거짓말을 일삼는 '크리쿤'(1942년에 출판된 소련의 희곡작가 코르네이추크의 희곡 『전선』에 등장하는 거짓말쟁이 신문기자―옮긴이)이 되어서는 안 된다.

― 2013년 3월 1일 '중앙당교 개교 80주년 기념식 및 2013년 봄학기 개학식'에서

『세설신어』「언어言語」 편을 보면 다음과 같은 이야기가 나온다. 동진은 작은 영토에 만족했고 사대부들은 한담을 즐겼다. 왕희지王羲之는 당시의 풍조가 불만이었다. 그는 사안謝安과 함께 야성冶城에 올랐다. 사안은 '유유자적하여 세속을 초탈한' 듯했다. 왕희지가 사안에게 말했다.

"우 임금은 왕의 일에 온 힘을 쏟느라 손과 발에 굳은살이 박이고, 주나라 문왕은 저녁 늦게야 식사할 정도로 하루 종일 한가한 겨를이 없었다네. 지금 도성의 사방에 보루가 많이 쌓여 있으니 모두 스스로 힘써야 마땅한데 '공허한 담론을 논하느라 해야 할 일을 제쳐 두고虛談廢務' '헛된 문장을 짓느라 중요한 일을 방해하니浮文妨要', 아마도 지금에 맞는 일이 아닌 것 같네."

이렇게 "공허한 담론을 논하느라 해야 할 일을 제쳐둔다"라는 구절에서 유래된 말이 "탁상공론이 일을 그르친다空談誤事"라는 표현이다. 시진핑이 연설에서 "공허한 담론이 일을 그르친다"라는 구절을 인용한 까닭은, 고위 공직자들에게 이론과 현실을 아우르는 마르크스주의 학풍을 강화하고 실천 정신을 함양함으로써 '정치의 핵심은 실천에 있음'을 자각하고 공허한 논쟁으로 국가대사를 망치면 안 된다는 것을 강조하기 위해서였다.

유의경劉義慶은 남송시대의 저명한 문장가다. 그가 저술한 『세설신어』는 수필집으로 위진남북조 시대의 사대부 계층의 대화와 일화를 통해 당시 사대부들의 사상과 삶, 청담淸談(위진 시대 선비들이 노장철학을 숭상하여 속세를 벗어나 펼친 고상한 담론)을 즐기던 풍조를 단순명료하고도 생동감이 넘치는 필치로 그려내 후대 문인들의 많은 관심과 사랑을 받았다. 「언어」편에 기록된 내용은 다양한 맥락에서 나온 아름다운 문장으로, 대부분 한두 문장으로 매우 간결하면서도 구성지며 절묘하다. 깊은 철학적 의미를 담고 있거나 말하고자 하는 바를 직접적으로 표현하지 않는 등 높은 예술적 경지를 보여주며, 예리하고 당당하게 정곡을 찌르는 내용이 많아 음미할 가치가 크다.

"공허한 담론을 논하느라 해야 할 일을 제쳐둔다"라는 말은 당시 사대부들이 청담을 즐기던 풍조를 직접적으로 비판하는 표현이다. 이들은 국사를 논하지 않고 민생을 도외시한 채 노장사상과 주역 등 현실에서 벗어난 형이상학적인 담론만을 논하면서도 각자의 관점과 논거를 고집하며 타인을 반박하는 것이 일상이었다. 또한 국가 통치나 부국강병, 민생 안정 등에 관한 논의는 속세의 일이라고 치부하며 조롱했다. 그러나 천하의 일은 실무적인 태도가 핵심이다. 온종일 현묘하고 공허한 이야기, 영문을 알 수 없는 일들에 대해 한가롭게 노닥이거나 언어유희에 빠져 그보다 훨씬 중요한 수많은 일들을 공문서와 회의에 파묻어버리는 풍조가 성행한다면 국가 정사는 뒷전으로 밀려날 수밖에 없다. 동서고금을 막론하고 고담준론을 일삼는 정객은 자신뿐만 아니라 나라까지 망치고 타인의 조롱을 사지만, 실무에 충실한 사람은 '민족의 등불'로 존경받는다. "공허한 담론이 일을 그르치고 헛된 문장이 중요한 일을 방해한다虛談廢務, 浮文妨要"라는 성현의 말은 정곡을 찌른다.

성공은 실천에서 비롯되고 우환은 공론空論에서 시작된다. 전국시대 조괄의 탁상공론, 위진남북조 시대의 고담준론은 국가 통치의 금기사항이었다. 지난 한 세기 동안 중국공산당의 분투의 역사가 다른 각도에서 이 점을 입증한다.

중국은 서양 국가들이 이삼백 년에 걸쳐 이룩한 성과를 불과 수십 년 만에 이루어냈다. 그 과정에서 중국공산당이 중국인을 이끌고 숱한 역경과 난관을 헤치고 찬란한 발전을 이룩할 수 있었던 것은 공허한 고담준론이 아니라 실천과 행동 덕분이었다. 실천 정신은 중국공산당의 훌륭한 전통이다. 마오쩌둥은 다음과 같은 대련對聯을 사용하여 당내에서 공론을 일삼는 자들을 풍자했다.

담장 위 갈대는 이삭은 무겁고 줄기는 가벼우며 뿌리는 얕다
牆上蘆葦, 頭重脚輕根底淺
산 속 죽순은 끝은 뾰족한데 껍질은 두껍고 속은 비었다
山間竹筍, 嘴尖皮厚腹中空

학습과 실천의 결합, 동시에 이론과 현실의 결합을 중국공산당이 다른 정당과 차별화되는 '세 가지 강점' 중의 하나로 받아들여야 한다고 강조한 것이다.

시진핑이 고위 공직자들에게 '탁상공론'과 '고담준론'의 역사적 교훈을 깨달아야 한다고 일침을 가한 것이 좀더 의미심장한 이유는 현재 중국이 중국 부흥의 실현에 박차를 가하고 있기 때문이다. 현재 중국을 둘러싼 국제 정세가 급변하고 대내적으로도 국가 발전이 많은 어려움에 직면해 있다. 중국은 발전의 과도기에 놓여 있으며 각종 갈등과 문제가 대두되고 있다. 이럴 때일수록 고위 공직자가 이론과 현실을 유기적으로 결합시켜야 한다. 기회는 자칫 방심하면 놓쳐버리고 개혁의 길은 나아가지 않으면 후퇴한다. 이 시대는 배운 지식을 실천하고 실천을 바탕으로 다시 배움을 확장하여 배움과 실천이 서로를 촉진하는 '지행합일'의 자세를 요구한다. 지행합일을 실천하지 않고 탁상공론만을 일삼으며, 고담준론에 빠져 진리추구와 실무에 임하지 않으며, 형식주의를 추구하고 실천을 등한시하는 '공리공론'을 일삼는 공직자들이 있는 한 국정 운영의 원칙은 무용지물이 되고 정책의 의미는 빛이 바래 중국의 꿈은 결국 '한여름 밤의 꿈'이 되고 말 것이다.

21

널리 배우고 자세히 묻고 신중하게 생각하고 명확하게 분별하며 실천하라

博學之, 審問之, 愼思之, 明辨之, 篤行之

"널리 배우며, 자세하게 물으며, 신중하게 생각하며, 명확하게 분별하며 굳건하게 실천해야 한다博學之, 審問之, 愼思之, 明辨之, 篤行之." 바쁜 와중에도 시간을 내어 배워야 한다. 동지들 가운데 공부하고 싶어도 "일이 너무 바빠서 공부할 시간이 없다"라고 말하는 사람이 많다. 얼핏 일리가 있어 보이지만 배움을 게을리하는 이유가 될 수는 없다. 당 중앙에서는 업무 기풍 개혁을 강력하게 추진하고 있다. 더 많이 배우고, 더 많이 생각하며 접대를 줄이고 형식주의를 줄이는 것 또한 업무 기풍 개혁의 주요 사항 중 하나다.

― 2013년 3월 1일 '중앙당교 개교 80주년 기념식 및 2013년 봄학기 개학식'에서

시진핑은 연설에서 "널리 배우며, 자세하게 물으며, 신중하

게 생각하며, 명확하게 분별하며 굳건하게 실천해야 한다"라는 구절을 인용하여 학문을 통한 진보를 강조했다. 위 구절은 『예기禮記』「중용中庸」편 19장에 나온다. 원문은 다음과 같다.

널리 배우고 자세하게 물으며, 신중하게 생각하고 명확하게 분별하며 굳건하게 행해야 한다. 배우지 않을지언정, 배우려면 능숙하지 않은 상태에서 도중에 그만두지 말라. 묻지 않을지언정, 물으려면 알지 못한 상태에서 도중에 그만두지 말라. 생각하지 않을지언정, 생각하려면 결말을 얻지 못한 상태에서 도중에 포기하지 말라. 분별하지 않을지언정, 분별할 경우 분명하지 않은 상태에서 도중에 그만두지 말라. 행하지 않을지언정, 행할 경우 굳건하지 않은 상태에서 도중에 그만두지 말라. 남이 한 번에 할 수 있거든 나는 백 번 하며, 남이 열 번에 할 수 있다면 나는 천 번을 해야 한다. 이 도를 능히 해낼 수 있다면 비록 어리석어도 반드시 밝아지고, 비록 유약하더라도 반드시 강해질 것이다.

『중용』은 『예기』의 일부로 공자의 후예가 저술했고 훗날 진秦나라 학자들이 수정 및 정리했다. 중국 고대에 교육 이론을 논한 중요한 저술로, 전편에서 '중용'을 최고의 도덕 법칙이자 자연 법칙으로 간주했다. 송나라에 이르러 『대학』『논어』『맹자』와 함께 '사서'로 불렸다. 유학에서 말하는 중용의 도가 『중용』의 중심사상이다. 현대인이 보편적으로 이해하고 있는 중립이나 평범함이 아니라, 심신의 수양을 근본 취지로 삼는다. '중용의 도'의 핵심은 사람들이 자발적으로 자기 수양, 자기 감독, 자기 교육, 자기완성에 정진하여 지선至善, 지인至仁, 지성至誠, 지도至道, 지덕至德, 지성至聖한 '이상적인 사람'이 되기까지 자기수양에 힘쓰도록 가르침으로써 "중용과 조화를 이루면 하늘과 땅이 제 자리를 잡고 만물이 여기에 자라는致中和天地位焉萬物育焉" 태평하고 조화로운 세상을 만들어 나가는 데 있다.

"널리 배우며, 자세하게 물으며, 신중하게 생각하며, 명확하게 분별하며 굳건하게 실천해야 한다"라는 말은 '광범위하게 배우고 꼼꼼하게 질문하고 신중하게 생각하며 명확하게 분별하고 성실하게 실천해야 한다'는 뜻이다. 이는 배움의 순서 혹은 단계를 가리킨다. '널리 배운다'라는 것은 먼저 광범위한 분야의 지식을 섭렵하여 왕성한 호기심을 키워야 한다는 의미다. 호기심이 사라지면 배움의 욕구도 사라져서 널리 배우는 것조차 불가능해진다. 그러므로 널리 배우는 것이 배움의 첫걸음이다. 이 단계를 거치지 않으면 배움은 뿌리 없는 나무나 다를 바 없다. '자세히 묻는 것'은 배움의 두 번째 단계로, 분명하지 않는 것이 있으면 끝까지 질문하고 이미 배운 것에 대해 의심하는 것이다.

세 번째 단계는 '신중하게 생각하는 것'이다. 질문을 한 후에도 자신의 생각으로 꼼꼼하게 살펴보고 분석해야 한다. 그렇지 않으면 배운 바를 자기 것으로 만들 수 없다. '명확하게 분별하는 것'은 네 번째 단계다. 학문은 분별할수록 명확해진다. 분별하지 않으면 '널리 배운' 것들 중에서 옥석과 진위를 가릴 수 없다. '신중하게 생각하기'가 자기반성이고 자기비판이라면 '명확하게 분별하는 것'은 상호간의 반성이고 비판이다. '굳건하게 실천하는 것'은 배움의 마지막 단계로, 배워서 얻은 바가 있으면 이를 열심히 실천해서 '지행합일'을 이루는 것이다.

일부 공직자가 "일이 너무 바빠서 공부할 시간이 없다"라는 핑계로 배움을 게을리하는 데 대해, 시진핑이 "널리 배우며, 자세하게 물으며, 신중하게 생각하며, 명확하게 분별하며 굳건하게 실천해야 한다"라고 강조한 것은 매우 현실적인 일침이다. 이 말은 배움의 태도이자 업무 기풍 개혁의 핵심이기 때문이다. 끊임없이 학습을 강화해야만 정신세계를 함양하고 이상과 신념을 견지할 수 있다.

마오쩌둥은 청년 시절에 열독한 『공산당 선언』을 포함한 마르크스주의 서적 3권에서 깊은 인상을 받아 마르크스주의라는 신념을 갖게 되었고, 마르크스주의가 역사를 정확하게 해석했다고 생각했으며 이러한 생각은 한 번도 흔들린 적이 없다고 말했다. 1930년대 상반기에 그는 좌경 노선의 공격을 받고 일선에서 물러나면서 "책 읽으러 간다讀書去"라고 말했다. 마오쩌둥은 독서를 통해 마르크스주의를 중국 혁명의 현실에 적용해야 한다는 신념을 더욱 확고히 했다.

덩샤오핑 역시 "배움을 소홀히 하고 업무에 바쁘다 보면 사상이 비속해진다. 사상이 비속해지는 것은 정신적 변질의 출발점이다"라고 말했다. '10년의 동란'으로 불리는 문화대혁명 때 정치적 타격을 입고 잠시 성의 신축 트랙터 공장으로 하방 下放(1957년부터 간부 관료화를 막기 위해 농촌이나 공장으로 보내 노동에 종사하게 하여 관료주의나 종파주의 같은 결점을 극복하려 한 운동―옮긴이)되었을 당시 그는 동서고금의 서적을 탐독했다. 특히 마르크스레닌주의 저작물을 많이 읽었다. 출근길이나 산책을 하면서 중국의 역사와 현실, 미래를 연구함으로써 신념과 의지가 투철해졌다. 세계 공산주의 운동이 침체일로로 들어선 후에도 덩샤오핑은 전 세계적으로 마르크스주의에 동조하는 사람이 많아질 것이라고 확신했다. 마르크스주의가 과학이라고 믿었기 때문이다.

문화대혁명 시기에 옌촨延川 현 량자허촌梁家河村의 생산대로 하방이 되었을 당시, 시진핑은 책 상자를 챙겨갔다. 그는 "자기 수양부터 시작하자. 무지는 부끄러운 일이므로 목마른 사람이 물을 찾듯이 지식을 탐구하자先從修身開始. 一物不知, 深以爲恥, 便求知若渴"라는 좌우명을 가슴에 새겼고, 양을 돌보면서 책을 읽었다. 당시 마을 사람들이 그에게 "책벌레愛看書" "공부를 좋아하는 사람好學"이라는 별명을 붙일 정도였다. 시진핑 스스로도 '내가 가진 지식의 기초는 그 당시에 다진 것'이라고 말했다.

열심히 학습하고 학습 방법을 꾸준히 개선해야 진보할 수 있고 국민을 위해 봉사하는 데 필요한 능력을 기를 수 있다. 고위 공직자가 폭넓은 지식을 갖추어야 세계적인 안목과 열린 가슴을 가질 수 있고 "바다는 모든 강물을 받아들이는 너그러움이 있어 거대해진다_海納百川, 有容乃大_"라는 경지에 이를 수 있다. 또한 꼼꼼하게 질문하고 신중하게 생각하고 분명하게 분별하며 각종 사회 문제와 이론적 난제 및 대중이 의혹을 제기하는 문제를 놓치지 않고 문제의식을 가져야만 이론과 지식의 본질을 배워 그것을 현실에 적용할 때 나타나는 모순을 합리적으로 분석할 수 있다. 그리고 배운 바를 성실하고 굳건하게 실천함으로써 현재의 어려움을 해결해야만 진정한 배움의 효과를 얻을 수 있다.

22

재상은 반드시 지방에서 나오고,
맹장은 반드시 병졸 중에서 나온다

宰相必起於州部, 猛將必發於卒伍

옛말에 "재상은 반드시 지방에서 나오고, 맹장은 반드시 병졸 중에서 나온다宰相必起於州部, 猛將必發於卒"고 했다. 현재 공산당 간부 임용제도는 단계적이다. 나는 농촌에서 일했던 경력을 인정받아 생산대대 당 지부 서기에 임명되었고, 그 후 현縣, 시市, 성省을 거쳐 중앙에 이르기까지 모든 단계를 거쳤다. 기층 경험이 풍부할수록 군중의 입장에서 모든 것을 바라보는 관점을 확립하고 국가의 상황이나 국민의 요구를 제대로 파악할 수 있으며 실전 업무를 통해 각 분야의 경험과 전문 지식과 업무 능력을 쌓을 수 있다. 이것이 일을 잘하는 간부의 기본 조건이다.

— 2013년 3월 19일, 브릭스 각국 언론사 주최 합동 기자회견에서

시진핑은 브릭스 각국 언론사와의 합동 기자회견에서 "재상은 반드시 지방에서 나오고, 맹장은 반드시 병졸 중에서 나온다"라는 말을 인용했다. 뛰어난 고위 공직자는 다양한 기층 업무 경력이 있어야 군중의 입장에서 모든 것을 바라보는 관점을 확립하고 국민을 위해 봉사하는 데 보다 적극적으로 나설 수 있다는 지적이다.

"재상은 반드시 지방에서 나오고, 맹장은 반드시 병졸 중에서 나온다"는 『한비자韓非子』「현학顯學」 편에 나오는 구절이다. 재상은 원래 국왕의 가신에서 발전된 직위다. '재宰'는 원래 군주의 집안일을 총괄하는 사람을 가리키는 호칭이고 '상相'은 보조한다는 의미이므로 '재상'은 가신의 우두머리로서 국사를 관리하는 자를 의미한다. 이 구절 '어진 신하와 훌륭한 재상은 모두 지방관리 출신이고 용맹한 장수도 모두 사병 중에서 뽑힌 자들'이라는 뜻을 담고 있다. 문관이든 무관이든 고위 관료와 장군은 기층에서 풍부한 현장 경험을 쌓은 이들 가운데서 선발해야 한다는 한비자의 인재 기용 관점을 엿볼 수 있다. 기층 조직 출신은 전쟁터의 형세와 백성의 고통을 잘 알고 있기 때문에 보다 나은 국정 운영 방침과 정책을 정할 수 있다. 기층에서의 업무 경험이 없다면 정무 처리나 군대 통솔, 전쟁 수행 모두 탁상공론에 머물러 국가대사를 그르칠 수 있다.

"일을 잘하려면 좋은 무기가 있어야 한다工欲善其事, 必先利其器"(『논어』「위영공衛靈公」)라는 말이 있다. 재능이 아무리 뛰어나고 학식이 풍부하며 원대한 포부를 품었다손 쳐도 밑바닥에서 자신만의 '무기'를 단련시키지 않으면 향후 실제 업무에서 '일'을 제대로 할 수 없다. 맹자는 "하늘이 장차 그 사람에게 큰 사명을 맡기려 할 때는 반드시 먼저 그의 마음을 괴롭게 하고, 뼈마디가 꺾어지는 고난을 당하게 한다天將降大任於斯人也, 必先苦其心志, 勞其筋骨"고 말했다. 사람은 큰일을 성취하기 전에 견디기 힘든 역경과 고난을 거쳐야 한다는 말이다. 고위 공직자도 마찬가지다. 가장 먼저 기층에서 단련을 해야만 한다.

역사를 살펴보면 위대한 성공을 이룩한 이들은 모두 밑바닥에서 뽑혀 올라왔다. 시진핑 역시 기층에서 한 걸음 한 걸음 올라온 이력을 갖고 있다. 이런 그의 이력은 한 사람이 성장하고 성공하려면 반드시 밑바닥부터 단련을 거쳐야 한다는 것을 보여준다.

기층 현장에서 고위 공직자를 선발한다는 것은 중국공산당이 일관되게 강조하고 지켜온 간부 선발의 주요 원칙이다. 또한 젊은 간부들이 기층 현장으로 내려가 힘들고 복잡한 지역 환경에서 중요한 직책을 맡아 본인의 자질을 연마하고 올바른 업무 기풍을 몸에 익히며 재능을 향상하도록 독려하는 것이 중국공산당이 터득한 간부 양성의 비결이다. 젊은 간부는 기층 조직에서 수련과 단련을 거치면서 자질을 단련하고 능력을 키울 수 있다. 그러나 보다 중요한 것은 현장에서 '대지의 기운을 얻을 수 있다'라는 점이다. 즉 일반 서민의 삶을 직접 보면서 그들의 생각과 요구를 이해하고 사회 현실을 깨달으며 중국의 현실을 읽는 능력을 키울 수 있다. "서책에서 얻는 지식은 끝내 얕으므로 제대로 알려면 몸으로 실천해야 한다紙上得來終覺淺, 絕知此事要躬行"고(남송 시인 육유陸遊 「겨울밤 독서하다 아들 율에게 가르치다冬夜讀書示子聿」) 한 성현의 가르침은 문학작품뿐만 아니라 국가의 현실과 국민의 삶을 이해하는 데도 똑같이 적용된다.

기층에서의 경험은 젊은 공직자의 성장에 필요한 필수 과목이자 재능의 성장과 업무의 성공을 위해 반드시 거쳐야 할 길이다. 기층에 뿌리를 내리고 땅을 단단하게 다진다면 탄탄한 기반 위에서 사업을 추진할 수 있다. 별이 총총히 빛나는 맑고 광활한 하늘을 보고, 거센 비바람이 지난 뒤의 영롱한 무지개를 경험한 사람만이 시대에 부끄럽지 않은 찬란한 업적을 이룰 수 있다.

23

현명한 사람을 숭상하는 것이 정치의 근본이다

尚賢者, 政之本也

"현명한 사람을 숭상하는 것이 정치의 근본이다尚賢者, 政之本也." 각급 당위원회와 각급 정부는 해외 유학생 관리 사업에 관한 당과 국가의 방침을 철저히 이행하여 개혁개방과 사회주의 현대화 건설에 필요한 다양한 인재를 더 많이, 더 효과적으로 육성해야 한다.

— 2013년 10월 21일 '구미지역 동창회 설립 100주년 기념식'

시진핑은 '구미동창회(해외 각국에서 유학 후 중국으로 돌아온 이들이 1913년 10월 자발적으로 설립한 민간단체—옮긴이) 설립 100주년 기념식'에서 중국 부흥의 꿈을 실현하는 데 있어서 뛰어난 인재들의 중요성을 역설하면서 유학생들이 "조국에 돌아와서 실력을 발휘하고 외국에 남아 조국을 위해 일할 수

있도록" 도와야 한다고 강조했다. 이를 위해 각급 당 위원회
와 정부 부처가 "현명한 사람을 숭상하는 것이 정치의 근본"
이라는 점을 인식하고 국가 발전에 필요한 다양한 인재를 육
성하는 데 도움이 되는 환경을 조성해야 한다고 역설했다.

"현명한 사람을 숭상하는 것이 정치의 근본이다."『묵자墨子』
「상현상尚賢上」편에 나오는 구절이다. 원문은 다음과 같다.

"뜻을 얻었을 때에 현명한 인재를 등용하지 않으면 안 되
며, 뜻을 얻지 못하더라도 현명한 인재를 등용하지 않으면 안
된다. 그래도 요임금, 순임금, 우 임금, 탕 임금의 도를 받들어
따르고자 한다면 현명한 인재를 숭상하지 않으면 안 된다. 무
릇 현명한 사람을 숭상하는 것이 정치의 근본이다得意, 賢士不可
不舉, 不得意, 賢士不可不舉. 尚欲祖述堯舜禹湯之道, 將不可以不尚賢. 夫尚賢者, 政
之本也."

그 속뜻은 다음과 같다.

"뜻을 얻었을 때 현명한 인재를 기용해야 하고 뜻을 얻지
못했을 때에도 현명한 인재를 기용해야 한다. 요임금, 순임금,
우 임금, 탕 임금의 뜻을 계승하려면 현명한 사람을 숭상해
야 한다. 현명한 사람을 숭상하는 것이 정치의 근본이다. 현
명한 사람을 숭상한다는 것은 현명한 인재를 존중하고 따르
는 것이며 덕이 있는 인재가 나라를 위해 힘쓸 수 있도록 중
용하는 것이다."

춘추전국시대의 사상가 가운데 묵자는 문무文武를 모두 갖
춘 특별한 인물이었다. 그는 철학가, 사상가, 교육자일 뿐만

아니라 과학자이자 군사 전략가이기도 했다. 제자백가 가운데 묵자가 창시한 묵가는 유가와 양대 산맥을 이루었는데, 유가와 함께 '현학顯學'으로 일컬어졌고 "유가 아니면 묵가非儒即墨"라는 말이 있을 정도였다. 『묵자』는 한 사람이 한 시대에 저술한 것이 아니라 묵자의 제자 및 그 제자의 제자들이 묵자의 언행을 기록한 책으로, 정치, 군사, 철학, 윤리, 논리, 과학기술 등 다양한 분야를 망라하고 있다.

묵자는 묵가사상의 토대가 되는 열 가지 주장을 제기했다. '겸애兼愛'가 묵가의 핵심이라면 '절용節用'과 '상현尙賢'은 겸애를 뒷받침하는 주장이다. 「상현 상」 편에서는 정치와 상현의 관계를 논하고 있다. 묵자는 '상현'이 정치의 근본이라고 주장하면서 당시의 제후들이 국가를 제대로 통치하지 못한 근본적인 원인은 현명한 인재를 등용하지 못했기 때문이라고 진단했다. 이 문제를 해결하기 위해 묵자는 혈연을 중시하는 종법 관념을 타파하고 각 계층에서 재능이 있고 학문에 조예가 깊은 인재를 선발해야 하며, 능력에 상관없이 가까운 사람만을 등용해서는 안 되며 현명한 인재를 기용해야 한다고 주장했다. 묵자의 상현 사상은 "친족을 가까이 하는 데도 차등이 있고, 어진 사람을 존중하는 데도 등급이 있다親親有術, 尊賢有等"(『묵자』「비유非儒」)라는 유가의 관념을 타파하여 혈연을 기반으로 한 봉건적 등급제도에 일대 파란을 일으켰다.

묵자의 상현 사상은 "친분과 상관없이 인격과 능력을 갖춘 사람만 임용하는任人唯賢"(『상서尙書』「함유일덕咸有一德」) 중국의 문화적 전통을 대변하며 후대에까지 큰 영향을 끼쳤다. 『정관정요貞觀政要』는 "정치의 요체는 인물을 얻는 데 있다爲政之要, 惟在得人"라고 했고, 『자치통감資治通鑑』에서는 "통치의 요체는 인재 기용보다 앞서는 것은 없다爲治之要, 莫先於用人"라고 했다. 이 두 가지 가르침은 모두 '인재야말로 치세治世와 정치의 열쇠'라는 만고불변의 진리를 강조하고 있다.

중국공산당의 초기 지도자인 천두슈陳獨秀, 차이허선蔡和森, 덩중샤鄧中夏, 장원톈張聞天 등은 모두 이와 같은 묵가의 정신을 따랐다. 마오쩌둥 역시 "친분과 상관없이 능력 있는 사람을 임용한다"라는 묵가의 인재 등용의 원칙을 적극 옹호했다. 중국공산당이 걸어온 100여 년의 투쟁사와 신중국 수립 이후 60여 년에 걸친 발전의 여정을 보면 인재 등용이 국가 통치의 성패를 결정하는 중요한 요소임을 알 수 있다.

개혁개방 이후, 당과 정부는 인재 육성을 매우 중시했고 인재 등용 체계를 꾸준하게 정비해왔다. 2007년 제17차 당 대회에서 발표된 보고서에서는 '인재강국 전략'과 '기술입국 전략' '지속 가능한 발전 전략'을 중국 특색의 사회주의를 발전시킬 3대 전략으로 정했다. 세계 일류 과학자 및 과학기술 분야를 선도할 인재를 키우고 현장 업무에 필요한 혁신적이고 창의적인 인재를 양성하는데 전력을 다함으로써 각 분야에서 많은 혁신적인 인재가 배출되는 사회분위기를 조성하자고 강조했다.

시진핑이 각급 당위원회와 각급 정부에 대해 "현명한 사람을 숭상하는 것이 정치의 근본이다"라는 말을 인용한 까닭은 인재가 국가 발전의 근간임을 인식하여 준마를 알아보는 백락伯樂의 안목과 삼고초려하는 유비의 자세, 다섯 번 무릎을 꿇어 범저範雎를 얻은 진나라 소왕昭王의 도량을 갖추어야 하며, 이를 바탕으로 개혁개방과 사회주의 현대화 건설에 필요한 다양한 인재를 더 많이 더 효과적으로 양성하는 데 필요한 환경을 조성해야 한다고 강조하기 위해서였다. '유학파 인재'와 '국내파 인재' 모두 중국의 현대화 건설에 필요한 인재이다. 그들을 육성하기 위해서는 해외인재 관리에 힘쓰고 교육제도의 개혁을 심화하며 인재양성의 패러다임을 혁신해야 한다. 그래야 인재의 발굴과 등용, 양성과 교육 및 결집을 통해 혁신형 국가 건설에 필요한 마르지 않는 인재 풀을 확보할 수 있다.

24

천하를 통치하는 것은 인재에 달려 있다

致天下之治者在人才

"천하를 통치하는 것은 인재에 달려 있다致天下之治者在人才." 인재는 국력을 가늠하는 중요한 지표다. 뛰어난 자질을 갖춘 인재를 많이 육성하지 않는다면 전면적인 샤오캉 사회 건설이라는 국정 목표와 중화민족의 위대한 부흥이라는 중국의 꿈을 순리적으로 실현할 수 없다.

— 2013년 10월 21일, '구미동창회 설립 100주년 기념식'에서

구미동창회는 해외에서 유학을 마치고 귀국한 유학생들이 자발적으로 발족한 단체다. 1913년 10월에 구웨이쥔顧維鈞, 량둔옌梁敦彦, 잔톈유詹天佑, 차이위안페이蔡元培, 옌후이칭顏惠慶, 왕정팅王正廷, 저우이다춘周詒春 등이 공동 발기하여, 수학修學(학업을 닦음), 유예遊藝(육예 곧 예禮·악樂·사射·어禦·서書·수數 등

육학을 배움), 돈의敦誼(돈독한 우의), 여행勵行(힘써 행함)을 취지로 해외 유학생들을 결집시켜 해외 선진 과학문화 지식과 진보적인 사상이념으로 무장하여 강성한 국가 건설과 민족 부흥에 크게 기여했다. 당과 국가는 오래 전부터 해외 유학생 관리를 중요하게 여겼다. 구미동창회 설립 80주년, 90주년에 장쩌민, 후진타오 등 전前 주석들이 기념행사에 참석하여 기조연설을 한 데서 이 점을 엿볼 수 있다. 구미동창회 설립 100주년 기념식에서 시진핑은 "천하를 통치하는 것은 인재에 달려 있다"라는 구절을 인용하며 국가 건설에 대한 인재의 중요성을 설명하고 지식과 인재를 중시하는 것이 민족을 부흥시키는 근본이라고 강조했다.

"천하를 통치하는 것은 인재에 달려 있다." 북송시대 호원胡瑗의 『송자현학기松滋縣學記』에 나오는 구절이다. 원문은 다음과 같다.

"천하를 통치하는 것은 인재에 달려 있고, 인재를 키우는 것은 교육에 달려 있으며, 교육의 성과는 학교에 달려 있다致天下之治者在人才, 成天下之才者在教化, 教化之所本者在學校."

국가를 잘 다스리려면 인재에 기대야 하고 인재를 잘 키우려면 교육에 기대야 하며 교육의 근본은 학교를 세워 교육하는 데 있음을 의미한다.

호원(993~1059)은 북송시대 이학가理學家, 사상가, 교육자로 송나라 이학理學을 창시한 인물 중의 한 명이다. 왕안석은 그를 "천하 호걸 중의 최고天下豪傑魁"라고 했고 범중엄范仲淹은 그를 "공맹의 의발孔孟衣鉢이고, 소호 지방의 우두머리蘇湖領袖"라고 존칭했으며 주희朱熹는 그를 두고 "100대 후에도 따를 만하다百世可法"라고 했다. 호원은 교육백년지대계라는 교육입국의 꿈을 갖고 평생 교육에 종사했다. "천하를 통치하는 것은 인재에 달려 있다"라는 말은 인재와 교육과 학교 사이의 내재적인 관계에서 교육의 중요성과 '인재'와 '천하 통치' 사이의 변증법적 관계를 설명하고 인재가 국가 안녕에 매우 중요하다는 독창적인 견해를 나타낸다. 인재가 흥해야 국가가 번성하고 국가가 번성해야 천하의 영재가 모여든다. 동서고금의 역사는 인재를 얻은 자가 천하를 얻고, 현명하고 능력 있는 사람을 중용한 자가 국가를 흥하게 한다는 것을 입증한다.

시진핑은 중국 근대의 유학사와 구미동창회의 100년 역사를 되짚으면서 근대의 유학사는 "이상적인 중국을 찾는" 투쟁의 역사였고 "수많은 애국지사들이 해외 유학을 마치고 귀국하여 국가 발전을 위해 일했으며, 귀국 유학생들은 중국 공산당이 지휘하는 위대한 사업에 몸을 던져 중국 혁명과 건설과 개혁의 역사에서 감동적이고 위대한 역사를 써내려갔다"고 지적하면서, 유학생들은 국가와 국민의 귀중한 재산이고 중국의 위대한 부흥을 실현하는 원동력이라고 강조했다.

글로벌 시대인 만큼 인재 확보 경쟁 역시 글로벌화 되고 있다. 국력의 경쟁은 근본적으로 인재의 경쟁이다. 시진핑이 "인재는 국력을 가늠하는 중요한 지표"라고 말한 데에는 이런 배경이 있다 개혁개방 이후, 특히 최근 10여 년간 해외 유학생들이 급증하고 중국의 경제력이 급속히 신장하면서 갈수록 많은 유학생이 귀국하여 국가 발전에 크게 기여하고 있다. "천하를 통치하는 것은 인재에 달려 있다"라고 했듯이 국가 차원에서 인재 육성을 중시하고 인재 강국 전략을 실시하여 인재 양성 정책을 내놓은 것은 유학생들이 '모국으로 돌아와서 실력을 발휘하고 외국에 남아 조국을 위해 일할 수 있도록' 적절한 환경을 조성하기 위함이다.

시진핑의 연설은 표면적으로는 구미동창회를 대상으로 한 것이지만 그가 제기한 '인재'는 해외 인재에 국한되지 않고 '천하의 인재'를 가리킨다. "현명한 인재는 국가의 보물賢才, 國之寶也"(『명사明史』)이며 나라의 근간임을 깨달아 국내외의 우수한 인재를 중용한다면 중국 부흥의 꿈을 순조롭게 실현할 수 있지 않을까.

제2장

많은 사람이
땔감을 보태면

불꽃이 높이
치솟는다

−속언·속담 편

신이 발에 맞는지 아닌지는 본인이 신어봐야 안다

鞋子合不合脚, 自己穿了才知道

우리는 모든 나라와 그 국민의 존엄성을 지켜줘야 한다. 나라의 크기나 국력, 빈부와 상관없이 모든 나라가 평등하다는 점을 인정하고 각국 국민이 스스로 발전 노선을 선택할 권리를 존중해야 하며, 다른 나라의 내정에 간섭하는 것을 반대하고 국제사회의 평등과 정의를 수호해야 한다. "신이 발에 맞는지 아닌지는 본인이 신어봐야 안다鞋子合不合脚, 自己穿了才知道." 한 나라의 국가 발전 노선이 적절한지 그렇지 않은지를 판단할 권리는 그 나라 국민에게 있는 것이다.

― 2013년 3월 23일 모스크바 국립 국제관계대학교에서의 강연

"신이 발에 맞는지 아닌지는 본인이 신어봐야 안다." 이 속담은 많은 사람이 실생활에서 어떤 신이 발에 맞는지 몸소 경

험한 후에 내린 결론이다. 신이 발보다 크면 신었을 때 헐렁하고 걸음걸이도 불편하다. 반대로 신이 발보다 작으면 발에 꼭 끼고 발을 압박해 견디기 힘들 정도로 아플 뿐 아니라 심할 경우 피가 나기도 하며 며칠 동안 제대로 걸을 수 없다. 이처럼 발에 잘 맞는 신을 고르는 것은 매우 중요하다. 신이 발에 맞는지 아닌지는 그 신을 신는 사람이 가장 잘 알며, 발에 맞는 신을 판단하고 결정할 권리도 그 사람에게 있다.

시진핑이 국제적인 자리에서 이 속담을 인용한 까닭은 중국에 맞는 발전 노선을 선택할 권리는 중국에 있으며, 중국 국민은 가장 적합한 발전 노선을 판단하고 결정할 지혜를 갖췄다는 것을 세계에 알리기 위해서였다. 발전을 위해 어떤 길을 걸어야 할지 중국 국민이 스스로 내린 선택의 결과를 평가할 수 있는 것은 중국 국민밖에 없다. "신이 발에 맞는지 아닌지는 본인이 신어봐야 안다." 누구든 쉽게 알아들을 수 있는 이 단순한 말 속에는 어떤 나라의 발전 노선이 적절한지 아닌지를 판단할 자격은 그 나라 국민에게 있다는 심오한 진리가 담겨 있다.

이 속담은 시진핑의 평소 언어 습관과 품격을 잘 보여준다. 꾸밈없는 수수한 말속에서도 자신감이 묻어나고 친근하면서도 믿음이 가는 화법으로 전 세계에 중국 특색의 사회주의 노선을 선택하고 밀고나가는 중국의 자신감을 알린 것이다. 중국 특색의 사회주의 노선을 밀고 나가겠다는 중국 신임 지도부의 의지와 여유의 표현으로, 중국 특색의 사회주의를 실현하는 데 필요한 노선, 이론, 제도에 대한 중국공산당의 자신감을 여실히 드러내고 전 세계에 중국의 목소리를 확실하게 전달한다.

아편전쟁 이후 중국은 반+ 식민지, 반 봉건국가로 전락했다. 수많은 지식인이 조국의 번영과 부강을 위해 각종 발전 노선을 시험한 끝에 중국에 딱 맞는 길을 찾아냈다. 바로 중국공산당의 지도하에 중국 특색의 사회주의를 건설하는 것이다. 특히 11기 3중 전회 이후 중국은 대대적으로 개혁개방을 추진했고 중국 경제는 괄목할 만한 성장을 거두었다. 1979년부터 2014년까지의 35년 동안 중국의 연평균 경제성장률은 9.8퍼센트에 이르렀고 중국 국민의 생활수준도 꾸준히 향상되었다. 이런 발전을 거치면서 중국 국민은 중국 특색의 사회주의 노선이야말로 부강한 국가, 부유한 국민을 만드는 필수노선이며 중국의 위대한 부흥을 실현하기 위해 반드시 걸어야 할 길임을 확실하게 깨달았다. 중국 특색의 사회주의 노선을 고수하는 것은 중국 국민이 수많은 역사적 경험을 토대로 내린 결론이자 앞으로의 발전 방향에 대한 굳은 약속이다. 이 발전 노선은 중국의 상황에 부합하고 시대적 요구를 충족시키며 국민의 지지를 받고 있다.

실천은 진리를 검증하는 유일한 표준이다. 마오쩌둥은 『신민주주의론』에서 이렇게 말했다. "진리는 유일하다. 이 유일한 진리를 발견하는 존재는 주관에 기대지 않고 객관적인 실천을 따르는 사람이다. 수천, 수백만 인민의 혁명 실천만이 진리를 검증하는 척도다."

어떤 나라든 자기만의 역사와 문화적 배경을 가지므로 각자에게 적합한 게 가장 좋은 것이다. "신이 발에 맞는지 아닌지는 본인이 신어봐야 안다." 옆 사람이 신고 있는 신에 대해 이러쿵저러쿵 평가할 수는 있지만 그것은 어디까지나 제3자의 시선일 뿐이다. 중국은 다른 나라가 신은 '신'이 편한지 아닌지 함부로 평가하지 않는다. 그만큼 다른 나라가 중국이 신은 '신'이 맞는지 아닌지 제멋대로 평가하는 것도 원치 않는다. 시진핑 총서기 겸 주석 체제가 들어선 제18차 당 대회(2012년)에서는 앞으로도 중국 특색의 사회주의 노선을 굳건히 걷겠다는 방침을 명확히 밝혔다. 이를 위해서는 열린 사고로 개혁을 심화하며 역량을 결집해 어려움을 헤쳐 나가야 한다. 물론 중국은 앞으로도 발전을 위해 수많은 어려움을 극복해야 한다. 그렇기 때문에 당 전체, 전 국민의 지혜를 모아 향후 중국의 개혁과 발전을 위해 명확한 정책 틀과 일정, 노선도를 준비해야 한다. '중국의 발에 맞는 신을 신고' 중국만의 길을 착실히 걸어가야 하는 것이다.

26

사람이 못 오를 산은 없고
사람이 완주하지 못할 길은 없다

沒有比人更高的山, 沒有比腳更長的路

"사람이 못 오를 산은 없고 사람이 완주하지 못할 길은 없다沒 有比人更高的山, 沒有比腳更長的路"라는 말이 있다. 아무리 높은 산 도, 아무리 긴 길도 우리가 멈추지 않고 끝까지 앞으로 나아간 다면 언젠가 틀림없이 목적지에 이를 것이다.

— 2013년 10월 7일 '아시아태평양경제협력체 최고경영자회의'에서

"사람이 못 오를 산은 없고 사람이 완주하지 못할 길은 없 다." 이 문장은 중국의 현대시인 왕궈전汪國眞의 현대시「산은 높고 길은 멀다山高路遠」에 나오는 구절이다. 이 시구에 담긴 의 미는 다음과 같다.

"고난의 산이 아무리 높아도 전진하는 사람의 두 발은 그 산을 오를 수 있고, 인생의 길이 아무리 길어도 목표를 좇는

이의 발걸음은 그 길을 잴 수 있다."

시진핑이 인도네시아에서 열린 'APEC 최고경영자회의' 연설에서 이 구절을 인용한 까닭은 개혁의 전면적인 심화를 거쳐 경제발전의 새로운 동력을 찾겠다는 중국의 결심을 전 세계에 알리기 위함이었다.

시진핑이 단호한 어투로 전 세계에 "사람이 못 오를 산은 없고 사람이 완주하지 못할 길은 없다"라고 외친 바로 그때, 중국은 새로운 경제 발전 단계에 들어서서 경제발전 방식의 전환과 구조조정이라는 중요한 변화가 한창 진행 중에 있었다. 이런 변화는 필연적으로 조정과 성장에 따른 진통을 수반하기 때문에 산을 오르고 골짜기를 건너듯 온갖 어려움을 극복하겠다는 굳은 결심이 있어야 한다.

개혁은 중요한 이해관계의 조정, 각 분야의 체제와 메커니즘의 개선과 관련된 일종의 심오한 혁명이다. 개혁의 난도가 높을수록 더 큰 용기와 의지가 필요하며 개혁이 철저하게 진행될 때 더 빛을 발한다. 현실적인 문제가 복잡하고 까다로울수록 보다 신중한 태도로 개혁의 전략을 마련하고 제도의 혁신으로 개혁의 전체 판도를 이끌어야 하며 제도의 힘으로 개혁을 추진해야 한다. 중국은 개혁의 전면적인 심화라는 총체적 방침을 정하고 경제 성장, 정치 개혁, 문화 발전, 사회 진보, 환경 보호 등 여러 분야의 개혁을 통합적으로 추진하면서 발전 과정에서 나타나는 각종 문제의 해결을 위해 노력하고 있다.

전 세계에 이처럼 중요한 약속을 공언한 것은 중국의 지도자와 국민의 강한 용기와 굳은 결심을 잘 보여준다. 자신감이 있는 사람만이 자신이 선택한 길을 집요하게 추구할 용기와 '아무리 높은 산도 옮길 수 있다'는 우직함을 가질 수 있으며, 수많은 어려움과 도전 앞에서도 회피하지 않고 자신이 추구하는 바를 끝까지 지켜낼 수 있다.

덩샤오핑은 1992년에 발표한 '남방담화'에서 "중국이 각 방면에서 좀더 성숙하고 굳건한 제도를 마련하기 위해서는 앞으로 30년은 지나야 한다"라는 생각을 밝혔다. 제18차 당 대회에서도 각 방면에서 보다 성숙하고 굳건한 제도를 갖추기 위해서는 체계적이고 과학적이며 효율적인 제도 체계를 구축해야 한다고 주장했다. 30여 년의 여정을 돌이켜보면 사상과 관념의 해방에서 이익구도의 재편을 거쳐 발전 방식의 전환과 제도의 수준 향상에 이르기까지 개혁의 길은 결코 평탄하지 않았다. 중국이 거둔 모든 발전은 어려움을 극복하고 위기를 기회로 만드는 노력에 기인한다.

"높이 오르겠다는 의지만 있다면 세상에는 못할 일이 없다世上無難事, 只要肯登攀." 인도네시아 발리에서 울려 퍼진 중국의 목소리는 중국의 신념을 다시 한번 전 세계에 전달했다. "사람이 못 오를 산은 없고 사람이 완주하지 못할 길은 없다. 우리가 멈추지 않고 앞으로 계속 나아간다면 언젠가는 반드시 목표한 바를 이룰 수 있다."

27

쏘아진 화살은 되돌릴 수 없다

開弓沒有回頭箭

18기 3중 전회는 개혁의 전면적인 심화를 위한 새로운 호각을 울렸다. "쏘아진 화살은 다시 돌아오지 않는다開弓沒有回頭箭" 우리는 굳은 의지로 계속해서 개혁의 목표를 이뤄야 한다.

— 2013년 12월 31일 '전국정치협상회의 신년 다과회'에서

　"쏘아진 화살은 되돌릴 수 없다." 이 말은 원래 활을 쏘면 화살이 발사된다는 뜻으로, 의미를 확대하면 '어떤 일이 이미 시작되었다면 되돌릴 여지가 없다'는 뜻이다. 시진핑은 2014년 새해 전날에 했던 발언에서 의도적으로 개혁을 이 속언에 빗대 18기 3중 전회에서 확정한 '개혁의 전면적인 심화'라는 목표를 굳은 의지로 흔들림 없이 실현하겠다는 결심을 보여주었다.

　1978년 12월 11기 3중 전회에서는 개혁개방이라는 위대한

정책을 결정하고 실사구시라는 사상 노선을 재차 확립했으며, "계급투쟁을 핵심으로 한다"라는 기존의 정치 노선을 버리고 당의 전체 업무 중심을 사회주의 현대화 건설에 집중시키기로 결의했다. 이로써 중국 특색의 사회주의 노선이 조금씩 확립되기 시작했다. 그 후 36년 동안 중국 국민은 개혁개방이라는 물결을 따라 '중국 특색의 사회주의 노선'을 걸었으며, 그 결과 괄목할 만한 성과를 거두었다.

11기 3중 전회에서 18기 3중 전회에 이르기까지 중국의 개혁개방 정책은 결코 순탄치만은 않았다. 그러나 무수한 변화와 도전 앞에서도 "국내 개혁, 대외 개방"이라는 기본 국가전략만큼은 지속적으로 유지되었다. 덩샤오핑은 1992년 초에 있었던 '남방담화'에서 이렇게 말했다. "사회주의를 고수하고 개혁개방을 실시하며 경제 발전을 추진하고 국민의 생활을 개선해야 한다. 그렇지 않으면 우리 앞에는 죽음뿐이다."

개혁을 향한 중국의 발걸음은 한 번도 멈추지 않았고 멈춰서도 안 된다. 개혁을 가로막는 문제는 앞으로 더욱 복잡해질 것이다. "살코기는 모두 먹어치웠고 이제 남은 것은 뼈다귀뿐이다好啃的肉都已經吃光了, 接下來就是要啃硬骨頭了"라는 말처럼 개혁은 여러 성을 지나 가장 공략하기 까다로운 요새 앞까지 왔다. 2013년 양회兩會(전국인민정치협상회의와 전국인민대표대회)에서 시진핑은 상하이 대표단의 심의회의에 참석했을 때 이렇게 강조했다.

"중국의 개혁은 이미 가장 어려운 난관을 해결해야 하는 시기에 들어섰다. 과감하게 뼈다귀를 씹고 위험한 여울을 건너야 한다要敢於啃硬骨頭, 敢於涉險灘. 지금까지보다 더 시장의 규칙을 따르고 정부의 역할을 제대로 수행하며 개방의 장점을 최대한 발휘하여 발전의 가능성을 더욱 확대해야 한다."

발전, 사상해방, 개혁개방은 끝도 없는 여정이다. 중도에 멈추거나 물러나면 영원히 출구를 찾을 수 없다. 개혁개방에는 오로지 전진만 있을 뿐 완성은 없다. 중국의 개혁이 직면한 각종 갈등과 도전은 한순간도 속도를 늦춰서도 안 되며 멈춰서는 더욱 안 된다는 것을 우리에게 일깨운다. 중국의 개혁은 "이미 쏘아진 화살"이다. 사상과 관념의 굴레를 넘고 이익의 경직화라는 울타리를 넘어서 개혁을 계속 밀고 나가야 한다. 그래야만 발전 과정에서 나타난 각종 어려움을 극복하고 리스크와 도전을 해소할 수 있으며, 공정한 경쟁을 펼칠 수 있는 환경을 조성하고 경제와 사회의 발전에 필요한 활력을 키울 수 있다. 그래야만 조직적이고 합리적이며 효율적인 제도와 국가관리 체계를 구축하고 정부의 업무 효율과 능력을 제고할 수 있다. 그래야만 공평하고 정의로운 사회를 만들고 사회의 조화와 안정을 이룰 수 있으며 당의 지도력과 집권 능력을 강화할 수 있다.

중국은 개혁을 시작한 후 과거의 모습에서 벗어나 젊은이와도 같은 활력을 발산하기 시작했다. 대내적으로 사회 안정을 이루고 대외적으로 국제사회에서의 발언권이 확대된 것 모두가 개혁개방에 따른 중국의 거대한 변화를 잘 보여준다.

"쏘아진 화살은 되돌릴 수 없다"라는 말은 고삐를 늦추지 말고 계속해서 개혁을 추진해야 한다는 의미다. 시진핑은 이 '솔직 담백한' 화법으로 개혁을 심화하겠다는 중국의 결심을 세계에 보여줬다. 자신에게 적합한 발전 노선을 정했다면 흔들림 없이 보다 자신감 있게 그 노선을 따라 걸어가야 한다는 결심과도 같은 것이다.

28

초요사회 건설의 핵심은 농촌에 있다

小康不小康, 關鍵看老鄉

초요사회 건설의 핵심은 농촌에 있다小康不小康, 關鍵看老鄉. 농업은 여전히 '4개 현대화의 동시 추진'을 가로막는 걸림돌이며 농촌은 전면적인 초요사회 구축의 장애물이다.

— 2013년 12월 23~24일 '중앙농촌공작회의'에서

'샤오캉小康'이라는 말은 『진서晉書』 「손초전孫楚傳」의 다음 구절에서 유래했다.

"임금의 능묘는 이미 굳고 중원은 부유하고 안락하네山陵旣固, 中夏小康."

유가의 이상향, 즉 정치와 종교가 깨끗하며 백성이 부유하고 안락한 사회를 가리키는 이 단어는 점차 국경 안이 안녕하고 사회적 경제적 상황이 좋은 사회를 일컫는 말로 쓰였다.

오늘날 우리가 주로 말하는 '샤오캉'은 주로 중국의 사회적, 경제적 발전 수준이 특정 시기안에 도달해야 하는 목표를 의미한다.

개혁개방 초기 중국의 1인당 GDP는 약 200달러로, 국제적으로 통용되는 최저생계 유지선에 훨씬 못 미쳤다. 덩샤오핑은 중국의 현대화 발전이라는 전략적 목표와 실현 단계를 구상하면서, 인구가 많고 자원이 부족하다는 현실 인식에서부터 출발했다. 이에 19세기 말에 4개현대화(농업·공업·국방·과학기술 현대화)를 실현하겠다는 목표를 수정하고 대신 그때까지 '초요사회'를 실현하겠다는 목표를 정했다. 덩샤오핑은 그 후 '3단계 발전 전략三步走'을 제시했다. 1단계는 1980년대에 경제 총량을 배로 늘려 국민이 원바오溫飽(따뜻하고 배부르다는 뜻으로 의식주를 해결할 수 있는 경제 상황) 수준에 이른다. 2단계는 1990년대에 경제 총량을 다시 두 배 늘려 1인당 GDP를 800~1000달러로 증가시키고 전반적으로 국민의 평균 생활수준을 샤오캉 정도로 끌어올린다. 3단계는 2030~50년 사이에 경제 총량을 2단계보다 3배 늘려 경제력을 중등 선진국 수준까지 끌어올리고 기본적인 현대화를 완성한다.

덩샤오핑의 '3단계 발전 전략'이 나온 후 중국 국민에게 가장 익숙한 단어가 된 '초요사회'는 모든 중국인이 부자이지는 않지만 기본적인 의식주 문제에서 벗어나 비교적 넉넉한 삶을 누리는 사회를 가리킨다. 시간은 쏜살같이 흘러 덩샤오핑이 제시한 목표와 이행 전략 중 앞의 두 가지는 처음에 정한 기간 안에 모두 이루었다. 그러나 중국이 2000년에 이룬 '초요사회'는 1인당 GDP가 1000달러에 이르거나 접근하는 것을 기준으로 삼은 것이다. 즉 전면적이지 않은 '최소한의 초요사회'인 것이다. 이에 따라 중국공산당은 2020년까지 '전면적인 초요사회'를 건설하는 것을 단기적인 전략으로 삼았다. 2010년까지 중국의 1인당 GDP는 벌써 4000달러를 넘어 덩샤오핑이 제시한 3단계 발전 전략 중 제3단계의 경제 목표를 앞당겨 현실화했다. 그러나 경제 성장 과정에서 경제와 사회의 불균형, 소득 격차 확대 등의 문제가 심화되어 '전면적인 초요사회' 건설이라는 목표의 실현은 전망이 불투명해졌다.

시진핑이 "초요사회 건설의 핵심은 농촌에 있다"라는 속언을 인용한 것은 덩샤오핑의 '3단계 발전 전략'을 역사적으로 계승한 것이며, 매우 현실적이면서도 많은 의미를 내포한 표현이다. 중국이 말하는 샤오캉은 경제 총량뿐 아니라 '삶의 질'까지 의미하며, '파이를 키우는 것'을 넘어 '파이의 분배'가 중요하다는 의미도 담고 있다. 그리고 1인당 국민소득이라는 평균적인 수치보다 '대다수의 부유함', 즉 샤오캉을 이룬 국민의 규모가 더 중요하다는 의미도 있다. 이는 '초요사회'에 대한 중국공산당의 인식이 심화되었음을 보여준다.

중국이 과거 덩샤오핑이 주장했던 "일부가 먼저 부유해지도록 하자. 그러면 그 일부의 부유함이 나머지 구성원까지 부유해지도록 이끌어 결국에는 모두가 부유해질 수 있다允許一部

分人先富起來, 先富帶動後富, 最終達到共同富裕"라는 이른바 '선부론先富論'을 실현했을 때, 주변에서 부유한 사람이 갈수록 늘어나는 것을 보며 전 중국은 이 괄목할 만한 경제 성장에 들뜨고 환호했다. 그러나 일부가 먼저 부유해지도록 한 것은 나머지를 부유하게 만들기 위해서이며 그 최종 목표는 온 국민이 다 함께 부유해지는 것이라는 사실을 잊어서는 안 된다. 그래서 중국은 지금의 경제 성적에 만족할 수 없다. 오히려 더욱 성장에 박차를 가해 '공동의 부유함'이라는 목표를 완수해야 한다.

"초요사회 건설의 핵심은 농촌에 있다"라는 문장에서 핵심은 '농촌', 즉 수많은 농촌 인구다. 공산혁명이 한창이던 시절, 중국공산당은 이 '농촌'의 성원과 지지 덕분에 한 걸음씩 착실하게 국가의 존립과 부강이라는 혁명 사업을 실행에 옮길 수 있었다. 그 유명한 화이하이 전역淮海戰役(1948년 11월부터 1949년 1월까지 쉬저우徐州를 중심으로 화이하이淮海 이북 지역에서 벌어진 중국 인민해방군과 장제스 국민당 군대의 대규모 전투 — 옮긴이)에서 승리를 거둔 것은 그 지역 농민들이 손으로 수레를 밀어준 덕분이었다. 최근 중국에서 도시가 빠르게 발전한 것은 물론 기쁘기 그지없는 일이지만, 이제 우리는 도시에서 눈을 돌려 발전이 더디거나 낙후된 지역, 특히 농촌에 관심을 기울여야 한다. 어떤 나라든 균형 잡힌 발전, 전 국민이 혜택을 누리는 발전을 추진해야 한다. 중국의 인구구조에서 여전히 절대다수를 차지하는 것은 농촌 거주 인구다. 어떤 의미에서 보면 농촌 인구가 부유해져야 중국이 진정으로 부강한 나라가 될 수 있는 것이다.

시진핑은 과거 농촌의 기층에서 지역 당위원회 서기로 일한 경험 덕분에 중국 농촌의 사정을 잘 알고 있으며 마음속으로 늘 농민과 농촌 문제를 걱정한다. 기술 발전을 통한 농촌 진흥과 농촌의 도시화 정책은 모두 농촌 주민의 생활수준 향상에 초점을 맞추고 있다. 농촌 주민들이 샤오캉의 삶을 누릴 수 있을 때 비로소 '전면적인 초요사회'의 건설도 가능하다.

29

'혀끝의 안전'을 지켜야 한다
舌尖上的安全

식품 안전의 근본은 농산물에 있고 그 바탕은 농업에 있으므로 문제의 근본을 바로잡기 위해서는 농산물의 품질 안전부터 제대로 점검해야 한다. 농산물의 품질 안전 확보를 농업 발전 방식 전환과 농업 현대화의 핵심 요소로 삼고 가장 엄격한 기준과 관리감독, 처벌, 문책 체계를 가동하여 인민 대중의 "혀끝의 안전舌尖上的安全"을 지켜야 한다.

— 2013년 12월 23-24일 '중앙농촌업무회의'에서

"백성은 먹을 것을 하늘로 여긴다民以食爲天"라는 속언이 있다. 『한서漢書』「역이기전酈食其傳」에 나오는 "위정자는 백성을 하늘로 삼고 백성은 먹을 것을 하늘로 삼는다王者以民爲天, 而民以食爲天"라는 구절에서 유래한다. 백성에게 양식은 생활과 직결된

것이라는 뜻으로, 그만큼 먹을거리가 중요하다는 의미다. 그러나 최근에는 "먹을거리는 안전을 우선으로 한다食以安爲先"라는 말이 주목받고 있다. 식품 안전 문제를 뜻하는 이 말은 식품은 반드시 안전을 전제로 해야 함을 강조한다. 시진핑이 중앙농촌업무회의에서 위와 같은 발언을 한 까닭은 중국 정부가 식품 안전 문제를 중요하게 여기고 있다는 것을 알리기 위해서였다. 그는 "혀끝의 안전"이라는 생생한 표현을 사용해 식품 안전이라는 중대한 사회 문제를 정면으로 다루었다.

2014년 7월에 상하이 푸시福喜 식품이 유통기한이 지난 식자재를 사용했다는 내용이 언론에 보도된 후 '식품 안전의 청정지대'로 알려졌던 KFC, 맥도널드 등 수입 패스트푸드 업체에 대해서도 불신이 팽배해졌다. 최근 들어 식품의 제조와 가공 공정이 다양화되면서 식품 안전을 위협하는 요소가 만연해지자 식품 안전 문제가 사회적인 이슈로 떠올랐다. 끊이지 않고 발생하는 식품 안전 관련 사건이 생산자의 양심을 시험에 들게 하고 식품 안전에 대한 소비자의 신뢰를 뒤흔들고 있다.

농업 대국인 중국은 역사적으로도 농업 강국의 면모를 자랑해왔다. 중국인은 아주 먼 옛날부터 농작물 재배와 가축 사육을 시작하면서 인간이 먹고 마실 음식물을 자연에서 얻거나 키우는 법을 터득했다. 유명한 중국의 지방 요리만 해도 쓰촨四川, 산둥山東, 광둥廣東, 양저우揚州의 4대 요리가 있으며 청나라 때 시작된 이른바 만한전석滿漢全席(최소한 108가지에서 수백 가지의 만주족 요리와 한족 요리를 갖춘 호화식단) 또한 중국 요리의 명성을 떨치는 데 일조했다. 지난 몇 년 새 중국에서 선풍적인 인기를 끌었던 TV 다큐멘터리 「혀 위의 중국」도 중국 미식 문화의 전파에 크게 기여했다.

식품은 우리의 배를 채워줌으로써 생명을 유지하는 데 필수적인 요소지만 안전하지 않은 식품, 해로운 식품은 아무리 맛있다 해도 절대로 섭취해서는 안 되는 독약이다. 식품 안전 문제 발생 원인의 일부는 생산자의 비양심적인 태도와 경각심 결여 때문이다. 경제적인 이익을 위해 인간으로서의 기본적인 원칙을 깡그리 무시하는 식품 생산자들은 매상을 올리기 위해 제품의 유통기한을 최대한 늘리거나, 유해 물질을 식품에 첨가하고, 먹을 수 없는 '쓰레기'를 재활용하기도 한다. 이런 현상은 모두 눈앞의 경제적 이익에 눈이 멀어 양심을 내다 판 결과다.

그러나 악질적인 식품 안전 사건이 발생하는 보다 근본적인 원인은 제도의 결함과 부실한 관리감독에서 찾아야 한다. 식품 안전 관련 규정을 무시하는 생산자, 식품 안전의 위해성을 간과하는 관리당국, 식품 안전 문제에 대해 '솜방망이 처벌'로 일관하는 사법 당국의 안이한 태도가 식품 안전 문제의 근본적인 해결을 가로막는다.

식품 안전 문제는 전 사회가 주목하는 초미의 관심사다. 중앙지도부가 이 문제를 중요하게 여기는 데서 국민의 요구를 최우선시하는 당과 정부의 책임감을 엿볼 수 있다. 식품의 안전을 확보하는 것은 장기적이고도 까다로운 과제다. 식품 생산자의 기본 소양을 제고하는 한편 관리감독을 강화해 위법 사안을 엄격히 적발하고 악질적인 식품 안전 사건의 발생을 억제해서 식품 안전 의식을 확립하기 위해 정부와 기업, 일반 국민이 마음을 한데 모아야 한다. '혀끝의 안전'을 지켜야 '혀끝의 행복'을 즐길 수 있기 때문이다.

30

천릿길도 한 걸음부터, 높은 누대도 흙 한 줌부터

基礎不牢, 地動山搖

기초가 부실하면 천지가 흔들린다基礎不牢, 地動山搖. 사회 관리
의 중심을 중소도시와 농촌이라는 지역사회에 두어야 한다.
지역사회에 대한 행정 서비스와 관리 능력이 강화되어야만 지
역사회의 안정을 도모할 수 있다. 진정한 국가 안정은 기층에
서 일하는 공무원에게 달려 있다.

— 2014년 3월 5일 '양회兩會 상하이 대표단 심의회의'에서

"천릿길도 한 걸음부터, 아주 높은 누대도 흙 한 줌부터千里
之行始於足下, 萬丈高台起於累土"라는 말이 있다. 아무리 규모가 큰
공사도 기초를 튼튼히 다지는 데서 시작해야 한다. 중국의 만
리장성, 이집트의 피라미드처럼 오늘날에도 우리가 보기에 불
가사의한 대공사는 수천, 수백 년 전 사람들 눈에는 얼마나

더 놀라운 기적이었겠는가? 그러나 인류의 조상들이 이룬 것은 단순한 기적이 아니었다. 기초를 튼튼히 다지는 것에서부터 시작해 벽돌이나 기와, 돌이나 나무를 하나씩 쌓으면서 이 불가능할 것만 같은 대역사大役事를 완성시켰다.

"기초가 부실하면 천지가 흔들린다." 중국인들 사이에서 오래전부터 회자되어온 이 말은 단순하면서도 분명한 의미를 담고 있다. 2009년 6월 27일 상하이에서 일어난 아파트 붕괴 사고는 기초의 중요성을 또 한 번 생생하게 보여준 사례다. 2014년 양회 기간에 시진핑은 상하이 대표단의 토론에 참여해 기층 당 지부 주궈핑朱國萍 서기가 발표하는 기층 지역사회 관리 업무에 관한 보고를 들은 후 위의 말을 인용함으로써 기층의 행정서비스 및 관리 능력 강화의 중요성을 강조했다.

사회기층에서 일하는 당원과 공직자는 기층 군중과 직접 만나 얼굴을 맞대기 때문에 군중에게 당의 정책을 전달하고 이해시키는 전령사이자 당의 방침과 정책을 이행하는 실천자이며 근본과 기초 강화에 앞장서는 일꾼으로, 그들이 어떤 이미지를 남기느냐에 따라 당과 국가의 이미지가 좌우된다. 옛 성현의 말씀에 이런 구절이 있다. "백성은 나라의 근본이다. 근본이 튼튼하면 나라가 안녕하다民爲邦本, 本固邦寧."(『상서尚書』 「오자지가五子之歌」)

기층 당원 간부와 공직자가 대민 업무를 잘하려면 기층 군중에 관한 '삼위일체'를 실천해야 한다. 삼위일체의 첫 번째 요소는 군중에 대한 애정이다. 기층에서 일하는 사람은 반드시 군중에게 무한한 애정을 가져야 한다. 군중의 생각을 읽고 그들의 어려움을 해결하며 그들의 기대를 충족시켜야 기층 업무를 잘할 수 있다. 최근 몇 년 사이 기층 업무에서 좋은 성과를 거둔 우수한 당원과 공직자가 쏟아져 나왔다. 우런바오吳仁寶, 양자오순楊兆順, 주귀핑 등의 모범적인 인물들을 통해 당원과 간부가 군중에 대해 따뜻한 마음을 품을 때 군중 역시 마음을 열며, 당원과 간부가 책임감 있는 태도를 보일 때 군중 또한 신뢰로 보답한다는 것을 배울 수 있다. 두 번째 요소는 군중의 편에 서는 것이다. 공익을 위해 당을 바로 세우고 국민을 위해 정치를 행한다는 기본 이념을 지키는 것은 대민 업무를 실시할 때 반드시 고수해야 할 정치적 입장이다. 모든 일을 군중의 입장에서 생각하고 군중 노선을 걸으며 어떤 어려움 속에서도 대민 업무를 바르게 펼쳐야 한다. 세 번째 요소는 군중의 이익을 최우선시하는 것이다. 국민의 이익을 실현하고 지키며 발전시키는 데 전력을 다해야 한다. 개혁을 심화하고 발전을 촉진하며 안정을 유지하는 모든 과정에서 국민의 이익을 가장 중심에 둬야 한다. 항상 국민과 군중, 특히 소외계층의 고통을 염두에 두고 그들에게 실질적인 이익을 가져다줄 수 있는 일을 기획하고 실행에 옮겨야 한다.

"기초가 부실하면 천지가 흔들린다." 이 문장은 기초에 문제가 생길 때 엄청난 결과를 초래할 수 있다는 의미를 내포한다. 2008년에 구이저우 성 윙안翁安 현에서 발생한 '6·28 유혈사태'는 기층 업무가 부실하거나 잘못될 경우 일어나서는 안

될 심각한 소요 사태를 불러일으킨다는 것을 보여주는 전형적인 사례다. 6·28 사건 발생 후 구이저우 성 당위원회 서기가 세 차례에 걸쳐 국민에게 허리 숙여 사죄했고 윙안 현 성위원회 서기와 현장縣長, 공안국장, 정치위원회 위원장이 파직되었다. 이 사건이 일어난 근본적인 원인은 바로 현지 기층 업무에 종사하는 일부 공직자 간부의 잘못된 태도에 있다. 경제적 이해관계가 얽힌 문제와 관련해 군중의 목소리에 귀 기울이고 군중의 어려움을 해결할 방도를 찾은 것이 아니라 함부로 경찰력을 동원하고 거친 근무태도와 방법으로 일관했으며 강압적인 수단으로 군중을 압박했다. 이런 태도는 군중 노선을 채택한 당의 근본 취지에 위배되는 것으로 최악의 결과를 초래했다. 이와 유사한 사태를 제때 막지 못한다면 당과 국가의 근간을 뒤흔들 수 있다.

기층 업무는 군중의 요구를 충족하고 그들의 인정을 받을 수 있어야 한다. "위로는 천 갈래 선이 있지만 아래로는 바늘 하나가 있다上邊千條線, 下邊一根針." 이 바늘의 궤적은 국민에게 실질적인 도움이 되는 일을 하고 국민의 어려움을 해결하는 방향으로 움직여야 한다. 국민의 만족과 호응이야말로 정책 입안의 출발점이자 귀결점이 되어야 한다. 모든 정책을 기획할 때는 현실에 입각해 실현 가능성을 연구해야 한다. 그러나 그 정책을 국민이 어떻게 받아들일 것인가를 고려하는 것이 더 중요하다. 아무리 좋은 정책이라도 국민이 받아들일 수 없다면 '탁상공론'에 불과하며, 제대로 실시되지 못하면 국민의 반감과 저항을 불러일으킬 뿐이다. 기층 업무에 힘쓰고 기초를 다지는 과정에서 진정으로 국민을 위하는 '실질적인' 일을 '실무적으로' 행해야 한다. 반짝 효과, 일시적인 호응, 커다란 반향만을 노리기보다 민생과 관련한 실질적인 일을 실무적으로 추진해 현실적인 결과를 얻으려 노력해야 한다. 국민의 뜨거운 호응을 이끌어 내려는 '보여주기식' 또는 '치적 쌓기식'의 사업을 추진하는 세력이 발붙이지 못할 정치 환경을 조성하여 '사회주의 건설'이라는 이름의 거대한 건물이 튼튼하게 세워지도록 기초를 단단히 다져야 한다.

기층은 간부를 육성하고 단련시키는 훈련장이자 우수한 간부를 시험하고 선발하는 시험장이다. 기층 당원과 간부는 일선 업무를 꼼꼼히 수행함으로써 위로는 국가에 대해 아래로는 국민에 대해 책임을 다해야 하며 눈앞의 업무뿐 아니라 먼 미래까지 내다볼 줄 아는 혜안을 가져야 한다. 또한 기층에서 만나는 군중의 요구와 국가 발전의 목표 사이에서 균형을 잡아야 한다. 보여주기식의 사업 방식을 버리고 현실적인 여건에 착안하여 진솔한 언행과 실행 가능한 방안을 제시함으로써 실질적인 성과를 거둬야 한다. 낮은 자세로 업무를 추진하면서 "군중에 대한 애정을 바탕으로 기층에 뿌리를 내리고 국민의 근심을 덜어준다"라는 공직 윤리와 업무 기강을 교육시켜 당원과 간부의 종합적인 소양을 키우고 국가 발전에 필요한 인재를 육성해야 한다.

31

먼 길을 가야 말의 힘을 알고 오랜 시간이 지나야 사람의 마음을 안다

路遙知馬力, 日久見人心

중국에는 "먼 길을 가야 말의 힘을 알고 오랜 시간이 지나야 사람의 마음을 안다路遙知馬力, 日久見人心"라는 속담이 있다. 중국과 중남미 국가의 관계는 개방적이고 포용적인 발전, 협력과 상생의 발전을 거듭해왔고 앞으로도 그럴 것이다.

— 2013년 6월 5일 멕시코 상원에서의 연설

중국 속담에 "먼 길을 가야 말의 힘을 알고, 오랜 시간이 지나야 사람의 마음을 안다"고 했다. 원나라 때 무명씨가 쓴 『쟁보은爭報恩』의 1절에서 유래한다.

"누이가 장수하고 부귀하기를 바라오. 좋은 일과 나쁜 일이 있다면 나는 누이의 은혜에 보답하지 않을 수 없소. 먼 길을 가야 말의 힘을 알고, 오랜 시간이 지나야 사람의 마음을 알지 않겠소."

이 속담은 명마인지 아닌지는 먼 길을 가봐야 알 수 있듯 좋은 사람인지 아닌지는 오랫동안 함께 해봐야 알 수 있다는 의미를 단순명료하게 일깨운다. 시진핑은 이 속담을 인용함으로써 중국과 중남미 국가가 개방적이고 포용적인 관계, 협력과 상생의 관계에 있으며 앞으로도 상호 신뢰를 바탕으로 소통을 강화하고 함께 발전해 나가야 하며, 시간이 흐를수록 신뢰도 더욱 깊어질 것이라는 점을 강조했다.

지리적으로만 보면 중남미는 중국과 가장 멀리 떨어진 대륙이다. 중국에서 체 게바라의 얼굴이 찍힌 티셔츠를 입은 젊은이가 거리를 활보하고 피델 카스트로, 우고 차베스 등이 중남미 국가의 반미反美 영웅으로 여겨지며, 펠레나 마라도나 같은 축구 스타가 세대를 뛰어넘어 중국인을 사로잡고는 있지만 조금만 깊이 들어가 보면 중국인이 중남미 국가에 대해 그리 잘 안다고는 할 수 없다. 중남미에 대한 민간의 교류와 소통이 부족한 것은 더 말할 필요도 없다.

냉전이 한창이던 1960년대, 중남미 국가는 오랫동안 미국의 '뒷마당' 정도로 여겨질 만큼 미국의 영향권 안에 있었다. 이로 인해 중남미 국가들이 중국과 국교를 맺은 역사는 그리 길지 않다. 중남미 국가들 사이에서 중국과의 국교수립 열풍이 분 것은 헨리 키신저가 비밀리에 중국을 방문(1972년)하고 중국이 UN의 합법적인 회원국 지위를 회복한 후의 일이다. 당시 많은 중남미 국가가 중국과의 관계 발전을 바랐지만 미국의 눈치를 볼 수밖에 없었다. 미국이 약간의 유화적인 태도를 보이기만 하면 중국과의 국교정상화에 박차를 가했다. 현재 중국은 이미 21개의 중남미 국가와 국교를 맺고 있다. 역사적인 이유 때문에 아직까지 타이완과 '수교'를 맺은 20여 개 국가 가운데 중남미 국가가 절반 가까이 차지한다.

오늘날 중국과 중남미 국가는 고위층의 접촉이 비교적 활발하며 경제적 교류도 빠르게 발전하고 있다. 1979년에 10억 달러에 그쳤던 양측의 무역 총액은 2007년에 1,000억 달러를 넘어섰고 중국은 중남미 지역의 3대 무역 파트너로 올라섰다. 2012년 중국과 중남미의 무역액은 2,612억 달러로 최고액을 경신했다.

중남미 국가는 대체로 나라가 작고 인구가 적으며 국력이 약한데다 오랫동안 미국의 영향권에 놓여 있었다. 그렇기 때문에 경제 발전의 염원 외에도 자주독립에의 갈망이 크다. 시진핑은 위의 속담을 인용해 중국과 중남미 국가의 관계가 눈앞의 현실에만 머무르지 않고 보다 장기적인 전략적 관계로 발전해 나가기를 바란다는 뜻을 분명히 밝혔다. 중국은 협력을 강조한 발전방식을 제시했는데, 여기서 협력은 단순히 경제무역 분야의 협력이 아니다. 경제에서 문화까지, 보건에서 스포츠까지 아우르는 전방위적, 다차원적 협력 모델이며, 이는 중남미 국가에게 가장 중요한 부분이다.

개발도상국이라는 공통점을 가진 중국과 중남미 국가는 다층적인 교류와 소통으로 상호 신뢰와 호혜의 기제를 구축함으로써 양측 국민의 진정한 복지를 모색할 수 있을 것이다. 이는 "먼 길을 가야 말의 힘을 알고, 오랜 시간이 지나야 사람의 마음을 안다"라는 말에 담긴 또 하나의 숨은 뜻일 것이다.

32

쇠를 두드리려면 자신이 단단해야 한다

打鐵還需自身硬

쇠를 두드리려면 먼저 자신이 단단해야 한다打鐵還需自身硬. 우리는 모든 당원이 합심해 당을 다스리고 관리하며 내부에 도사린 문제들을 철저히 해결하고 기풍을 개선해 국민에게 더욱 가까이 다가가야 할 책임이 있다. 이로써 중국공산당이 중국 특색의 사회주의 건설을 이끄는 핵심 역량의 지위를 계속해서 유지하도록 해야 한다.

— 2012년 11월 15일 취임 후 첫 중국공산당 중앙정치국 상무위원회 국내외 기자간담회에서

중국에는 "쇠를 두드리려면 자신이 단단해야 하고, 자수刺繡를 하려면 손끝이 여물어야 한다打鐵還需自身硬, 繡花要得手綿巧"라는 속담이 있다. 대장장이는 자기 몸부터 단단해야 쇠를 두

드려 튼튼하고 내구성 있는 철기를 만들 수 있고, 손끝이 여물고 손재주가 뛰어나야 수를 잘 놓을 수 있다는 뜻이다. 공자는 『논어』 「자로」 편에서 이렇게 말했다.

"자신의 몸가짐이 바르면 명령을 내리지 않아도 따르지만 자신의 몸가짐이 바르지 않으면 비록 명령하여도 따르지 않는다其身正, 不令而行, 其身不正, 雖令不從."

남을 다스리려면 먼저 자기 자신을 바르게 해야 한다는 뜻이다. 자기가 바르지 않으면 남을 바르게 할 수 없고, 단단하지 않은 사람이 쇠를 제대로 두드릴 수는 없는 법이다. 의미를 확대하면 어떤 일을 하든지 자신이 맡은 사명이나 임무를 완수하는 데 필요한 자질부터 정확히 파악하는 것이 중요하다는 의미다. 자기 역량이 충분하지 않으면 주어진 임무를 제대로 완수할 수 없기 때문이다. 또한 올바른 사상과 가치관을 가지고 곧은 기운과 위엄을 갖춰야 한다는 뜻이기도 하다.

시진핑이 취임 후 처음 열린 정치국 상무위원회 국내외 기자간담회에서 중국공산당 내부 건설 문제에 관한 언론의 관심에 대해 "쇠를 두드리려면 자신이 단단해야 한다"라고 발언한 것은 그가 당내 기강 확립을 얼마나 중요하게 여기는지 여실히 보여준다. 국가 통치를 위해서는 당의 관리가 선행되어야 한다. 당이 나라를 제대로 이끌 수 있으려면 자신부터 '단단하고 바르게 서야' 한다. 끊임없이 당의 집권 능력을 강화하고 당의 선진성과 도덕성을 지켜야 한다.

집권당인 중국공산당은 중국의 각 민족과 국민의 이익을

충실하게 대변하는 대리인이다. 중국공산당은 전쟁의 소용돌이에서 평화를 일구고, 낙후하고 폐쇄적인 국가를 개방하고 발전시켜 중국 특색의 사회주의 사업을 주도하는 집권당의 지위를 차지했다. 그러나 모든 생명체가 그러하듯 중국공산당 역시 지위가 높아질수록 그에 따르는 책임도 무거워졌다. 이럴 때일수록 중국공산당이 집권당이 된 것은 역사와 국민의 선택에 따른 결과이며 역사의 '합리적인 검증'의 결과이자 현실의 필요에 의한 '필연적인' 결과였음을 명심해야 한다. 동시에 당의 선진성과 집권당으로서의 지위는 결코 영원하지 않다는 것을 기억해야 한다. 과거에 선진적인 주체였다고 해서 현재나 미래에도 그럴 것이라 자만해서는 안 되며, 과거에 어떤 지위를 차지했다고 해서 현재나 미래에도 영원히 그 자리에 머무를 수 있다 자신해서는 안 된다. 중국공산당이 선진성을 유지하여 집권당의 지위를 공고히 하기 위해서는 현실에 안주하지 않고 꾸준히 미래에 대비해야 하며 자만심과 성급함을 경계하고 겸허하고 신중한 자세를 유지하면서 집권 능력 강화에 힘써야 한다.

성의 보루를 가장 쉽게 무너뜨리는 것은 외부로부터의 공격이 아닌 내부에서의 공격이다. 그만큼 내부 요인은 모든 사물이 발전하고 변화하는 근간이다. 동유럽의 격변, 구소련의 해체 등 일부 국가에서 공산당이 집권당으로서의 지위를 잃거나 아예 무너진 것은 그들이 당내 기강 확립에 소홀한 나머지 자신의 도덕성을 잃고 시대의 변화에 대응하지 못해 국민의 신뢰를 잃고 국가 발전의 주도권을 잃었기 때문이다. 중국공산당은 이런 역사적 교훈을 기억해야 한다. 안타깝게도 현재 중국공산당의 고위직 간부 중에는 자신의 권력만 믿고 거만하며 독단적인 행태를 보이거나 중국 특색의 사회주의가 공허하고 실속 없는 환상일 뿐이라 여기는 이들이 있다. 또는 국민이 부여한 권력을 자신의 사익을 도모하는 수단으로 여기고 돈과 명예의 유혹 앞에 쉽게 무릎을 꿇기도 한다. 일부 간부의 이런 태도는 국민을 실망시킬 뿐 아니라 당의 이미지를 깎아내린다. 집권당인 중국공산당이 이런 문제에 관심을 기울여 엄격히 관리하지 않으면 당의 근간이 흔들리고 무너지고 말 것이다.

모든 정당은 정세를 정확하게 인식하고 국민과의 밀접한 관계를 더욱 강화해야 한다. 또 내적·외적 요인에 대한 면역력을 강화하고 권력 확대와 지위 상승에 수반되는 부패의 위험을 사전에 통제하고 제거해야 한다. 중국공산당은 당이 직면한 정세를 정확하게 직시하고 사회와 국민 속으로 파고들어 그들의 감독을 자발적으로 받아들여야 한다. 또한 스스로를 단속하고 변화에 발맞춰 끊임없이 앞으로 나아가야 한다. 당의 역량을 강화해 새로운 정세에 부응하고 새로운 도전에 대응하며 새로운 문제들을 해결하는 데 앞장서야 한다.

33

높은 문턱, 만나기 힘든 얼굴, 힘든 일처리

門難進, 臉難看, 事難辦

요즈음 몇 년 사이 고위 기관을 비롯한 일부 당 조직은 기율보다는 체면, 원칙보다는 인맥에 치우치고 갈등을 회피하고 문제를 즉각적으로 해결하기보다는 질질 끌면서 "높은 문턱門難進, 만나기 힘든 얼굴臉難看, 힘든 일처리事難辦"로 일관한다. 이로 인해 당의 규정은 아무 짝에도 쓸모없는 '허수아비'가 되고 이는 국민의 거센 원성을 사고 있다.

— 2013년 7월 12일 허베이성 좌담회 주재 시의 발언

당이나 정부기관에서 일을 처리할 때면 서민들은 "높은 문턱, 만나기 힘든 얼굴, 힘든 일처리"로 고생한다. 많은 공무원들은 정상적인 업무도 지지부진 미루기 일쑤고 간단한 일도 복잡하게 만들며 번거로운 일은 피하고 편한 일만 찾는다. 여

러 기관의 협력이 필요한 사안이 있으면 서로에게 떠밀거나 눈치를 보며 어느 한쪽이 먼저 나서기만을 기다린다. 그로 인한 고통은 고스란히 국민의 몫이다. 이런 정부 기관과 사회 단체의 행태에 대한 국민의 불만이 응집된 표현이 바로 "높은 문턱, 만나기 힘든 얼굴, 힘든 일처리"다.

국민은 공공기관에 들어서기 전부터 몇 차례나 검색을 받아야 하고 곳곳에서 "관계자 외 무단출입 금지"라는 관문을 넘어야 한다. 이를 가리켜 "높은 문턱"이라 부른다. 일처리를 위해 실무자를 찾아도 담당공직자가 무슨 일인지 제대로 들어보지도 않고 귀찮아하면서 얼굴도 잘 보여주지 않는다. 그야말로 "만나기 힘든 얼굴"이다. 당사자가 직접 이 기관 저 기관을 찾아다니며 몇 가지 절차를 밟아도 기관 사이의 '떠넘기기' 때문에 일을 마무리하지 못한다. "힘든 일처리"가 아닐 수 없다. 시진핑은 국민의 이런 불만 섞인 표현을 인용해 일부 기관, 특히 고위 기관의 관료주의에 대한 분개를 드러낸 것이다.

"높은 문턱, 만나기 힘든 얼굴, 힘든 일처리"는 표면적으로는 일부 실무 공무원의 소양과 업무 능력의 문제처럼 보이지만, 심층적인 원인은 관료주의에 있다.

2013년 10월 11일, 중국중앙텔레비전방송국CCTV의 「중점취재焦點訪談」에서 다음과 같은 사건을 폭로했다. 베이징에서 근무하는 지방 출신의 저우周 아무개 씨는 해외 출장 때문에 여권을 발급받아야 했다. 베이징에서 사회보험에 가입한 지 1년이 안되는 저우 씨는 규정에 따라 호적 소재지에서 여권 발급을 신청해야 한다. 요즘 개인 여권 발급은 그리 까다로운 일도 아닌데 저우 씨는 베이징에서 300여 킬로미터나 떨어진 허베이 성 우이武邑 현까지 6차례나 왕복했지만 반년이 지나도록 여권을 발급받지 못했다. 갈 때마다 담당자의 눈치를 봐야 했던 저우 씨는 생각만 해도 진저리가 났다. 저우 씨가 제출해야 했던 증명서는 전과 유무 증명서, 재직증명서, 회사 영업 허가서, 회사 인력파견 자격 증명서, 주민등록 소재지 신분증이다. 이 5건의 서류 때문에 3,000킬로미터를 뛰어다녀야 했던 것이다. 그런데 중국 공안부 홈페이지 규정에는 저우 씨와 같은 일반인이 개인 여권을 발급받을 때 본인 신분증과 주민등록등본 원본과 사본, 증명사진만 있으면 된다고 명백히 나와 있다. 다시 말해 여권 발급 담당자가 저우 씨에게 요구한 증명서 가운데 주민등록등본 소재지의 신분증을 제외한 나머지는 전부 불필요했던 것이다. 이런 "공무원 나리 놀음官老爺" 때문에 국민은 몸 고생 마음고생을 할 수밖에 없다. 대형 비리를 저지르는 '호랑이'들과 비교하면 사소하기 이를 데 없지만 이런 사소한 관행이 쌓이면 당에 대한 국민의 불만도 누적될 수밖에 없다.

엄밀히 따지면 실무자 한 명의 업무 태도는 현지 정부와 공무원 전체의 업무 태도를 드러내는 거울이다. 정부 부처가 대민 업무를 수행할 때 국민을 '귀찮은 존재'로 여겨서는 절대 안 되는데, 이들은 자신의 직무가 무엇인지 완전히 망각한 것이다.

"정부는 큰일만 관여할 뿐 작은 일에는 관여하지 않는다"라는 그럴싸한 핑계를 대기 일쑤지만 공직자에게 있어 일반 국민의 이익과 관련한 '작은 일'이야말로 그들의 진정한 공무 수행 능력을 검증하는 시험대라는 사실을 잊어서는 안 된다.

시진핑은 "높은 문턱, 만나기 힘든 얼굴, 힘든 일처리" 현상에 대해 분개하고 있다. 중국공산당은 제18차 당 대회 이후 대대적으로 군중 노선 교육실천 활동을 펼쳤는데 그 목적 중 하나가 바로 당내에 만연한 관료주의 근절이다. 이런 조치는 최근 몇 년 새 이미 큰 성과를 거두어 많은 국민의 지지를 얻었다. 그럼에도 여전히 존재하는 문제에 대해서는 일부 고위 공직자의 자성이 필요하다. 자신이 진정으로 국민에게 가까이 다가가 국민의 고통을 이해하고 그들을 위해 일했는지 스스로를 되돌아보아야 한다.

34

쇼하지 말라

作秀

공무원이라면 국민의 작은 움직임 하나에도 주의를 기울여야
한다一枝 一葉總關情. 무엇이 '쇼'인지, 어떤 것이 진정으로 국민을
위한 일인지 국민은 한눈에 알아본다.

— 2013년 7월 23일 허베이성 고위급 간부 좌담회 주재 시의 발언

　　최근 중국에서는 「엘런 드제너러스 쇼」 「백변대가 쇼百變大咖
秀」 「투나잇 80's 토크」, 리얼 예능 「아빠 어디가」 등의 쇼 프로
그램이 전국적인 인기를 끌고 있다. 중국 국민이 '쇼'를 얼마나
사랑하는지 알 수 있다. 그러나 이 '쇼show'라는 말이 쇼 프로
그램이 아니라 강한 목적성을 가진 정치적인 의미로 쓰일 때
중국인은 혐오감을 느낀다. 시진핑이 "쇼作秀"라는 속어를 인
용한 데는 다분히 비판적인 의도가 들어 있다. 공직자의 '보

여주기식' 정책 집행과 형식주의를 타파하고, 각급 지도자와 간부가 군중 노선을 착실하게 걸어야 하며 국민을 대할 때 가식 아닌 진심으로 대해야 한다는 것을 강조하기 위해서다.

"국민의 눈眼은 눈雪처럼 밝다"라는 말이 있듯, 국민은 어떤 공무원이 쇼를 하는지 진심으로 가까이에서 국민을 위해 일하는지 직관적으로 분별해낸다. 공직자가 쇼를 하는 데는 '논공행상'을 바라는 봉건사상의 잔재가 작용한다. 정치적 업적을 쌓아 높은 자리에 오르기를 바라는 야심이 쇼를 하는 동기가 된다. 이처럼 가식적이고 허풍에 찬 공직자의 업무 기풍을 제재하고 개선하지 않으면 전 사회적으로 허위 보고나 은폐, 성과 조작 등이 만연하는 부정적인 결과를 초래하고 국가 발전을 저해하며, 정부와 국민의 대립을 낳고 각종 사회 사건을 야기할 것이다. 이런 정치적 '쇼'에 관해 중국공산당과 정부는 일관된 입장을 취해 왔다. 즉 '쇼'를 완강히 반대하고 이를 척결해 유사한 사건이 당과 국민의 대립을 초래하거나 '국민 속의 중국공산당'이라는 당의 존립 기반을 뒤흔들지 못하도록 한다는 것이다.

'보여주다'라는 뜻의 영단어 'show'를 음역한 '쇼'는 원래 '면모를 보이다' '태도를 밝히다' '감정을 표현하다'라는 의미를 가진다. 쇼를 잘하면 정부와 사회의 긍정적인 상호작용을 촉진시켜 상호 신뢰와 이해를 증진하고 거리감을 없앨 수 있다. 그러나 교활한 의도가 담긴 쇼는 반드시 근절해야 한다. 사회에 긍정적인 역할을 하기는커녕 오히려 간부와 대중 사이의 갈등을 심화시키고 대중의 반감을 부채질하기 때문이다.

2008년부터 2014년까지 6년 동안 장시 성 정부는 수백억 위안을 들여 대대적인 조림녹화 사업을 실시했다. 당시 장시 성의 녹지 비율이 이미 전국 2위였기 때문에 조림 사업에 그렇게 큰 공을 들일 필요가 전혀 없었다. 그러나 당시 성 정부 지도자의 개인적인 야망에서 비롯된 이 사업은 장시 성 관할의 각급 정부가 추진해야 하는 최대의 정치적 임무가 되고 말았다. 상부에 좋은 성과를 보고하기 위해 각종 기발한 방법들이 동원됐다. 2010년에 언론 보도로 널리 알려진 "수령 많은 나무 베어 어린 나무 심기"도 그중 하나다. 주장九江 관할의 뤼창瑞昌시 정부는 도로 재정비라는 명목으로 기존에 도시 진입로를 장식했던 커다란 프랑스산 오동나무들을 녹나무 등의 수종으로 전부 바꿔 심었다. 그 후 1년도 채 지나지 않아 이번에는 녹나무를 뽑아내고 그 자리에 다른 나무를 심었고, 새로 심은 나무들은 결국 말라 죽고 말았다. 이것은 국민의 혈세를 낭비하는 전형적인 '쇼'로, 비판 받아 마땅하다.

식수조림 사업은 원래 좋은 취지의 사업이다. 그러나 객관적인 현실에 대한 합리적인 고려 없이 해당 기관 수장의 입맛에만 맞춰 '손바닥 뒤집듯' 수시로 정책을 바꾸고 융통성 없이 추진한다면 민생 해결을 위한 좋은 취지의 사업도 '보여주기식 사업'으로 변질되고 만다. 뤼창시의 사례를 보면 지방 정부 수장이나 고위 공직자가 사업을 추진할 때는 국민의 실질적인 이익에서 출발해야 하며 형식주의에 매몰되어 쇼를 해서는 안 된다는 것을 깨닫게 된다.

'쇼'에 대한 국민의 반감은 정치인의 가식과 형식주의에 대한 반감에서 비롯된다. 자신의 직무를 제대로 이행할 능력이 부족해 국민에게 닥친 문제를 만족스럽게 해결하지 못하는 공직자가 있는가 하면 표면적인 성과에 연연하고 내키는 대로 정책을 결정해 더 큰 불만을 사는 공직자도 있다. 국민의 어려움을 해결하는 일에 진심을 다하고 쇼와 같은 형식주의를 단호하게 거부하며 당과 국민의 거리를 좁히는 것이야말로 진정한 공직자의 자세다.

35

민심이 곧 힘이다

人心就是力量

모든 정당의 앞날과 운명을 최종적으로 결정하는 것은 민심의 향배다. "민심이 곧 힘"이라는 말도 있지만, 중국공산당의 당원이 아무리 많아도 전체 인구에 비하면 소수일 뿐이다. 우리 당의 위대한 목표는 국민의 지지 없이는 결코 이룰 수 없다. 우리 당의 집권 능력과 성과를 판단하는 것 역시 국민의 몫이다. 국민은 우리 당 업무를 판단하는 최고 재판관이자 최종 심판관이다.

— 2013년 12월 26일 '마오쩌둥 탄생 120주년 기념 좌담회'에서

"민심이 곧 힘人心就是力量"이라는 말은 단순하면서도 강력하다. 단 여섯 글자에 불과하지만 이 말에 내포된 진리는 당과 국가의 운명을 결정짓고, 중국 굴기를 실현하며 새로운 시대

를 열 수 있을 만큼 강력하다. 시진핑이 이 속언을 인용한 것은 당과 국민의 관계의 본질을 강조하면서 당원과 간부에게 '군중 노선이야말로 당의 생명줄이자 근본적인 업무 노선'이라는 사실을 다시 한번 일깨우기 위함이다.

"물은 배를 띄우기도 하지만 배를 뒤집기도 한다水能載舟, 亦能覆舟."(『순자荀子』「애공哀公」, 당나라 위징魏徵「간태종십사소諫太宗十思疏」) 모든 정당 또는 정권의 앞날과 운명은 결국 '민심의 향배'에 달려 있는 것이다. 민주당파 지도자로 유명한 황옌페이黃炎培가 옌안延安에서 마오쩌둥과 대화를 나누면서 했던 다음 이야기는 잘 알려져 있다.

"역사 안에는 '무능한 정권을 대신해 권력을 장악한 환관'도 있고 '강력한 권력자의 부재로 국정이 전부 중단되는' 경우도 있으며 '부귀영화를 위해 모욕을 받아들이는' 일도 있기 마련입니다. 이 주기율에서 벗어날 수 있는 역사는 없습니다."

역사란 참으로 이와 같다. 오스만 제국은 한때 유라시아 지역을 휩쓸어 콧대가 하늘을 찌를 듯했지만 르네상스와 산업혁명에 힘입어 빠르게 발전한 서유럽 국가 앞에서는 힘 한 번 제대로 써보지 못하고 무너졌다. 유럽과 아시아와 아프리카 대륙을 넘나들며 지중해를 내해로 삼기까지 했던 로마제국부터 중국 역사상 처음으로 천하를 통일한 진秦나라, 운하를 만들고 군대 전략을 발전시킨 수양제에 이르기까지 한때 천하를 호령했던 왕조가 하루아침에 멸망한 원인도 내부 요인, 그중에서도 '민심의 향배'에 있었다. 지난 30여 년 동안 많은 정당이 흔들리고 무너졌다. 장기 집권하던 거대 정당들도 실각했고 오랫동안 재야에 있으면서도 강력한 힘을 발휘하던 야당들도 하나씩 멸망의 길을 걸었다. 멕시코의 제도혁명당 PRI, 프랑스와 일본의 공산당 등이 좋은 사례다. 구소련의 해체와 소련공산당의 붕괴, 동유럽의 격변 역시 커다란 교훈을 남긴다.

이처럼 정권이나 정당의 앞날과 운명은 얼마나 시대의 흐름에 발맞춰 변화하느냐, 얼마나 많은 사람의 지지를 얻느냐에 달려 있다. 마오쩌둥은 황옌페이의 말에 이렇게 답했다.

"우리는 역사의 주기율을 벗어날 수 있는 새로운 길을 이미 찾았습니다."

그가 말한 새로운 길이란 바로 '민주'다. 국민에게 정부를 감독할 권한을 주어야만 정부가 무력해지거나 해이해지지 않을 수 있다. 국민 모두가 책임감을 가져야만 권력자의 부재에 따른 정치적 공백이 일어나지 않는다. "민심을 얻는 자가 천하를 얻는다得民心者得天下"(『맹자』「진심장구 상盡心章句上」)라는 말이 있듯 민심은 곧 천하를 다스릴 수 있는 힘이다. 그 힘은 근본적으로 다음의 두 가지에서 비롯된다. 하나는 국민의 동의와 참여이고, 다른 하나는 국민의 평가와 선택이다.

국민이 정당의 이념과 목표에 동의하느냐 하지 않느냐는 그 이념과 목표가 국민의 이익을 대변하는가, 국민의 단기적인 이익과 장기적인 이익을 조화롭게 결합할 수 있는가에 달려 있다. 국민이 정당의 이념과 목표에 동의해야만 그 목표를 적극적으로 지지하고 헌신할 수 있다. 정당이 내세운 목표가 국민의 지지를 얻지 못한다면 그 목표는 결코 실현될 수 없다.

정당의 집권 능력과 성과는 정당 스스로 판단할 수 없다. 중국공산당이 집권당의 지위를 차지한 것은 역사와 인민의 선택에 따른 필연적인 결과다. 오늘날 중국공산당이 집권당으로서 공고한 지위를 차지할 수 있었던 것은 마음에서 우러난 국민의 애정과 지지 덕분이다. 덩샤오핑은 모든 당원에게 거듭 강조했다.

"국민이 즐거워하는가, 만족하는가, 옹호하는가, 인정하는가, 이것이 당의 사업의 성공과 실패, 옳고 그름을 판단하는 최고의 기준이다."

세계화의 거센 물결 속에서 중국은 발전을 추진하는 데 있어 수많은 요인의 영향을 받을 수밖에 없다. 이와 관련해서 덩샤오핑은 또 이렇게 충고했다.

"현재 일부 주변국가의 경제는 우리보다 빠르게 발전하고 있다. 우리가 발전하지 못하거나 발전 속도가 너무 느릴 경우 국민이 다른 나라와 우리의 발전 속도를 비교하기 시작하면 큰 문제다."

현재까지는 거의가 중국공산당을 신뢰하고 지지한다. 그러나 일부 당원과 고위 공직자는 국민에게서 멀리 떨어져 거만한 태도로 국민을 내려다보며 '골칫거리'로 여긴다. 국민이 제기하는 문제들을 방치하거나 대충대충 해치우거나, 겉으로는 관심을 가지는 체하면서 실제로는 전혀 신경 쓰지 않는다. 그들은 갈수록 국민과 멀어지고 있다. 당 내부의 이런 그릇된 분위기와 부패 현상이 지속적으로 확산되고 당이 국민과의 관계를 개선하는 데 제 역할을 하지 못한다면 중국공산당은 집권의 원천을 잃게 될 것이며 그런 상태가 지속되면 엄청난 위기를 맞게 될 것이다. "민심이 곧 힘"이라는 말처럼 민심은 중국공산당의 집권 기반이며 새로운 역사를 만들어갈 힘이 란 걸 명심하자.

36

손을 뻗지 말라, 뻗으면 반드시 잡힌다

手莫伸, 伸手必被捉

모든 간부가 "손을 뻗지 말라. 손을 뻗으면 반드시 잡힌다手莫伸, 伸手必被捉"라는 진리를 명심해야 한다.

— 2014년 1월 14일 '18기 중앙기율위원회 3차 전체 회의'에서

1954년 3월, 천이陳毅는 「깨달음의 소회感事書懷」라는 연작시를 발표했다. 연작시 4번째 시의 제목은 '7개의 옛것·손을 뻗지 말라(七古·手莫伸)'이다. "손을 뻗지 말라, 손을 뻗으면 반드시 잡힌다"라는 정신이 번쩍 들게 하는 유명한 경구가 바로 이시에 나온다. 천이는 이 시로 비뚤어진 마음을 가진 이들에게 엄중한 경고를 보내는 한편, 한 점 사심 없이 국민만을 생각하는 정신과 '마음의 병'을 앓는 이들을 치유하는 진실한 마음을 드러낸다. 유려하면서도 쉬운 언어로 쓰인 이 시는 깨우

침과 경고를 동시에 담고 있다. 보통사람이든 고위급 간부든 이 시를 읽으면 분명 깨달음을 얻을 수 있을 것이다. 시진핑이 천이의 이 시구를 인용한 것은 스스로를 대할 때나 남을 대할 때 부정부패를 결코 용납해서는 안 된다는 것을 고위 공직자들에게 권고하기 위함이다. 반부패의 기치를 높이 들자는 말이다.

중국의 옛사람은 이런 말을 남겼다.

"탐욕을 품은 자는 불구덩이로 날아드는 나방처럼 제 몸이 불에 타고서야 멈춘다貪欲之心不除, 如飛蛾撲火, 焚身方休."

얼핏 담담해 보이는 이 구절에는 심오한 삶의 진리가 담겨 있다. 사리사욕을 추구하는 것이 얼마나 위험한지, 올바른 인생관과 가치관을 정립하는 것이 얼마나 중요한지를 생생하게 전해준다. "식욕과 성욕은 사람의 타고난 본성이다食色, 性也"라는 선현의 말(『맹자』에서 고자告子)처럼, 사람은 누구나 물질에 대한 욕망이 있다. 자신의 정당한 이익을 추구하는 것은 비난할 일이 아니다. 그러나 "군자는 재물을 좋아해도 그것을 구할 때 도를 따른다君子愛財, 取之有道(명나라 서적 『증광현문增廣賢文』"라는 말처럼 이익을 추구할 때는 합리적이고 합법적으로 땀을 흘려 얻어야지 타인이나 사회, 국가의 이익에 해를 끼쳐서는 안 된다.

고위 공직자에 대한 요구치는 더욱 높을 수밖에 없다. 그들이 차지한 권력은 국민에게서 나온 것이기 때문에 그 권력을 누구를 위해 사용할 것인가에 대한 문제를 진지하게 생각해야 한다. 국민이 믿고 권력을 맡긴 만큼 그 권력을 차지한 사람은 국민의 이익을 위해 맡은 직무를 성실히 완수해야 한다. 권력을 탐욕 추구의 도구로 삼아서는 안 된다. 예로부터 공직자의 부패는 국민에게 가장 큰 혐오를 불러일으키고 나라에 막대한 피해를 가져오는 행위였다. 고위 공직자는 냉철한 이성을 갖추어야 하며 요행 심리를 버려야 한다. 부정부패라는 고압선을 건드리는 고위 공직자는 집안 배경이나 직책의 크기, 지위의 고하를 막론하고 누구든 당의 기율과 국법에 따라 엄정한 처벌을 받기 때문이다. "남이 모르게 하려면 아예 처음부터 스스로 행하지 말라若想人不知, 除非己莫爲."(한漢나라 경제景帝 때 문학가 매승枚乘이 쓴 상소문 「상서간오왕上書諫吳王」)

부패 사건의 폐해는 우리 주변에서 흔히 볼 수 있다. 원래 극도로 신중했던 사람도 큰 권력을 손에 쥐면 방향감을 상실하며 유혹을 이기지 못한다. 폐해는 크고 대가도 값비싸지만 후회해도 소용이 없다. 그러므로 약간이라도 권력을 차지했다면 자기 주변에 부패 방지를 위한 울타리를 튼튼하게 세워야 한다.

'손을 뻗지 말라, 손을 뻗으면 반드시 잡힌다.' 이 말은 공직자가 부패에 손도 대지 못하게 하겠다는 중앙지도부의 굳은 결심을 담고 있다. 요행 심리와 비뚤어진 사심을 가진 이들을 향한 경고이자 유혹에 굴복해 욕심을 내고 손을 뻗으려는 이들에게 보내는 권고다. 모든 공직자는 탐욕의 폐해를 늘 인지하고 스스로를 단속해야 한다. 그리고 이런 탐욕을 다스리기 위해서는 각자의 도덕성 함양 외에 법과 원칙을 존중하고 청렴한 사람이 존경받는 올바른 사회 분위기 조성도 매우 중요하다.

37

새로운 방법은 쓸 줄을 모르고 낡은 방법은 도움이 되지 않는다

新辦法不會用, 老辦法不管用, 硬辦法不敢用, 軟辦法不頂用

많은 당원이 일을 잘하고 싶다는 간절한 마음과 열정을 품고도 변화된 환경에 맞게 업무를 진행할 실력을 갖추지 못해 어려움을 겪는다. 이들은 새로운 상황이나 문제가 닥쳤을 때 적절하게 대응할 수 있는 방법이나 지식, 실력 없이 낡은 사고방식이나 방법으로 일관한다. 그러다 보니 고생은 고생대로 하고도 원하는 결과를 얻지 못하며, 심지어 목적했던 방향과 정반대로 일을 끌고 가기도 한다. 새로운 방법은 쓸 줄을 모르고 낡은 방법은 도움이 되지 않으며, 강한 방법은 감히 쓰지를 못하고 부드러운 방법은 쓸모가 없다.

— 2013년 3월 1일 '중국공산당 중앙당교(중국공산당의 간부를 양성하는 국립 단기교육 기관) 개교 80주년 기념식 및 2013년 봄 학기 개학식'에서

요즘 시대는 어느 분야든 치열한 경쟁이 존재하며, 이로 인한 압박감이 온 사회를 둘러싸고 있다. 특히 젊은이들의 경쟁과 취업 스트레스는 심각한 수준이다. 요즘 대학생들은 대부분 취업의 관문 앞에서 초조함과 무력감을 느낀다. 그들의 마음속에는 '실력공포증'이라는 심리적 병증이 똬리를 틀고 있다. 최근 베스트셀러에 오른 『실력공포증本領恐慌』 역시 이 부분을 지적한다.

"사람이 겪는 최대의 공포는 바로 실력에 대한 공포다. 경쟁이 치열한 이 시대에 우리는 스스로 이 공포를 극복해야만 한다. 참된 학습 혁명을 거쳐 빠른 시일 내에 실력을 키우는 것, 이 점이 우리 시대의 과제다."

'실력공포증'이라는 개념이 처음 중국공산당 역사에 등장한 것은 1939년의 일이다. 당시 마오쩌둥은 중국공산당 혁명의 근거지였던 옌안에서 대대적인 학습운동을 전개했다. 그때 그의 연설이 『마오쩌둥 문집』(제2권)의 「옌안 재직간부 교육을 위한 동원 대회에서의 연설」에 실렸다. 당시 중국공산당 고위 공직자는 대부분 농민 출신인데다 전쟁이 끊이지 않는 엄혹한 환경에서 성장했기 때문에 체계적인 학습을 받지 못했다. 항일 전쟁이 교착 상태에 접어들고 중국공산당의 소임에도 많은 변화가 생기자 기존의 '실력'만으로는 새로운 환경에 적절히 대응할 수 없었고, 이로 인해 많은 문제가 불거졌다. 마오쩌둥은 이런 상황을 타개하기 위해 '실력공포증'이라는 개념을 제시했다. 간부들에게 새로운 정세에 부응하여 학습을 심화하고 실력을 키워 다가올 혁명에 대비해야 한다는 강력한 메시지를 던진 것이다. 마오쩌둥의 이 연설은 중국공산당이 옌안에서 간부를 대상으로 학습 운동을 전개하는 기폭제가 되었다.

갈수록 증폭되는 지식경제 시대. 참신한 사물과 새로운 문제가 끊임없이 등장하고 개혁의 전면적인 심화가 국가적인 목표로 떠오르는 요즘, 역사의 크나큰 사명을 짊어진 고위 공직자는 전반적인 정세를 관리하고 통제할 능력을 갖춰야 한다. 자신도 잘 못하는 일을 남에게 가르치거나 지휘할 수는 없는 법이다. 옌안학습운동의 경험을 돌아보면 실력에 대한 공포를 극복하는 근본적인 길은 바로 학습에 있다는 것을 알 수 있다. 간부가 경직된 사고, 미신적인 관념, 광적인 열기, 보수적인 태도에 물들지 않고 냉철한 이성을 유지할 수 있는 유일한 길은 학습뿐이다. 특히 지금은 그 어느 때보다 학습의 중요성을 간과하고 깊은 생각 없이 현실과 동떨어진 업무를 추구하는 간부들의 마음가짐을 근본적으로 변화시켜야 할 때다.

시진핑이 공산당원과 간부에게 '실력공포증'이라는 과거의 개념을 새삼 강조한 것은 대내외 정세와 당을 둘러싼 환경이 큰 변화를 맞이했기 때문이다. 대외적으로 보면 세계는 지금 변화와 혁신, 발전과 다원화 시대를 맞이했고, 끊임없이 새로운 지식이 쏟아지는 이른바 '지식 폭발'의 시대에 접어들었다. 대내적으로 보면 중국은 새로운 역사적 출발점에 서 있다. 경제와 사회의 발전이 새로운 단계로 접어들면서 새로운 상황과 문제와 갈등이 곳곳에서 터져 나오고 있다. 당의 상황을 보더라도 중국공산당은 당의 집권 능력을 시험하는 시장경제와 환경오염 등 온갖 복잡하고 어려운 문제들과 맞닥뜨리고 있다. 이와 같은 대내외 정세와 당의 상황 속에서 학습을 바탕으로 한 실력 향상을 게을리한다면 당원과 간부가 짊어진 역사적 책임을 완수하기는커녕 시대의 변화 속에서 설 곳을 잃고 말 것이다.

'실력공포증'이라는 말은 당 지도부가 당 내부 건설을 얼마나 중요하게 여기는지 잘 보여준다. 인류의 진화와 발전의 역사는 인간을 둘러싼 환경과 자연에 대한 대응 능력을 끊임없이 강화하는 과정이었다. 번개와 천둥에 대한 고대인의 공포와 숭배는 전기를 이용해 삶의 질을 높이는 현대 과학기술로 진화했고, 대규모 홍수 앞에서 하늘에 기도하는 것 외에는 달리 할 수 있는 일이 없던 인류가 이제는 댐을 건설하고 수자원을 이용할 수 있게 되었다. 이 모든 진화는 인류가 끊임없이 자신의 능력을 개발하고 향상한 결과다. 정당의 발전도 이와 다르지 않다. 지속적인 변화와 혁신을 바탕으로 새로운 환경에 대한 적응 능력을 키운 정당만이 왕성한 생명력으로 살아남을 수 있다.

시진핑의 발언 가운데 "새로운 방법은 쓸 줄을 모른다"라는 말은 '지혜가 없음'을, "낡은 방법은 도움이 되지 않는다"는 말은 '꾀가 없음'을, "강한 방법은 감히 쓰지를 못 한다"는 말은

'자신감이 없음'을, "부드러운 방법은 쓸모가 없다"는 말은 '능력이 없음'을 가리킨다.

이런 사람은 어떤 일을 하든지 성공을 거둘 수 없고, 이런 공직자는 국가와 국민에게 막대한 피해를 가져올 것이다. 시진핑이 중국인이라면 누구나 잘 아는 속어를 인용해 당원과 간부의 '실력공포증' 문제를 지적하며 '학습을 심화해 실력공포증을 극복하자'고 한 것은 현실적으로 매우 중요한 의의를 지닌다.

'실력공포증'을 극복할 수 있는 유일한 길은 끊임없는 학습뿐이다. 당원과 간부는 학습을 통해 적응 능력과 문제 해결 능력을 키워야 한다. 지식은 책 속에만 있는 것이 아니라 실천 속에도 녹아 있다. "할 수 없는 일은 배우고 모르는 것은 질문하라不能則學, 不知則問(『순자荀子』「비십이자非十二子」)"라는 말이 있듯, 책을 읽고 쌓은 지식을 실전에 활용하고 체화하는 것이 중요하다. 학습한 모든 내용을 실천으로 검증해 자신의 실력으로 만들어야 한다. 그래야만 '실력공포증'을 극복할 수 있으며 "새로운 방법은 쓸 줄을 모르고 낡은 방법은 도움이 되지 않으며, 강한 방법은 감히 쓰지를 못하고 부드러운 방법은 쓸모가 없어서" 결국 일을 그르치고 마는 과오도 면할 수 있다.

38

많은 사람이 땔감을 보태면 불꽃이 높이 치솟는다

衆人拾柴火焰高

"많은 사람이 땔감을 보태면 불꽃이 높이 치솟는다衆人拾柴火焰高." 우리에게는 명확한 업무 분담과 협력 체계를 갖춘 중앙지도부가 있고 효율적인 업무 체계가 있다. 모든 구성원은 각자의 책임을 성실히 수행하는 동시에 한마음으로 일을 추진한다.

— 2013년 3월 19일 브릭스 국가 언론사 주최 합동기자회견에서의 발언

민간에서 유행하던 "많은 사람이 땔감을 보태면 불꽃이 높이 치솟고, 서너 집이 지게미를 모으면 떡이 된다衆人拾柴火焰高, 三家四靠糟了糕"라는 속언은 이미 속담으로 격상되어 『중국속담모음집』에 수록되었다. 여럿이 한마음 한뜻으로 힘을 모아 타오르는 불 속에 땔감을 보태면 불길이 거세진다는 뜻을 담은 이 속담은 마음을 모으고 힘을 합해 협력하는 것을 비유

한다.

제18차 당 대회 이후 중국의 새로운 지도부가 세계적인 관심의 대상으로 떠올랐다. 시진핑은 합동기자회견에서 자신을 비롯한 신임 지도부에 대해 언급하면서 이 속담을 인용해 두 가지 메시지를 전했다. 첫째, 중국의 전통 문화에서 지도자란 단순한 개인이 아니라 집단으로서 존재하며 상호 협력과 보완을 통해 더 큰 힘을 발휘한다. 둘째, 중국의 최고 지도부는 국제사회가 생각하는 것처럼 단순히 '일인자'가 독단적으로 모든 것을 결정하는 구조가 아니라, 집단지도체제를 실시하며 지도부의 구성원 사이에는 명확한 업무 분담과 긴밀한 협력관계가 존재한다.

중국공산당은 국가의 발전을 이끌고 부강하고 민주적이며 선진적이고 조화로운 사회주의 현대화 강국을 건설해 중화민족의 위대한 부흥이라는 '중국의 꿈'을 실현하기 위해 모든 노력을 경주한다. 일부의 역량만으로는 십 수 억 중국인의 공통된 꿈을 이룰 수 없다. 보다 많은 사람이 이 꿈의 가치에 동의하고 국가의 발전이라는 위대한 과업에 동참해야 한다. 한 사람 한 사람이 이 꿈을 위해 벽돌을 한 장씩 얹는다면 언젠가는 높은 성을 완성할 수 있을 것이다.

"사람이 많을수록 역량이 세지고 일처리가 쉬워진다人多力量大, 人多好辦事." 중국인들 사이에서 이런 관념이 뿌리내린 지 이미 오래다. 그 사회적 배경을 살펴보면 고대 중국이 농경사회였던 것을 주요 원인으로 꼽을 수 있다. 일정 시간 동안 많은 노동력이 투입될수록 더 많은 수확을 할 수 있는 것이 바로 농사의 특성이기 때문이다. 그러나 대량생산을 특징으로 하는 현대사회에서는 사회적 분업이 갈수록 세분화되고 개개인의 자의식도 그만큼 강해질 수밖에 없다. 시스템 이론System Theory과 현대 경영학에 따르면 하나의 시스템은 각 요소들의 단순한 집합체가 아니며, 시스템의 기능은 그것을 구성하는 하위 시스템 혹은 각 요소의 역량을 기계적으로 합산한 값보다 클 수도 있고 작을 수도 있다. 하위 시스템이나 각 요소의 목표가 일치하는지, 각각이 모여 합리적인 구조를 이루는지에 따라 전체 시스템의 기능이 결정된다. 하나의 시스템 안에서도 구성원 사이에 공통의 인식이나 행동 규범이 없어 일처리가 일관되지 못하거나, 설사 공통의 인식과 목표가 있다 해도 조직 구조와 운영 메커니즘이 각 구성원의 능력과 성격을 조율하는 데 적합하지 못해 각자의 능력을 최대한 이끌어내지 못한다면 이런 시스템에서는 사람이 많을수록, 개인의 능력이 뛰어날수록 내부의 분란만 커질 뿐이다.

따라서 '많은 사람이 땔감을 보태면 불꽃이 높이 치솟는다'라는 말은 단순히 '사람이 많을수록 역량이 커진다'라는 뜻으로만 받아들여서는 안 된다. 중국은 '부강하고 민주적이고 선진적이며 조화로운 사회주의 국가 건설'이라는 공통의 목표를 가지는 것 외에 객관적이고 합리적인 국가 운영 체제와 분업 체계를 마련해야 한다. 그래야만 누구도 함부로 대적할 수 없는 막강한 국가적 역량을 가질 수 있으며, 중국의 '불꽃'이 가장 크게 타오를 수 있게 될 것이다.

39

피곤하면서 즐겁다

累並快樂著

나는 아프면서 즐거운 것이 아니라 피곤하면서 즐겁다我不是痛

並快樂著, 是累並快樂著.

— 2013년 3월 22일 '러시아 주재 중국대사관 직원 및 중국투자기업 CEO와의 만남'에서

1995년 타이완의 유명한 가수인 치친齊秦이 발표한 음반 「아프면서 즐겁다痛幷快樂著」가 중화권을 휩쓸었다. 그 후로 '일하면서 즐겁다' '힘들면서 즐겁다' 등의 말이 유행했다. 중국중앙텔레비전의 2014년 설 특집쇼에서 「시간은 모두 어디로 갔을까時間都去哪兒了」라는 곡이 방송된 후에는 '시간은 모두 어디로 갔을까'가 새로운 유행어로 떠올랐고 각종 '어디로 갔을까'들이 파생되기도 했다.

2013년 3월 시진핑이 러시아를 방문해 러시아 주재 중국대

사관 직원 및 중국투자기업 CEO와 만났다. 그 자리에서 러시아를 방문한 소감 및 '당신의 시간은 어디로 갔습니까?'라는 질문을 받은 시진핑은 이렇게 말했다.

"저는 아프면서 즐거운 것이 아니라 피곤하면서 즐겁습니다."

이처럼 최신 유행어를 유머러스하게 패러디한 그의 대답에서 일과 삶을 대하는 낙천적인 자세를 엿볼 수 있다.

이 세상에서 시간만큼 공평한 것도 없다. 누구에게든 하루 24시간이 공평하게 주어진다. 시간을 어떻게 효율적으로 사용할 것인가는 모두에게 매우 중요한 문제다. 공개적인 보도 자료를 보면 한 나라의 지도자로서 시진핑의 시간이 어디로 갔는지를 알 수 있다. 국가 원수의 하루 일정은 마치 채널 돌리기처럼 주파수가 약간만 어긋나도 안 된다. 해외 일정 역시 촘촘하게 짜여 잠깐의 쉴 틈도 허용되지 않는다. 설령 쉬는 시간이 있다 해도 다음 일정에서 보여야 할 내용을 준비하는 데 할애해야 한다. 국가 원수가 일반 대중과 다른 점이 있다면 국가의 이미지를 상징하는 아이콘이 된다는 점이다. 국가 지도자의 일거수일투족은 모두 국민의 기대와 요구에 부응해야 한다. 이런 책임과 사명을 어깨에 지고 있기 때문에 국가 지도자는 잠깐이라도 긴장을 늦출 수 없다. 본인이 말한 대로 시진핑은 '피곤하면서 즐거운' 것이다.

시진핑은 '피곤하면서 즐겁다'라는 발언으로 진솔하게 자신의 힘듦을 토로하면서도 아무리 힘들고 피곤해도 국가와 국민을 위해 노력하고 헌신하는 것이 얼마나 즐겁고 가치 있는 일인지 이야기한다. 시진핑은 「부흥의 길復興之路」 전시를 관람한 뒤 "탁상공론은 나라를 망치고 실질적인 실천은 나라를 흥성케 한다空談誤國, 實幹興邦"라는 소감을 밝힌 바 있다. 취임 이후에는 국민에게 "밤낮으로 공무에 임하며 국민을 위해 일하겠다夙夜在公, 爲民服務"라고 약속했다. '피곤하면서 즐겁다'라는 말에서 우리는 시진핑이 '실질적인 실천으로 나라를 흥성케 하겠다'라고 했던 약속을 지키고 있으며 '국민을 위해 일한다'라는 말을 실천하고 있다는 것을 알 수 있다. '피곤하면서 즐겁다'라는 말은 일과 삶을 대하는 시진핑의 낙천성과 유머 감각, 국정에 대한 애착과 성실함을 보여준다.

지위와 직책과 지역을 막론하고 지도자의 직무는 국민을 위해 일하는 데 있다. '피곤함'은 지도자가 얼마나 열심히 일했는지 보여주는 단어다. 고위 공직자라면 몸과 마음을 바쳐 열심히 일해야만 자신의 직무를 제대로 수행할 수 있다. '즐거움'은 지도자가 가져야 할 마음가짐이자, 더 나아가 일종의 이념이자 바람이다. 지도자도 사람이기 때문에 과중한 업무량 앞에서 육체적으로 '피곤'할 수밖에 없다. 그러나 그토록 과중한 업무 속에서도 심리적으로 '즐거울' 수 있는 것은 국민과의 거리가 그만큼 가깝기 때문이며 진심을 다해 국가와 국민을 위해 일하기 때문이다. 국민에 대한 충심과 애정을 가진 지도자는 국민의 바람이 이루어지는 데서 무엇에도 비길 수 없는 기쁨과 즐거움을 느낀다. '피곤함'이 자신의 사명을 수행한 데 따른 결과라면 '즐거움'은 국민을 위해 일한 뒤 찾아오는 기쁨과 행복이다.

바쁜 현대사회는 친구 사이에 주고받는 안부 인사도 '밥 먹었어?'에서 '요즘 바쁘지?'로 바꿔 놓았다. 그리고 이 질문에 대한 대답은 십중팔구 '아주 바빠'다. '바쁨'은 이미 중국인의 일상이 되었다. '바쁨'의 결과는 '피곤함'과 '힘듦'이다. 바쁘고 피곤하고 힘들기 때문에 많은 이들이 조급해하고 괴팍해지며 참을성을 잃는다. 엄밀히 말해서 '피곤함'이란 표면적인 결과일 뿐이고 '무엇 때문에 피곤한지'가 더 중요하다. 내가 사랑하는 사람을 위해 고생한다면 아무리 피곤해도 행복하다. 내가 좋아하는 일을 위해 노력한다면 아무리 피곤해도 기쁠 것이다. 시진핑의 말에서 스미어 나오는 낙천적인 정신은 중국 사회에 긍정의 힘을 불어넣고 있다.

40

할 말이 있으면 공개적으로 하라

有話要放到桌面上來講

상호 비판과 자아비판에는 용기와 당원으로서의 정체성이 필요하다. 우리를 지키는 강력한 무기를 내팽개쳐서는 안 된다. 충언은 귀에 거슬리고 몸에 좋은 약은 입에 쓴 법이다忠言逆耳, 良藥苦口. 진정한 공산당원이라면 할 말을 공개적으로 할 줄 알아야 한다有話要放到桌面上來講.

— 2013년 9월 23~25일 허베이성 당위원회 상무위원회가 개최한 '민주생활회' 참석 당시

"할 말이 있으면 공개적으로 하라." 대화의 당사자가 문제를 보류하거나 숨기지 말고 허심탄회하게 각자의 입장과 관점을 밝혀야 한다는 말이다. 상호 비판과 자아비판에 적극적으로 임하자는 뜻의 이 속어를 시진핑이 인용한 까닭은 상호 비판과 자아비판이라는 중국공산당의 훌륭한 전통을 확대 발전시켜 지도부의 결속력을 강화하고 정책결정의 투명성을 높

이기 위함이다.

마오쩌둥은 상호 비판과 자아비판, 이론과 실제의 결합, 군중과의 긴밀한 연계를 중국공산당과 여타의 정당과의 두드러진 차이점으로 꼽은 바 있다. 마오쩌둥이 지도부 내부의 소통과 교류를 촉진하고 문제가 복잡해지는 것을 막는 방법으로 '문제가 있으면 공개적으로 논의하기'를 내세운 것이다. "문제가 있으면 공개적으로 이야기해야 한다. 지도부의 수장뿐 아니라 위원들도 이렇게 해야 한다."

'할 말이 있으면 공개적으로 하기'는 지도부가 내부의 갈등을 해결하고 자체 감독을 강화하며 단결을 공고히 하는 중요한 방법이자 동지 사이에 공감대를 형성하고 오해를 풀며 갈등을 해소하는 효과적인 방법이다. 진정성 있는 비판, 공개적인 입장 표명으로 그릇된 사상에 따른 영향을 최소화하고 의혹을 해소한다면 역량을 보다 강력하게 결집시킬 수 있다.

머리로는 이 방법이 효과적이라는 것을 쉽게 받아들일 수 있겠지만 실천하기란 쉽지 않다. 여러 가지 원인이 있으나 가장 근본적인 원인은 서로 간에 믿음이 부족해 상대를 지나치게 배려하거나 문제 해결에 대한 공감대를 형성하지 못하는 데 있다. 특히 일부 지도부 내에서 다른 사람의 단점이나 잘못을 발견하거나 업무적인 측면에서 상대방과 의견이 다를 때, 이를 상대에게 솔직히 이야기해서 오해를 풀거나 시비를 가리는 것이 아니라 뒤에서 흉을 보거나 서로 비난하고 원망하는 경우가 있다. 앞에서는 말하지 않고 뒤에서 떠들거나 회의 시간에 공개적으로 지적하지 않고 회의가 끝난 후에 흉을 보는 잘못된 분위기가 조성되는 것이다.

'할 말이 있으면 공개적으로 하라'라는 말은 다음과 같은 뜻이 내포되어 있다. 비판의 근본 목적은 '남의 결점을 폭로하는 것'이 아니라 문제를 해결하고 잘못된 점을 바로잡아 당원과 간부의 종합적인 소양을 함양해 국민에게 보다 잘 봉사하도록 하기 위한 것이다. 또한 문제가 있으면 그것을 덮거나 감추지 않고 드러내어 당원이 직접 문제를 해결하도록 해야 한다는 의미도 있다. 옛말은 아래와 같이 전한다.

"몸에 좋은 약은 입에 쓰지만 병을 치료하는 데 효과적이고, 충언은 귀에 거슬리지만 문제 해결에 도움이 된다良藥苦口 利於病, 忠言逆耳利於行."(『사기』 「유후세가留侯世家」, 『공자가어孔子家語』 「육본六本」)

다른 사람의 비판적인 의견을 받아들여야 자신의 소양을 높이고 문제를 해결할 수 있다. '상호 비판과 자아비판은 좋은 약과 같다. 그것은 동지에 대한, 자신에 대한 진심 어린 애정의 표현이다.' 그리고 '비판'은 결코 '보복'이 아니다. 당내 비판은 '독약'이 아니라 '명약'이다. '비판'을 남을 음해하는 기회로 삼아서는 안 된다. 시진핑은 말했다.

"당원끼리는 속마음을 털어놓고 잘못된 점을 솔직하게 충고할 수 있는 진정한 벗이 되어야 한다. 비판할 때는 공공의 이익을 위하는 마음과 진지한 태도, 신중한 방법으로 옳고 그름과 진위 여부를 가려야 한다. 개인적인 원한이나 이해득실,

친분에 따라 태도를 달리해서는 안 된다."

'할 말이 있으면 공개적으로 하라'라는 말에는 또 다른 깊은 뜻이 숨어 있다. 중요한 문제를 결정할 때 지도부 내부에서는 공개적이고 투명하게 처리해야지 '일인자'의 독단적인 결정에 무조건 따르거나 몇몇이 은밀하게 의견을 나누고 결정해서는 안 된다. 중국공산당의 '민주집중제'에 따라 민주적으로 다 함께 충분히 논의하고 공감대를 형성해 민주적이고 합리적인 결정을 내려야 한다. 당의 합리적이고 객관적인 발전에 꼭 필요한 부분이다.

'할 말이 있으면 공개적으로 하라'라는 말은 당의 지도부 내부에서뿐 아니라 일반 국민의 일상생활에도 적용되어야 한다. 이 말에 함축된 사회적 공평, 공정, 공개라는 개념은 현 시점에서 중국 국민의 전반적인 소양과 시민의식 함양에 매우 중요하다. 앞으로 중국은 더 빠르게 발전하고 개방적으로 변화할 것이며, 그에 따라 더 많은 도전과 문제에 직면할 것이다. 각 계층의 이익을 조율해 조화로운 사회를 이루기 위해서는 모든 국민이 '할 말이 있으면 공개적으로 한다'라는 정신을 바탕으로 서로 믿고 지지해야 한다. 그래야만 새로운 사회로 거듭날 수 있다.

41

피아노를 연주할 때는 열 손가락을 모두 써야 한다

十個指頭彈鋼琴

중국에서 지도자의 위치에 있는 사람은 정확한 상황 파악을 바탕으로 다양한 사안을 두루 살피고 균형 있게 처리하며 중요한 사안에 집중하면서 전체 판도를 이끌어야 한다. 때에 따라 잔가지에 연연하지 않고 큰 줄기에 집중하는 법과 사소한 부분에서 중요한 문제를 발견하고 큰 변화를 이끄는 법을 적절히 운용할 줄 알아야 한다. 한마디로 열 손가락을 모두 사용해 피아노를 연주해야 한다.

— 2014년 2월 7일 러시아 소치에서 있었던 러시아 방송국과의 인터뷰

"피아노를 연주할 때는 열 손가락을 모두 사용해야 한다十個指頭彈鋼琴."

'좋은 음악을 연주하려면 열 손가락의 움직임이 조화를 이

루어야 한다'는 뜻이 담긴 이 말은 어떤 일을 할 때 그 일과 관련된 모든 문제를 전면적으로 고려하면서도 가장 중요한 부분에 초점을 맞춰야 함을 비유적으로 강조한다. 시진핑이 이 속어를 인용한 것은 여러 사안을 '종합적으로 고려하고 계획하여 정책을 실시해야 한다'는 그의 국가통치 이념을 효과적으로 드러낸다. '종합적으로 고려하고 계획한다'라는 말은 체계적인 사고를 바탕으로 계획한 일의 진행에 앞서 미리 준비하고, 그와 관련된 여러 주체의 이익을 잘 조율해 일의 진행 과정에서 갈등과 문제를 최소화함으로써 일이 순조롭게 진행되도록 한다는 뜻을 담고 있다.

중국에서는 예로부터 이런 문제 해결 방식을 강조했다. 『청사고淸史稿』(중화민국 정부가 1927년에 완성한 청 왕조의 기전체 사서. 아직 완성되지 못한 미정고未定稿라는 의미에서 '청사고'라 불린다 ―옮긴이) 「목종기穆宗紀」 1편에 "증국번曾國藩에게 장강長江 이북 지역의 군사 업무를 종합적으로 관리하도록 이르라"라는 기록이 남아 있다. 중국은 영토가 넓은 만큼 처리해야 할 문제도 산적해 있기 때문에 종합적으로 고려하고 계획하는 것은 과학발전관科學發展觀(후진타오胡錦濤 전 국가주석이 제시한 중국 경제사회 발전의 지도 이념. 지속 가능한 발전, 인간 중심의 발전, 조화로운 발전의 세 가지를 기본 원칙으로 한다―옮긴이)을 실현하는 근본 방법이다. 현재 중국은 도시와 농촌, 지역과 지역, 경제와 사회, 인간과 자연의 조화로운 발전을 종합적으로 고려해야 하며 국내 발전과 대외 개방, 중앙과 지방, 개인의 이익과 집단의 이익, 지엽적인 이익과 전체의 이익, 단기적인 이익과 장기적인 이익 역시 종합적으로 고려해야 한다.

개혁개방 정책의 실시 이후 중국은 30여 년 동안 급속한 발전을 거두었고 각종 문제를 해결하기 위한 독자적인 방법을 모색해 왔다. 그 방법은 종합적인 고려와 조율을 강화한다는 전제 하에 '불가능해 보이는' 임무를 하나씩 차례로 완수하는 것이다. 일각에서는 중국이 말하는 '종합적인 고려'가 '계획경제 시대'의 산물이고 시장경제 시대에 적용하기에는 적합하지 않으므로 하루빨리 없어져야 한다고 주장한다.

그러나 이런 주장은 지나치게 극단적이다. 우선 '종합적인 고려'와 '계획'의 개념을 제대로 구분하지 못하고 있다. '종합적인 고려'란 건강하고 지속 가능한 발전을 위해 여러 가지 요소를 전면적으로 조율하는 것을 가리키며, 상황의 변화에 따라 계획을 조정하는 동태적 과정이다. 반면 '계획'이란 변화를 거부하고 안정을 추구하는 정태적 과정으로, 처음에 세워 놓은 전면적인 계획을 순서에 따라 안정적으로 진행하는 것이다. 거기에는 유연성이 결여되어 있기 때문에 새로운 문제에 부딪혔을 때 적절한 대응책을 찾지 못하고 부정적인 결과를 초래한다.

중국은 국토 면적이 넓고 인구가 많기 때문에 지역별, 계층별 차이가 매우 크다. 그러므로 국가의 통치와 관리 방식을 천편일률적으로 적용할 수 없다. 따라서 중국의 지도자는 문제를 일으키는 주요 갈등과 부차적 갈등, 갈등이 벌어지는 주요 방면과 부차적 방면을 정확히 파악해 종합적으로 고려하고 조율해야 한다. 마오쩌둥은 종종 '손가락 아홉 개와 손가락 한 개'라는 말로 성과와 잘못 중 어떤 것이 주요하고 어떤 것이 부차적인지, 주요 갈등의 주요 방면을 파악하는 데 힘써야 한다고 강조했다. 사물의 성질은 주로 지배적인 지위를 획득한 갈등의 주요 방면에 의해 결정되기 때문에 문제를 살펴 처리할 때 주류와 지류를 정확하게 분별해야 한다. '손가락 아홉 개'에 해당하는 것이 어느 것이고 '손가락 한 개'에 해당하는 것은 어느 것인지 구분할 줄 알아야 하는 것이다.

중국은 큰 문제와 작은 문제가 복잡하게 얽혀 있다. 심지어 어느 외국 지도자는 중국의 지도자가 다스리는 대륙은 하나의 국가가 아니라 '연합국'이라는 우스갯소리까지 했다. 그 정도로 중국은 국토 면적이 넓고 인구가 많으며 지역 간의 경제 발전 격차가 극심하다. 중국의 지도자가 어떤 도전과 문제에 직면해 있는지 짐작할 수 있다. '손가락 열 개로 피아노를 연주한다'라는 말은 '손가락 열 개 모두 건반을 눌러야 한다는 뜻이 아니다. 일부 지방에서 공통적인 문제가 드러났다면 중앙정부가 집중적으로 관리해야 한다. 그러나 지역적 특성을 띤 문제라면 지방정부가 자체적으로 해결하도록 도와야 할 것이다. 박자에 맞춰 건반을 누르거나 떼야 아름다운 곡을 연주할 수 있듯, 여러 복잡한 문제를 해결하기 위해서는 종합적으로 고려하고 조율해 발전을 추구하는 자세가 필요하다. 이것이 바로 '열 손가락으로 피아노를 연주한다'라는 말에 내포되어 있는 중요한 의의다.

42

백릿길을 가는 사람은 구십 리를 반으로 잡는다

行百裏者半於九十

백릿길을 가는 사람은 구십 리를 반으로 잡는다. 중화민족의 위대한 부흥이라는 목표가 가까워질수록 더욱 긴장의 끈을 놓지 말고 노력을 배가해야 하며, 청년들이 이 목표의 실현을 위해 열정을 불태울 수 있도록 격려해야 한다.

— 2013년 5월 4일 '각계 우수 청년 대표와의 만남'에서

서한西漢의 유향劉向이 쓴 『전국책戰國策』「진책秦策」에 이런 구절이 있다.

"『시경詩經』에 이르기를 '백릿길을 가는 사람은 구십 리를 반으로 잡는다行百裏者半於九十'라고 했습니다. 이는 마무리의 어려움을 말한 것입니다."

무슨 일이든 마무리가 중요하고 어려우므로 끝마칠 때까지

긴장을 늦추지 말고 꾸준히 노력해야 한다는 뜻을 담고 있다. 어떤 일을 시작할 때는 원대한 포부를 가지고 호기롭게 출발 하지만 시간이 흐를수록 처음의 결심을 잊고 동력을 잃어버려 흐지부지 일을 끝내는 경우가 많다. 시진핑이 이 말을 인용한 것은 중국의 위대한 부흥이라는 목표에 가까이 다가갈수록 긴장을 늦추지 말고 노력을 경주해야 한다는 뜻을 전하기 위함이다.

경영학에는 '마지막 땀 한 방울의 원칙'이 있다. 존 템플턴 John Templeton은 말했다.

"뛰어난 성공을 거둔 사람과 일반적인 사람이 일하는 양은 일견 큰 차이가 없다. 그들의 차이는 단지 '마지막 땀 한 방울을 더 흘리느냐 마느냐'일 뿐이다. 하지만 그 결과는 하늘과 땅 차이다."

1950년 플로렌스 채드윅은 영국 해협을 헤엄쳐서 왕복으로 건넌 최초의 여성으로 세간의 주목을 받았다. 그로부터 2년 뒤, 채드윅은 미국 캘리포니아의 카탈리나 섬에서 본토의 롱비치까지 수영으로 횡단하는 세계 최초의 기록에 또 한 번 도전장을 내밀었다. 얼음장처럼 찬 바다에서 16시간이나 수영한 그녀는 이미 기진맥진해 있었고 시야를 가린 짙은 안개는 목표 지점을 더욱 멀게 느끼게 만들었다. 수영으로는 도저히 해안가까지 갈 수 없다고 판단한 그녀는 만일의 경우를 대비해 옆을 따르던 배 위의 구조대원에게 자신을 끌어올려 달라고 말했다. 몇 차례의 부탁 끝에 추위에 떨던 채드윅은 겨우

배 위로 끌어올려졌고, 그녀가 뜨거운 수프를 마시는 동안 배는 금세 해안가에 도달했다. 채드윅은 그제야 자신이 목표 지점까지 1킬로미터도 채 남기지 않고 포기했다는 것을 알게 됐다. 그리고 자신의 성공을 가로막은 것이 안개가 아니라 자신에 대한 믿음이 부족했기 때문이었다는 것도 깨달았다. 두 달 후 그녀는 다시 한번 자기와의 싸움에 나섰다. 그녀를 둘러싼 짙은 안개도 살을 에는 듯 찬 바닷물도 그대로였지만 이번에는 포기하지 않았다. 목표 지점은 언제나 눈앞에 있고 자기마음속에 있다는 것을 깨달았기 때문이다. 이렇게 채드윅은 신념의 중요성을 알게 되었다. 인류의 역사를 돌아보면 어떤 일을 시도하는 사람은 많지만 중도에 포기하지 않고 끝내 성공하는 사람은 극소수에 불과하다. 성공하지 못한 이들은 결코 출발선에서부터 뒤진 것이 아니다. 집요한 신념을 바탕으로 남들보다 '마지막 땀 한 방울'을 더 흘린 사람이 성공하는 것뿐이다.

성공에 이르는 길에는 수많은 어려움이 도사리고 있다. 우리 각자가 추구하는 개인적인 성공은 물론이거니와 국가 차원의 꿈을 이루는 일은 더욱 그러하다.

중국은 지금 개혁개방과 사회주의 국가 건설을 향한 고속도로 위를 달리고 있다. 이 국가적 과업을 하루빨리 실현하기 위해서는 신념과 능력을 갖춘 젊은이들의 적극적인 참여가 필요하다. 마오쩌둥은 젊은이의 패기를 '아침 8~9시의 태양'에 비유한 바 있다. 그리고 지금, 시진핑은 "백릿길을 가는 사람은 구십 리를 반으로 잡는다"라는 경구를 인용해 청년을 일으켜 세운다. 젊은이들이 자신의 재능을 펼칠 수 있는 좋은 기회를 놓치지 말고 온갖 노력을 경주해 국가의 발전에 그들의 청춘과 역량을 쏟아 부어달라고 호소하는 것이다. 청년이라면 열정을 불태워야 한다고.

"백릿길을 가는 사람은 구십 리를 반으로 잡는다"는 말은 목표에 도달하기까지 걸음을 늦추거나 어려움을 만만하게 여겨서는 안 되며 성공이 가까워질수록 더욱 노력해야 한다는 것을 일깨운다.

목표를 위해 달려가는 여정에서 가장 중요한 것은 원대한 포부를 품고 정확한 목표를 세우는 것이다. "만리장성에 이르지 못하면 대장부가 아니다不到長城非好漢"(1935년 10월 마오쩌둥 시 「청평락·육반산清平樂·六盤山」)라는 굳은 결심을 가지고 자신이 추구하는 목표를 강력한 동력으로 삼아 실질적인 행동을 취함으로써 목표를 현실로 만들어야 한다. 그 다음으로 필요한 것이 인내와 끈기다. 성현이 이르기를 "누구나 처음은 있지만 끝을 내는 이는 드물다靡不有初鮮克有終"(『시경』「대아·탕大雅·蕩」)라고 했다. 어떤 일이든 시작하기는 쉽지만 포기하지 않고 유종의 미를 거두기란 쉽지 않다는 뜻이다. "착실하게 임하면 바닷길도 낼 수 있고 포기하지 않고 끈질기게 임하면 산도 옮길수 있다"라는 말을 명심해야 한다. 마지막으로 필요한 것은 자신감과 성공에 대한 열망이다. 자신감이 있다고 해서 목표를 이룰 수 있는 것은 아니지만 자신감이 없으면 절대로 성공할 수 없다. 자신감은 성공을 위한 심리적 기본 조건이다. 마음 깊은 곳에 심은 성공에 대한 열망은 목표를 향해 끊임없이 나아가도록 우리를 추동하는 동기부여가 된다. 무슨 일이든 쉽게 포기하지 말고 자신이 할 수 있다는 것을 믿어야 한다.

43

우리의 청춘으로 젊음의 활기가 넘치는 나라를 만들자

以靑春之我 (…) 創建靑春之國家

우리의 청춘으로 (…) 청춘의 나라, 청춘의 민족을 이루자

以靑春之我 (…) 創建靑春之國家, 靑春之民族.

— 2013년 5월 4일 '각계 우수 청년 대표와의 만남'에서

1916년, 상하이에서 발간되던 잡지 『신청년新靑年』 제2권 1호에 세기의 걸작으로 불리는 「청춘」이라는 글이 게재되었다. 이 글에서 리다자오李大釗는 이렇게 호소했다.

"청춘인 내가 청춘의 가정, 청춘의 국가, 청춘의 민족, 청춘의 인류, 청춘의 지구, 청춘의 우주를 만들어가는 것은 끝없는 즐거움의 삶이다."

1916년의 초봄은 위안스카이袁世凱가 신해혁명의 성공을 가로채 국가적 위기를 초래한 상황이었다. 당시 일본에 머무르

고 있으면서도 조국에 대한 걱정을 한순간도 거둔 적이 없었던 리다자오는 외딴 집에 기거하면서 「청춘」의 집필에만 몰두했다. 젊은이들에게 보다 나은 내일을 위해 끊임없이 노력할 것을 호소하는 이 한 편의 에세이는 오늘날까지도 불후의 고전으로 회자되고 있다.

시진핑은 2013년 5월 4일 '5·4 청년의 날'에 '각계 우수 청년 대표와의 만남'에서 리다자오의 '청춘'을 인용해 젊은이들을 고무시킴으로써 그가 중국 젊은이들에게 얼마나 큰 희망을 걸고 있는지를 드러냈다.

시대를 막론하고 청년은 국가의 미래다. 량치차오梁啓超는 「소년중국설少年中國說」에서 이렇게 강조했다.

"소년이 지혜로우면 나라가 지혜롭고 소년이 부유하면 나라가 부유하며 소년이 강하면 나라가 강하다. 소년이 독립적이면 나라가 독립할 수 있고 소년이 자유로우면 나라가 자유로우며 소년이 진보하면 나라가 진보하고 소년이 유럽을 이기면 나라가 유럽을 이길 수 있고 소년이 지구를 호령하면 나라가 지구를 호령한다."

중국공산당은 창설 초기부터 청년과 밀접한 관계를 유지해왔다. 청년 없이는 당의 발전을 이룰 수 없고 당 없이는 청년의 건강한 성장 또한 있을 수 없다. 중국 근현대사 역시 '청년이 흥성하면 나라가 흥성하고 청년이 강하면 나라가 강해진다'라는 진리를 증명한다. 중국이 반半식민지, 반봉건사회로 전락한 후 수천수만의 애국 청년이 조국의 독립과 민족의 부흥을 위해 젊음을 바쳤고 나라와 민족을 구제할 길을 모색하는 데 열정을 바쳤다. 5·4운동(1919년 5월 4일 중국 베이징의 학생들이 일으킨 항일운동이자 반제국주의, 반봉건주의 혁명운동―옮긴이)으로 중국의 청년은 중국의 반反제국주의, 반봉건주의 투쟁의 선봉장으로 떠올랐고, 중국공산당 창설 후에는 혁명의 이상을 품은 청년이 당이 이끄는 민족 독립과 인민해방의 투쟁에서 뜨거운 피를 흘리며 돌격대의 역할을 자처해 중국의 공산주의 혁명 완수의 밑거름이 되었다.

신중국 수립으로 중국 청년 앞에는 새로운 세계가 펼쳐졌다. 수많은 젊은이가 개인적인 열망도 포기한 채 사회주의 건설이라는 국가적 과업의 완수를 위해 젊음을 바쳤고 이는 신중국 건설과 성장에 튼튼한 밑바탕이 되었다. 1950년대에 마오쩌둥이 젊은 지식인들을 만난 자리에서 한 말에도 이런 의미가 담겨 있다.

"세계는 우리들의 것이지만 궁극적으로는 여러분의 것입니다. 젊은이여 당신은 아침 8시나 9시경 하늘에 떠있는 태양처럼 찬란하고 활기가 넘칩니다. 모든 희망은 여러분에게 있습니다."

중국공산당 제11회 중앙위원회 제3차 전체 회의 이후 당은 중국의 청년, 그중에서도 젊은 지식인들이 경제와 사회 발전의 대들보가 될 수 있는 넓은 무대를 마련해줬다. 수많은 젊은이가 민족의 단결과 부흥이라는 시대의 메시지를 가슴에 새기고 개혁과 발전의 길에 헌신했으며, 각 분야에서 열정과 근면함을 바탕으로 뛰어난 성취를 거두고 중국의 위대한 부흥이라는 중국의 꿈을 실현하는 데 기여했다.

"장강의 뒷 물결이 앞 물결을 밀고, 새로운 세대가 옛 세대를 대체한다長江後浪推前浪, 世上新人換舊人"라는 말이 있다. 1990년대 초 덩샤오핑은 중국공산당 총서기 직에서 물러나면서 그의 뒤를 이어 제3세대 지도부에 오른 이들에게 간곡하게 주문했다.

"보다 많은 젊은이에게 성장의 기회를 주어야 합니다. 그들이 성장할 때 우리는 비로소 마음을 놓을 수 있습니다."

이후 장쩌민, 후진타오 등의 중앙지도부도 '청년이 있어야 미래가 있다'라는 말로 청년의 중요성을 거듭 강조했고, '80년대에 태어난 중국의 젊은 세대는 잃어버린 세대, 무너진 세대'라는 세간의 비관적인 평가에 이렇게 답했다.

"개혁개방의 위대한 여정이라는 환경에서 성장한 지금의 중국 청년은 국가를 위해 중요한 역할을 담당할 능력을 가진 믿음직한 세대다."

어느 시대든 청년은 넘치는 열정과 민첩한 사고로 새로운 사물을 빠르게 흡수하며 사회에서 가장 활력이 넘치고 창의적이며 강한 생명력을 내뿜는 세대로서 사회 분위기를 선도한다. 그러나 부족한 사회 경험으로 인해 그만큼 실패와 시련에 취약하다. 따라서 끊임없는 혁신을 위해서는 시련에 굴하지 않고 용감하게 앞으로 나아가는 정신, 진리를 추구하는 현실적인 태도를 단련해야 한다. 청년이 사회의 기둥이 되려면 착실하게 전공 지식과 기술, 기능을 쌓는 것 외에 복잡다단한 사회 환경과 국제 환경 속에서 국가의 입지를 전면적으로 인식함으로써 미래의 판도를 객관적이고 현실적으로 파악하는 능력을 길러야 한다. 또 사회에 진출한 후에는 단순히 사회에 적응하는 것을 넘어서 사회의 진보를 이끌어야 한다는 시대적 책임을 다해야 한다. 이런 신념이 밑바탕이 될 때 청년은 나라의 부흥이라는 무대 위에서 명석한 두뇌와 재능을 십분 발휘해 인생의 가치를 실현하며 시대와 국민에게 부끄럽지 않은 성과를 창출할 수 있을 것이다.

44

인생의 첫 단추를 잘 꿰어야 한다

人生的扣子從一開始就要扣好

청년이 어떤 가치관을 가지느냐에 전 사회의 가치관이 달려 있
다. 청년기는 가치관을 형성하고 확립하는 시기다. 따라서 이
시기를 놓치지 않고 올바른 가치관을 정립하는 것은 무엇보다
중요하다. 이는 옷을 입을 때 단추를 꿰는 것에 빗댈 수 있다.
첫 단추를 잘못 꿰면 나머지 단추도 모두 바르게 꿸 수 없다.
인생이라는 옷도 첫 단추를 잘 꿰어야 한다.

— 2014년 5월 4일 '베이징대학교 교수·학생과의 좌담회'에서

사람은 누구나 옷을 입어야 한다. 우리는 어린 시절 부모로
부터 옷을 입는 법, 단추를 꿰는 법을 배운다. 옷을 입고 단
추를 꿰는 것은 일상적인 기술이며 날마다 반복하는 동작이
다. 단추는 위에서부터 아래로 정확하게 꿰어야 한다. 그렇지

않으면 옷이 들쑥날쑥 보기 흉하다. 이것 또한 지극히 일상적이고 평범한 이치다. 그러나 이 단순하기 그지없는 행위 속에 심오한 진리가 숨어 있다. 시진핑이 중국 청년들에게 "인생이라는 옷은 첫 단추부터 잘 꿰어야 한다人生的扣子從一開始就要扣好"라고 한 말에 이러한 진리가 담겨 있다.

시진핑이 '인생단추론'을 언급한 까닭은 청년기 가치관 형성의 중요성을 강조하기 위해서다. 말 그대로 인생은 단추 꿰기와 같다. 첫 단추를 잘못 꿰면 나머지 단추도 바르게 꿸 수 없다. 공직에 오르는 것을 치부致富의 수단으로 생각하는 사람은 바로 이 첫 번째 단추를 잘못 꿴 것으로, 그런 가치관을 가진 자의 다음 행보는 모두 잘못될 수밖에 없고 결국 그의 인생 전체가 파멸로 치달을 수밖에 없다.

청년기는 사람의 성장과 성숙에서 가장 중요한 시기다. 이 시기에 우리의 가치관과 인생관, 세계관이 확립되어 인생 전반에 걸쳐 결정적인 영향력을 발휘한다. 청년기는 배움의 황금기이자 다양한 사상의 영향을 가장 쉽게 받는 시기다. 시진핑이 베이징대학교를 방문했을 때 대학생들에게 '성실한 배움' '도덕성 수양' '명확한 판단력' '착실함' 등 네 가지를 강조한 것은 청년과 대학생이 사회주의의 핵심 가치관을 확립하고 실천에 옮기도록 명확한 방향을 제시하기 위함이다. 그의 가르침은 청년과 대학생이 세계를 올바르게 인식하고 사상을 정립하며 바른 가치관을 수립해 인생의 첫 단추를 바르게 꿸 수 있는 지침이 된다. 청년기에 확립한 가치관은 미래의 삶에 직접적인 영향을 미친다. 청년은 올바른 가치관을 바탕으로 자아정체성을 확립함으로써 미래에 국가가 필요로 하는, 국민에 봉사하는 인재로 성장하게 된다. 『논어』「이인里仁」편에서 공자는 말했다.

"지위와 직위가 없음을 걱정하지 말고 그 자리에 설 수 있는 능력을 갖추기를 걱정해야 하며, 자기를 알아주지 않는 것을 걱정하지 말고 남이 알아줄 만하게 되도록 노력해야 한다.不患無位, 患所以立. 不患莫己知, 求爲可知也"

청년이라면 자신이 어떤 직위를 얻을 것인지를 걱정하기보다 그 직위에 부합하는 재능과 지식을 갖췄는지부터 걱정해야 한다는 가르침이 담겨 있는 구절이다. 청년은 군자와 마찬가지로 남이 자신을 이해하지 못할 것을 걱정해서는 안 되며 끝없이 자신을 완성시켜 나가는 데 매진해야 한다. 마음으로 깨달은 바는 자연스레 행동으로 스미어 나오고, 남들 역시 자연스레 그의 진심을 알게 될 것이다.

중국의 '국민과학자'로 불리는 첸쉐선錢學森은 청년기에 국가의 위기라는 현실 앞에서 항공기술 발전으로 나라에 보답하겠다고 결심했다. 머지않은 미래에 과학의 힘으로 조국의 발전을 위해 헌신하겠다는 순수하고도 원대한 신념을 품은 것이다. 개인보다 국가를 우선시하는 그의 가치관이 그에게 막중한 책임감과 사명감을 심은 것이다. 이런 가치관을 바탕으로 그는 미국에서 20여 년을 머물면서 보통 사람이 넘볼 수 없는 명예와 지위를 누리고 있었으면서도 모든 것을 결연히 포기한 채 꿈에 그리던 모국으로 돌아왔다. 모국으로 돌아오면서 그는 자신이 앞으로 어떤 직위를 얻게 될지, 귀국이 자신에게 어떤 이익을 가져다줄지 조금도 계산하지 않았다. 다만 자신이 배운 것을 바탕으로 신중국의 건설과 발전에 얼마나 기여할 수 있을지, 동포를 위해 무슨 일을 할지 오직 그것만을 생각했다. 그야말로 가장 소박하고도 진실한 마음이었다. 그가 이런 결정을 내릴 수 있었던 것은 바로 그가 청년기에 확립한 가치관 덕분이었다. 첸쉐썬이 생애 처음으로 펜 첫 단추가 정확했다는 의미다.

청년기는 역량을 비축하는 데 더없이 좋은 시기다. "친애하는 청년이여, 청춘에 살고 청춘에 죽어라." 리다자오가 청년에게 전한 메시지다. 청년이라면 청춘의 열정과 목표를 가슴에 품고 스스로에게 보다 높은 기준을 적용해 개인의 수양에 매진하며 자신에게 주어진 사명을 완수해야 한다. 특히 인생의 초년에 첫 번째 단추를 잘 꿰는 것이 중요하다. 정확한 인생의 좌표를 찾고 올바른 가치관을 확립한 후 용감하게 스스로를 단련하고 도전하며 온갖 시련 속에서도 성숙한 마음가짐과 굳은 신념을 키워가야 한다. 일을 하면서 어려움에 부딪힐 때마다 '어떻게 하지?' 하고 머뭇거리기보다 '어떻게 이 난관을 헤쳐 나갈지'를 고민하고, '나와는 상관없는 일'이라고 책임을 회피하기보다 '내가 해내야 한다'라는 책임감 있는 자세를 취해야 한다. 그래야만 진정한 시련이 닥쳤을 때 좌절하지 않고 담대하게 국가와 국민이 부여한 임무를 성공적으로 완수할 수 있다.

'시작이 반'이라는 말처럼 모든 일은 처음이 어렵다. 첫걸음을 어떻게 떼는지가 길 전체를 좌우하기 때문이다. 인생이라는 길에서 삶에서 이루고 싶은 가치와 살고 싶은 인생의 모습을 제대로 선택하는 것은 그래서 중요하다. 그 첫걸음을 잘 떼고 첫 단추를 잘 꿰어야만 자신이 원하는 인생의 길을 바르게 걸어갈 수 있다.

삶의 모습은 다양하고 세상도 복잡다단하다. 중요한 건 이토록 혼잡한 세상에서 자기만의 바른 길을 찾는 것, 즉 인생의 첫 단추를 잘 꿰는 것이다. 이 첫 단추는 국가의 요구와 사회의 기대, 그리고 개인의 가치를 조화롭게 결합한 것이어야 한다. 첫 단추를 잘 꿴 사람만이 아름답고 빛나는 삶을 살 수 있다.

제3장

'호랑이'와
'파리'를

한꺼번에
잡자

-형상 비유편

'단단한 뼈다귀'도 씹어야 하고
'위험한 여울'도 건너야 한다

敢於啃硬骨頭, 敢於涉險灘

우리는 개혁개방이라는 정확한 방향을 견지해야 한다. 단단한
뼈다귀도 씹어야 하고 위험한 여울도 건너야 한다敢於啃硬骨頭,
敢於涉險灘. 사상과 관념의 걸림돌을 부수고 고착화된 기득권
이익의 틀을 무너뜨릴 용기를 가져야 한다.

— 2012년 12월 7일부터 11일에 걸친 광둥 성 시찰에서

'단단한 뼈다귀硬骨頭'라는 단어는 현대 중국어에서 자주 사
용되는 어휘로 '어렵고 힘든 일'을 의미한다. 마오쩌둥은 「지구
전을 논함論持久戰」이라는 글에서 이렇게 지적했다.

"적을 공격할 때 너무 빨리 공격하면 자신을 노출시킴으로
써 적에게 방어 태세를 취하는 빌미를 제공하게 된다. 그렇다
고 해서 공격이 너무 늦으면 적이 이미 우위를 차지하게 되므

로 전투가 단단한 뼈다귀를 씹듯 어렵고 힘들어진다."

'위험한 여울險灘'은 수심이 얕고 암초가 많으며 물살이 거세서 배가 다니기에 위험한 지역을 일컫는 단어로, 실생활에서는 앞을 가로막는 어렵고 위험한 장애 요소를 비유한다.

18차 당 대회 이후 시진핑의 첫 공식 일정은 지방 시찰이었다. 첫 목적지인 광둥 성은 중국의 개혁개방을 이끈 지역이다. 시진핑은 이곳에서 '단단한 뼈다귀'와 '위험한 여울'이라는 친숙한 형상形象 비유를 들어, 중국의 위대한 부흥의 여정 중에서도 가까운 미래에 중국 특색의 사회주의 건설이 직면하게 될 수많은 새로운 도전을 강조했다. 특히 개혁에 박차를 가하면서 맞닥뜨리게 될 새로운 문제와 리스크를 지적하고 있다.

개혁개방 초기에 개혁을 가로막는 장애물은 관념의 문제였다. 당시, 스탈린 모델을 사회주의 기준으로 삼던 이들은 가정연산승포책임제家庭聯産承包責任制(개별 농가에 자율적 농지 사용권을 주고 농민에게 일정의 정부 몫을 제외한 나머지 생산물에 대한 자율 처분권을 허락한 제도―옮긴이), 경제특구, 상품경제 등을 자본주의의 특징을 가진 정책으로 간주했다. 그러나 이런 정책이 급속한 경제 성장을 이끌 뿐만 아니라 각 사회계층 모두에게 이득을 제공한 덕분에 '사회주의냐 자본주의냐'라는 해묵은 사상 논쟁은 종식되고 개혁이 급물살을 탔다.

개혁개방 30여 년 동안 중국은 괄목할 만한 성과를 거두었다. 중국이 올바른 발전 방향을 설정하고 실행 가능한 청사진을 마련했기 때문이다. '쉬운 것을 먼저하고 어려운 것은 나중에 한다先易後難' '돌다리도 두드려 보고 강을 건너는' 점진적 개혁 방식, 그리고 '과거를 계승하여 발전을 추구하자' 등이 그것이다. 이른바 '충격요법식'의 경제개혁을 단행한 소련과 일부 동유럽 국가와는 다른 노선을 선택했다. 이처럼 중국은 개혁을 실시하는 중에도 사회 안정을 유지하고 경제 번영과 사회 진보를 추진했다. 그러나 개혁이 심화되면서 중국 역시 각종 문제에 직면했다.

"하기 쉽고 모두가 환영하는 개혁은 이미 끝났다. 맛있는 고기도 다 먹었고, 남은 것은 씹기 어려운 '단단한 뼈다귀'뿐이다好吃的肉都吃掉了, 剩下的都是難啃的硬骨頭."

시진핑의 이 말처럼 중국의 개혁은 얕은 여울에 있는 암초를 거의 다 지났다. 남은 것은 오랜 시간 축적되어 깊이 박혀 있는 암초들뿐이다. 이제 개혁이라는 배는 가장 위험하고 어려운 해역에 들어섰다. 게다가 고속 성장으로 큰 성과를 거두면서 국민의 기대도 그만큼 높아지고 요구 사항도 많아졌다. 이 모든 것이 개혁에 박차를 가해야 하는 우리의 용기와 지혜를 시험하고 있다. 상황이 이렇게 긴박한 만큼 "단단한 뼈다귀도 씹어 먹고 험한 여울도 건너겠다"라는 정신으로 무장해 시대와 국민의 기대에 부응해야 한다.

개혁이란 심층적인 혁명이다. 개혁을 단행하는 과정에서 사상의 충돌이 불가피하고 각 계층의 이해관계도 조정해야 하기 때문에 더 큰 용기와 결단력이 필요하다. 지난 30여 년

간의 개혁 과정에서 형성된 이해관계는 어느덧 고착화되어버렸다. 특히 아직 미흡한 시장경제제도와 법률제도의 허점을 이용해 기득권을 획득한 일부 계층은 이해관계의 조정을 원하지 않아 개혁의 걸림돌이 되고 있다. 중간에 여러 가지 고난이 있겠지만 회피하지 않고 기득권의 고착화가 만들어낸 험한 여울을 힘차게 건너서 개혁과 발전의 열매가 국민 모두에게 더 많이, 더 공평하게 돌아가도록 해야 한다.

일부 분야에 국한된 국부적인 개혁, 임기응변식의 일시적인 개혁, 임의적이고 산발적인 개혁은 더 이상 시대적 요구와 국민의 기대 수준을 충족시킬 수 없다. 지금 중국이 직면한 새로운 문제들은 더 이상 회피할 수도 없고 숨을 수도 없다. 전면적이고 심층적인 개혁만이 유일한 길이다. 18기 3중 전회에서 전면적이고 심층적인 개혁을 요구하는 '나팔소리'가 울렸다. 이제 남은 것은 실천이다.

백지장도 맞들면 낫다. "많은 사람이 땔감을 보태면 불꽃이 높이 치솟는다衆人拾柴火焰高"라는 옛말이 있듯 전면적이고 심층적인 개혁을 위해서는 당 중앙의 확고한 결심과 믿음이 필요하고 사회의 모든 역량을 총동원해야 한다. 특히 기층 민중의 혁신 정신이 필요하다. 개혁개방의 역사를 살펴보면 혁신적이고 효과적인 개혁 조치 중 기층 민중에게서 시작된 것이 많다.

'단단한 뼈다귀'는 씹기 힘들고 '위험한 여울'은 건너기 쉽지 않다. 온갖 역경과 위험과 도전을 용감하게 직시하자. 이를 위해서는 용기 외에도 지혜가 필요하다. 구체적으로 말하자면 전면적이고 심층적인 개혁의 길에서 "정확한 방향을 정한 후 안정적으로 걸으며, 그동안의 성과를 무너뜨릴 만한 잘못을 저지르지 않도록 신중하게 나아가야 한다."

중국의 개혁개방 정책이 거둔 성공을 살펴보면 '실행하기 쉬운 것을 먼저 하고 어려운 것을 나중에 처리하는' 점진적인 개혁이 중국의 현실에 적합한 정확한 노선이었음을 알 수 있다. 동유럽의 격변이 실패로 돌아간 원인을 짚어보면 극단적인 '충격요법' 식의 개혁이 중국의 발전과 맞지 않는다는 점을 확인할 수 있다. 중국과 같은 거대한 대륙이 '단단한 뼈다귀'를 씹고 '위험한 여울'을 무사히 건너기 위해서는 당과 정부의 지휘 아래 기층 민중의 혁신 정신을 일깨우고 '점에서 면으로 확대되는' 점진적인 개혁을 추진해야 한다. 폐쇄적이고 경직된 옛 방식을 고수하거나 섣불리 방향을 바꿔 잘못된 길로 들어서서는 안 된다.

46

지축을 울리며 힘차게 질주하면서도
신중하게 나아가야 한다

蹄疾而步穩

개혁 과정에서 이미 나타났거나 앞으로 나타날 수도 있는 문제
들을 하나하나 극복하고 해결해야 한다. 과감하게 대책을 마
련하고 시행하여 "지축을 울리면서도 신중하게蹄疾而步穩" 나아
가야 한다.

— 2014년 1월 22일, '전면적이고 심층적인 개혁 추진위원회' 제1차 회의에서

"지축을 울리면서도 신중하게"라는 표현은 말이 힘차게 발
굽을 박차면서도 안정적으로 달리는 모습을 가리키는 것으
로, 빠르면서도 안정적으로 일을 추진하는 자세를 말한다. 덩
샤오핑이 이끄는 개혁개방이 엄청난 성공을 거둘 수 있었던
주요한 원인 중 하나는 "가슴은 담대하면서도 발걸음은 신중
하게膽子要大, 步子要穩"라는 마음가짐이었다. 시진핑이 전면적이

고 심층적인 개혁 추진에 관해 "지축을 울리면서도 신중하게"라는 표현을 사용한 것은 긴박한 정세 속에서 어려움을 극복하고, 과감하고 심층적인 개혁을 추진하면서도 개혁정책의 안정성과 지속성을 유지해 통제 불가능한 상황을 방지해야 한다는 것을 강조하기 위해서였다.

18기 3중 전회(2013년)에서 당 지도부는 개혁의 전면적인 심화를 위한 노선과 일정을 정했다. 즉 중국공산당 창설 100주년이 되는 2021년까지 샤오캉 사회를 이루고 신중국(중화인민공화국) 수립(1949년) 100주년을 맞는 2049년까지 부강하고 민주적이고 문명적이며 조화로운 사회주의 현대화 강국을 이룬다는 것이다. 이를 위해서는 사상과 실천 측면에서 개혁에 더욱 박차를 가해야 한다. 작금의 국제환경을 고려할 때 중국은 천재일우의 발전 기회를 맞이했지만 동시에 세계 경제의 발전 동력 저하와 같은 외부 환경의 압박이 거세지고 선진국 및 일부 주변국과의 구조적인 갈등이 부각되는 등의 위기에 처해 있다. 이런 국제정세는 중국이 개혁에 박차를 가하도록 재촉하고 있다.

국내 상황을 보면 중국의 개혁은 이미 가장 어려운 단계에 들어섰다. 개혁의 부드러운 살코기를 다 먹은 지금, 남은 것은 해결하기 어렵고 힘든 문제를 뜻하는 '단단한 뼈다귀'뿐이다. 거기에 과거의 발전 과정에서 누적되어 새로이 드러나는 문제와 갈등까지 감안하면 중국은 더 이상 전면적이고 심층적인 개혁을 미루어서는 안 된다. "호랑이를 잡으려면 호랑이

굴로 들어가야 한다明知山有虎, 偏向虎山行"라는 옛말처럼 앞을 보고 힘차게 질주해야만 개혁을 완수할 수 있다. 2021년까지 샤오캉 사회를 이룩한다는 목표를 실현한다 해도 거기서 멈춰서는 안 된다.

활시위를 떠난 화살은 돌아오지 않는다. 개혁의 고삐를 더 바투 당겨야 한다. 그러나 모든 개혁은 일부 계층 혹은 부처의 실질적인 이익에 피해를 입히기 때문에 거센 저항에 부딪히기 마련이다. 기득권층의 저항과 방해 때문에 개혁의 속도를 늦추거나 머뭇거린다면 아무 성과도 얻지 못한 채 중도에 포기할 수밖에 없다. 예컨대 현재 추진되고 있는 행정체제 개혁을 살펴보면, 중앙에서 목표와 기준을 제시한 초기에 많은 권력기관이 기존의 권력과 권한을 쉽게 포기하려 하지 않았다. 하지만 중앙 지도부가 '행정 간소화'라는 정부 자체 개혁을 포기하지 않고 적극 추진한 결과 2013년에 행정심사제도 개혁을 실시한 데 이어 2014년에는 행정심사 항목 중 200여 개를 폐기하거나 하부 기관에 위임했다. 행정제도 개혁을 강력하게 밀어붙이는 정부의 태도는 국민의 열렬한 지지를 이끌어냈다.

개혁은 '대약진'의 방식이 아니라 신중하고도 치밀한 방식으로 추진해야 한다. 중국은 '대약진' 식의 지나치게 과감한 개혁으로 인해 국민 경제가 무너지는 참담한 경험을 한 역사가 있다. 비슷한 실수와 잘못을 저질러서는 곤란하다. 전면적이고 심층적인 개혁은 오르막길을 오르고 험한 여울을 건너

는 것처럼 힘들고 어려운 일이다. 성급하거나 무모해서도 안
되고 '대약진'과 같은 방식은 더욱 안 된다. "어려움은 하나씩
하나씩 극복하고, 문제는 하나씩 하나씩 해결해야 한다"라는
진리를 가슴에 새기고 작은 승리와 성공을 성실하게 쌓다보
면 위대한 성공을 거두게 된다. 첫술에 배부를 수는 없다. 수
많은 말을 한 방향으로 몰 때는 더욱 침착하게 달리는 속도를
조절해야 한다.

전면적이고 심층적인 개혁을 '신중하게' 추진해야 하는 또
다른 이유는 중국의 발전이 특수한 단계에 놓여 있기 때문이
다. 다른 나라의 사례를 살펴보면 1인당 국내총생산GDP가
3000만 달러에서 1만 달러 사이에 이르면 경제 발전이 '덫'에
빠지는 경우가 많다. 이 시기에는 사회적 갈등이 첨예하게 나
타나 다음 발전 단계로의 이행을 가로막는다. 사회적 문제와
갈등을 적절하게 해결하지 못하면 한 번의 실수로 눈앞의 성
공을 놓치는 심각한 결과를 초래할 수 있다. 현재 중국이 이
런 민감한 발전 단계에 처해 있다. 곳곳에서 사회 문제와 갈
등이 튀어나오고 사회 구조가 심층적인 조정을 거치며 이해
집단의 요구가 복잡하고 다양해진다. 이 같은 현실에서는 "힘
차고 빠르게 질주疾"하면서도 "침착하고 신중하게穩" 속도를
조절해 경제와 사회가 지속적이고 건전한 발전을 유지할 수
있도록 노력해야 한다.

질주하는 말은 흥분 상태이므로 침착하고 안정적으로 말
을 몰아야 한다. 질주하는 말의 걸음걸이가 불안하면 타고 있

는 사람이 땅에 떨어지고, 걸음걸이는 안정적인데 힘차게 달리지 않으면 더 멀리까지 나아갈 기회를 잃거나 중도에 포기해야 하는 상황을 맞는다. "힘찬 질주와 안정적인 걸음걸이蹄疾而步穩"야말로 개혁의 전면적인 심화를 추진하는 정확한 방법과 리듬이다.

47

권력을 '제도'라는 '우리'에 가두자

把權力關進制度的籠子

권력 운영에 대한 견제와 감독을 강화하고 '권력을 제도라는 우리에 가두어 把權力關進制度的籠子裏' 부정부패를 원천적으로 막을 수 있는 징계 제도와 예방 정책을 마련해야 한다.

— 2013년 1월 22일, 중국공산당 18기 중앙기율검사위원회 제2차 전체 회의에서

'우리籠'는 짐승을 가두어 기르는 곳이다. 주로 '대상을 제약하고 제한한다'는 뜻으로 쓰인다. 예를 들면 과거에 죄인을 압송하던 "죄수용 우리囚籠"는 감옥을 의미한다. 시진핑이 제도를 '우리'에 비유한 것은 권력에 대한 제도의 '가둠' 기능을 강조하고자 함이며, 특히 권력을 남용하는 모든 행위를 제도로 속박하고 감독해야 한다는 뜻을 전하기 위해서다.

예로부터 사람들은 '권력'에 대해 많은 철학적 사유를 해왔

다. 예컨대 영국의 근대 사상가인 존 액턴은 "권력은 부패하고 절대 권력은 절대적으로 부패한다"라는 명언을 남겼고, 프랑스 사회학자 몽테뉴도 "견제를 받지 않는 모든 권력은 반드시 부패한다"라고 말했다.

역사적으로 중국은 '관료 중심적'이고 '인치人治'가 '법치'에 앞서는 국가였다. 중국인은 인정과 체면, 그리고 관시關系(인맥)을 중시한다. 관행에 따라 일을 처리하고 권력이 법 위에 군림하며 법보다는 관료의 힘에 따르는 관료주의가 뿌리 깊게 박혀 있다. 개혁개방 정책을 실시한 지 30년이 지났으나 인치국가의 전통이 단기간에 근절되기 어려운 것이 현실이다. 이런 전통 사상의 영향에 더해 권력을 견제하고 감독하는 제도마저 미흡해 중국에는 아직까지 권력 남용 현상이 만연하고 법의 권위가 떨어진다. 부정부패가 만연하는 근본적인 이유가 여기에 있다. 관련 법규가 존재하는데도 일부 지역과 분야에서 여전히 부정부패가 끊이지 않는 것을 보면 권력의 힘이 얼마나 대단한지 짐작할 수 있다.

권력의 남용에 따른 부정부패를 근절하기 위해 제도라는 '우리'를 튼튼히 하는 일은 매우 중요하고도 시급한 과제다. 과거 덩샤오핑은 단도직입적으로 지적했다.

"좋은 제도는 나쁜 사람이라도 함부로 나쁜 짓을 저지를 수 없게 만들지만 나쁜 제도는 좋은 사람도 좋은 일을 할 수 없게 만들고 심지어 나쁜 길로 이끈다."

이 점을 정확하게 인식한 중국공산당은 개혁개방 이후 제도 정립과 예방 교육 강화 방안을 꾸준히 강구했고 권력에 대한 감독과 견제, 당원 및 간부들의 비리와 부패를 최소화하는 데 각고의 노력을 기울였다. 그러나 중국의 부패 관련 제도는 아직까지 개선하고 보완해야 할 부분이 많다. "권력을 제도라는 우리에 가두기" 위해 보다 적극적으로 나서야 한다.

덩샤오핑의 발언을 좀더 확장하면, 제도가 '우리'의 기능을 다하려면 먼저 '제도를 잘 만드는' 것이 필수적이다. 즉 제도의 필요성과 목적성, 실행 가능성에 중점을 두어 합리적인 제도를 만들어야 한다. 제도를 만들 때는 핵심 문제와 포인트를 정확하게 파악하는 것이 중요하다. 현 단계에서 제도 건설의 핵심은 권력 운영제도에 대한 견제와 감독 시스템의 구축이며, 모든 당원 간부와 고위 공직자의 부정부패를 원천적으로 막을 수 있는 징계 및 예방 제도를 마련해야 한다.

중국의 현실에 맞는 권력 운영에 대한 감독 체계를 구축하는 것이 중요하다. 입법부, 행정부, 사법부를 분리한 서구의 '삼권분립' 모델을 맹목적으로 모방할 것이 아니라 중국의 실정에 맞게 정책결정권, 집행 및 감독권이 서로 협력하면서도 견제하도록 해야 한다. 다시 말해 '권력으로 권력을 견제하는' 체계를 만들어야 한다. 이런 '중국식 감독 체계'를 구축하는 과정에서 근본적으로 지켜야 할 요소가 있다. 첫째는 중국공산당의 지도적 지위를 견지하는 것이고, 둘째는 헌법의 권위를 유지하는 것이며, 셋째는 국가의 주인은 국민이라는 의식을 바탕으로 국정 운영에 대한 국민의 알 권리, 표현의 권리,

참정권, 감독할 권리를 보장하는 것이다.

제도를 잘 만드는 것보다 더 중요한 것이 철저한 집행이다. 사실 중국에 좋은 제도가 없는 것이 아니다. 있는 제도를 제대로 집행하지 못하고 방치하는 경우가 많다. 그러므로 제도의 발전을 위해서는 제도의 제정뿐만 아니라 집행에도 주의를 기울여 두 가지 측면 모두를 현실에 맞게 강화해야 한다.

제도를 제대로 집행하려면 전 사회가 법치의식과 준법의식을 함양해야 한다. 그래야만 제도의 집행이 보다 순조롭고 효과적으로 이루어질 수 있다. 이런 측면에서 당 간부와 정부기관이 솔선수범해 법규와 제도를 준수해야 한다. 제도를 효과적으로 집행하는 데 도움이 되는 체제와 메커니즘의 구축과 개선에 힘쓰고 권력이 제도의 제정과 집행에 개입하지 못하도록 해야 한다.

'권력을 제도의 우리에 가두는 것'은 근본적인 문제와 표면적인 문제를 동시에 해결하고 사후 처벌과 사전 예방의 효과를 동시에 거둘 수 있는 효과적인 방안이다. 그러나 이를 실현하는 것은 결코 쉬운 일이 아니다. 따라서 우리의 의식을 더욱 강화해야 한다. 모든 당원과 간부는 "돌을 밟으면 발자국을 남기고 쇠를 잡으면 손자국을 남기겠다踏石留印, 抓鐵有痕"라는 굳은 의지와 경각심을 가지고 국민이 그 성과를 눈으로 확인하고 인정할 수 있을 때까지 제도 강화에 매진해야 한다.

48

'뿌리'와 '혼'을 지켜라

中華民族的'根'和'魂'

중화민족의 우수한 문화적 전통을 버려서는 안 되며, 우리의
문화적 전통을 올바르게 계승하고 널리 알려야 한다. 문화적
전통이야말로 우리의 '뿌리'이고 '혼'이기 때문이다. '뿌리'와
'혼'을 잃는 것은 우리의 토대를 잃는 것이다.

— 2012년 12월 7~11일에 광둥 성을 시찰할 당시의 발언

'뿌리根'와 '혼魂'은 흔히 사용하는 단어로, '뿌리'는 사물의
근원을 비유하고 '혼'은 작게는 개인, 크게는 국가 또는 민족
의 정신을 비유한다. 시진핑은 '뿌리'와 '혼'이라는 단어를 사
용하여 중국의 우수한 문화적 전통을 계승하고 널리 알리는
일이 국가의 발전과 민족의 진흥에 매우 중요하다는 점을 강
조했다.

오천년 중국사는 찬란한 문명과 문화를 창조했다. 민족의 정신적인 가치의 정수가 오랜 세월 축적되어 만들어진 동양 문화에는 중국인의 정신적 유전자가 깃들어 있어 고유의 정신을 대변한다. 중국은 이러한 문화적 토양 위에서 발전을 거듭해왔다. 중국 문화는 수많은 왕조의 흥망성쇠와 외부 세력의 침략을 거치면서도 수천 년 동안 면면히 이어져 내려와 세계 4대 문명 중에서 유일하게 맥이 끊이지 않은 문명으로 인정받고 있다. 이 문화는 민족의 핏줄에 스며들어 중국인의 정신적인 토대가 되었다. 가정에서는 효를 최고의 미덕으로 여겨 가화만사성家和萬事成을 강조하고, 사회적으로는 성실과 신용, 타인에 대한 배려를 강조한다. 또한 국가적으로는 대의를 중시하고 평등과 공정의 가치를 강조한다. 또한 인간과 자연의 관계에 있어서는 자연을 경외하고 자연과 조화롭게 공존해야 한다고 가르친다. 한편, 인격 수양 차원에서는 군자의 인격을 갖추고 타인을 사랑해야 한다고 강조했다. 중국의 이러한 문화적 전통은 여러 세대에 걸쳐 중국인의 정신을 지배했고 중국을 넘어 동아시아 전 지역, 나아가 전 세계에까지 큰 영향을 주었다.

중국인의 우수한 문화적 전통은 '뿌리'와 '혼'일 뿐 아니라 전 세계 문명사에서 없어서는 안 될 힘의 원천이다. 물론 전통이 위기에 봉착했던 때도 있다. 근대 이후 서구 열강의 침략으로 인해 문화적 우수성에 대한 자신감이 무너지고 지식인들은 중국의 낙후성을 직시하기 시작했다. '오랑캐에게 배우자'라는 풍조가 확산되면서 서학西學이 크게 유행했다. 이 과정에서 일각에서는 중국 문화에 회의를 느끼기 시작했고 한때 국학國學 대신 서학을 배우고 따르자는 사조가 크게 확산되기도 했다. 신중국 수립 이후 중국인은 민족적 자신감을 되찾고 전통 문화의 소중함을 깨달았다.

하지만 문화대혁명 시기에 4가지 낡은 과거(구사상, 구문화, 구풍습, 구습관)를 타파하자는 '파사구破四舊' 운동이 걷잡을 수 없이 퍼지면서 중국 문화는 다시 암흑기에 빠졌다. 그 후 개혁개방 시기에 역사바로잡기撥亂反正(덩샤오핑의 집권 이후 문화대혁명 동안의 잘못을 바로잡고 조작되고 잘못된 사건을 바로 잡자는 움직임)가 시작되어 중국 문화가 위기에서 벗어나게 되었다. 그러나 이번에는 서양의 사상과 상품이 물밀듯이 유입되면서 많은 국민이 또다시 혼란에 빠지는 상황이 재현되고 맹목적으로 서양 문화를 추종하는 현상이 확산되었다. 지금까지도 '입만 열면 그리스 문명을 치켜세우고' 서구의 학문과 기술을 최고로 여기는 중국인이 많다.

자국 문화에 대한 자신감 부족, 자국 문화를 발전시키려는 노력의 부족, 문화적 의존성은 매우 위험하다. 이런 현상은 국민 모두에게 정신적 불안과 혼란을 초래할 뿐 아니라 국가의 안정적인 존립마저 위협한다. 세계적으로 '문화 소프트파워' '문화 스마트파워'가 국력의 핵심으로 떠올랐고 외교관계에서도 갈수록 중요한 역할을 차지한다. 과거 경제와 군사 분야를 중심으로 전개되었던 국가 간 경쟁은 이제 문화 분야에서 더 치열한 양상을 보인다. 미국을 대표로 한 서구 국가는 다양한 형태로 중국에 대한 문화적 침투와 확장을 시도하고 있다. 중국의 우수한 문화적 전통을 제대로 계승하고 전파하지 않는다면 문화의 발전은 고사하고 중국인의 위대한 부흥에 필수불가결한 '뿌리'와 '혼'마저 잃게 된다. 이런 관점에서 중국의 우수한 문화적 전통을 계승하며 전파하는 일은 시대의 발전과 민족의 부흥을 위한 최우선 과제다.

문화 전통을 계승하고 전파하는 일은 국가 차원에서 체계적으로 추진해야 할 중요한 사업으로, 해외에 거주하고 있는 중국 교포를 포함해 모든 중국인의 유기적인 노력이 요구된다. 이를 위해서는 먼저 자국 문화에 대해 자부심을 가져야 한다. 자부심이 없으면 계승하고 전파에 필요한 의지도 동력도 가질 수 없다.

문화에 대한 반성 또한 필요하다. 모든 전통문화는 완전무결한 것이 아니다. 시대의 변화에 따라 변화시키고 비판적으로 계승해야 하며 외래문화의 훌륭한 점을 수용해야 한다. 자부심과 자신감을 갖되 우월감을 경계해야 하고, 겸허하고 겸손하되 열등감에 빠져도 안 된다.

49

'메인 스위치'를 꽉 잠가야 한다

擰緊 '總開關'

이상과 신념을 확고히 하고 세계관, 인생관, 가치관이라는 "메인 스위치" 문제를 확실하게 해결해야 한다. 메인 스위치 문제를 해결하지 못하면 각종 부정과 부패가 만연할 것이다.

— 2013년 9월 23일부터 25일까지, 허베이 성 당위원회 상무위원회가 개최한 민주생활회에서의 발언

'메인 스위치'는 원래 과학기술 용어로, 전원장치 또는 파이프를 제어하는 스위치를 지칭한다. 메인 스위치가 켜져 있으면 전체 시스템이 정상 가동하지만 메인 스위치에 이상이 있으면 시스템이 제대로 작동하지 않는다. 현대 중국어에서 '메인 스위치'는 '통치 이데올로기'를 비유한다.

시진핑이 여러 자리에서 사상정치 강화, 기강 확립, 부정부

패 척결 등과 같은 '메인 스위치' 문제를 제기하는 것은 모든 당원과 간부가 올바른 세계관과 인생관과 가치관을 정립해야 한다는 것을 강조하기 위함이다. 당원과 간부, 특히 고위 간부의 세계관과 인생관과 가치관이 바르게 서야 사상과 기강과 행동도 바르게 설 수 있다. 그 반대의 경우는 국가에 엄청난 위협으로 작용한다.

세계관, 인생관, 가치관을 '메인 스위치'라고 말하는 이유는 무엇일까? 세계관은 세상을 바라보는 근본적인 관점이고, 인생관과 가치관은 세계관을 구체화한 것으로 어떠한 세계관을 가졌는지에 따라 인생관과 가치관이 달라진다. 중국공산당의 세계관은 마르크스주의 유물사관으로, 사회의 존재가 사회의 의식을 결정하고 인민 군중이 역사를 창조하는 주체라고 강조한다. 이런 세계관을 가졌기 때문에 중국공산당 당원은 '당은 공익의 실현을 위해 일하고 인민을 위해 정치를 시행하며 인민을 위해 봉사한다' '어려운 일에 앞장서고 그 성과는 국민의 몫으로 돌린다' '스스로 힘을 키우고 시련에 맞서 싸운다'와 같은 이상과 신념과 정신적 기질을 가장 기본적인 인생관이자 가치관으로 삼는다. 세계관과 인생관과 가치관은 하나의 통합적이고 유기적인 체계이며, 우리의 인식과 행동을 제어하는 '메인 스위치'다.

'메인 스위치'에 관한 확고한 기본 신념을 정립한 덕분에 중국공산당 당원은 여러 세대에 걸쳐 역경과 고난을 두려워하지 않고 공산혁명과 사회주의 건설 과정에서 국민의 동참을 이끌어내며 중국의 발전과 진보를 견인할 수 있었다. 올바른 이상과 신념이야말로 현대 중국의 발전과 진보를 가능하게 해준 정신적 원동력이다.

현재 대부분의 당 간부와 고위 공직자의 '메인 스위치'가 정상적으로 기능하고 있지만 일부의 '메인 스위치'가 부실한 것도 사실이다. 이들은 사상적 기초가 탄탄하지 않고 자기 기준이 낮으며 실천력도 부족하다. 특히 중국공산당의 장기 집권을 위협하는 요소가 없는 평화로운 환경, 사회가 갈수록 다원화되고 개혁개방이 심화되는 시대적 환경에서 일부 고위 간부는 정신적으로 나약해져 국민의 요구에 귀를 기울이기보다 사주팔자와 관상, 미신적 종교, '기공氣功 전문가'에 빠져 있기도 하다. 일부 고위 공직자와 당 간부는 공산주의가 공허하고 실체가 없는 환상이라 여기고 이상과 신념이 크게 흔들린 나머지 가족을 이민시키고 국부를 해외로 유출시켜 여차하면 몰래 '배를 갈아탈' 만반의 준비를 마쳤다. 그리고 물질주의와 배금주의에 물들고 돈과 명예와 향락의 노예가 되어 당원으로서 갖춰야 할 최소한의 경각심조차 내팽개친 이들도 있다. 이 모든 문제의 근본적인 원인은 바로 '메인 스위치'에 있다.

'메인 스위치'에 이상이 생기면 각종 부정과 부패가 만연하게 된다. 사적인 이익을 우선시하고 향락에 빠져 공익을 위해 헌신하는 자세를 잊어버린다. 대부분은 사리사욕을 채우는 정도지만 심할 경우 법을 위반하기도 하는데, 이러한 행위는 심각한 피해를 가져온다. 언론에서는 하루가 멀다고 중앙 및 각 지방 정부에서 적발된 부정부패 사례를 보도한다. 이 사례들을 유심히 살펴보면 그들이 깊은 구렁텅이에 빠지게 된 주요 원인은 바로 '메인 스위치'를 제대로 통제하지 못한 데 있음을 알 수 있다. 메인 스위치에 이상이 생기면 신념이 흔들리고, 국민의 목소리에 귀를 기울이지 않고 당의 기율과 국가의 법규를 무시하며 무모하게 부정부패를 저지르다 결국 버림받게 된다.

'메인 스위치' 문제를 근본적으로 해결하려면 먼저 이상과 신념의 문제를 해결해야 한다. 그러기 위해서는 중국공산당의 '사상적 조상'을 잊어서는 안 된다. 당원과 간부는 학습을 강화해 마르크스주의 이론에 대한 이해를 심화하며 당의 특성과 창당 이념 및 집권 이념을 철저히 깨닫고 당원으로서의 정체성과 당의 창설 취지에 대한 인식을 제고함으로써 '메인 스위치'의 기초를 튼튼하게 다져야 한다. 둘째, 항상 깨어 경계하는 자세를 가져야 한다. '하루에 세 번 스스로를 반성하라'라는 성현의 말처럼 늘 자신의 생각과 행동을 돌아보고 잘못된 점이 있으면 즉시 바로잡으며 사소한 실수도 경계하는 태도로 '메인 스위치'를 단단하게 잠가야 한다. 셋째, 그릇된 기풍과 부정부패에 대한 처벌을 강화해 당의 기율과 국가 법규의 권위를 지키고 당원과 간부가 '메인 스위치'를 잘 잠글 수 있는 제도적 기반을 마련해야 한다. 마지막으로 당원과 간부는 국민 가까이에서 국민을 위해 일해야 하며, 이런 실천을 통해 세계관·인생관·가치관이라는 '메인 스위치'를 잘 통제해야 한다.

50

'공기'와 같이 늘 존재하도록 하라

核心價値觀像空氣一樣無處不在

가능한 모든 기회를 활용하여 사회주의 핵심 가치관의 형성과
함양에 유익한 생활환경 및 사회적 분위기를 조성함으로써 핵
심 가치관이 '공기'와 같이 언제 어디에나 존재하도록 해야 한다.

— 2014년 2월 24일 제18기 중앙정치국 13차 집단학습에서의 발언

공기는 우리 모두에게 너무나 친숙한 존재다. 우리는 공기
가 없으면 살 수 없다. 시진핑이 핵심 가치관을 "공기"에 비유
한 것은 사회주의 핵심 가치관이 언제 어디서나 영향력을 발
휘하고 우리의 일상생활에 자연스럽게 파고들어 마음속 깊은
곳까지 스며들어야 한다는 것을 강조하기 위함이다.

사회주의 핵심 가치관은 부강, 민주, 문명, 조화, 자유, 평
등, 공정, 법치, 애국, 직업의식, 신뢰, 우호 등의 24가지 단어

로 정리할 수 있다. 이들 단어는 세 가지 범주로 분류된다. 부강과 민주, 문명과 조화는 국가 차원에서 지향하는 가치이고 자유와 평등, 공정과 법치는 사회 차원에서 지향하는 가치이며, 애국과 직업의식, 신뢰와 우호는 국민 개개인이 따라야 하는 가치다. 이들 사회주의 핵심 가치관은 사회주의 이상과 신념을 반영하고 중국의 우수한 문화적 전통의 정수를 계승하고 있으며 여기에 시대적 특성까지 담고 있다. 이 가치들은 중국인 모두의 공통된 염원을 나타내는 최대공약수다.

사회의 발전과 의식 수준은 경제발전과 물질생활의 수준으로 드러나기도 하지만 그 사회의 사상과 문화적 수준, 국민의 도덕성에서 더욱 확실하게 드러난다. 중국을 예로 들면, 중국 특색의 사회주의 건설은 경제·정치·문화·사회·생태문명 건설의 "5위 일체"를 목표로 하고 있다. 사회주의 핵심 가치관은 이러한 중국 특색의 사회주의를 실현할 수 있는 '혼'이다. 이러한 '혼'이 없으면 사회주의 건설이라는 꿈에서 멀어진다.

현재 사회의 패러다임이 크게 변화하면서 이해관계가 복잡해지고 사람들의 사상과 관념도 변화하고 있다. 이러한 환경의 변화 속에서 안타깝고 비극적인 사회 문제가 끊이지 않는다. 돈을 벌기 위해 식품에 나쁜 재료나 약물을 넣는 이들도 많고, 사람이 넘어져 다쳤는데도 누구 하나 부축하는 사람이 없는 경우도 있다. 모르는 사람끼리 인사를 나누는 일이 줄어들고 서로 경계하느라 여념이 없다. 사회의 공중도덕을 해치는 각종 사건들은 도덕성의 기준을 뒤흔든다. 도덕적 규범에서 벗어난 각종 사건 사고를 겪으면서 사람들은 이런 일이 벌어지는 원인에 대해 질문하기 시작했다. 수많은 원인이 있겠지만 가장 근본적인 것은 가치관의 실종이다. 그러므로 먼저 가치관을 돌아보고 충전하고 보강해야 한다. 시진핑의 말을 빌리자면 세계관과 인생관과 가치관이라는 '메인 스위치' 문제를 잘 해결해야 한다.

사회주의 핵심 가치관은 사상 이론 체계이자 실질적인 행동 원칙으로, 이것을 수용하고 체득하며 깨닫고 실천해야 한다. 핵심 가치관이 공기처럼 언제 어디에나 스며들게 하는 일은 결코 쉽지 않기 때문에 모든 구성원의 노력이 필요하다.

"윗물이 맑아야 아랫물도 맑다"는 옛말이 있다. 사회주의 핵심 가치관을 전파하는 데 있어 고위 간부는 공허한 구호만 외칠 것이 아니라 겸손하고 성실한 태도로 국가와 사회와 국민을 위해 헌신하는 모범을 보여야 한다. 깨끗하고 청렴한 공직자상과 정치 풍조가 정립될 때 사회의 분위기도 바뀌고 국민의 의식과 행동도 변화할 것이다.

사회주의 핵심 가치관을 전파하는 일은 소리 없는 가랑비처럼 조용히 국민의 일상으로 스며드는 것에서 시작해야 한다. 정부가 주장하는 모든 사업은 국민의 일상생활과 밀접하게 연계되어야 한다는 점을 명심하면서 국민의 피부에 와 닿는 사소하고 실질적인 부분에 주력해야 한다. 기층 서민들의 선행을 적극 활용하는 것이 좋다. 평범한 사람의 감동적인 이야기일수록 설득력이 크기 때문이다. 사회주의 핵심 가치관이 군중 사이에 뿌리를 내린다면 그 영향력은 언제 어디에나 존재하는 공기처럼 우리 주위를 떠돌 것이다.

51

우리의 밥그릇은 우리 손으로 들어야 한다

中國人的飯碗要端在自己手里

어떤 상황에서든 우리의 '밥그릇'은 우리 손으로 단단하게 받쳐야 한다. 그리고 우리의 밥그릇에는 우리가 기른 식량을 담아야 한다.

— 2013년 12월 23~24일 '중앙농촌 공작회의'에서

밥그릇이 없으면 하루도 살 수 없다. 사람은 매일 밥을 먹어야 하고, 밥은 밥그릇에 담기 때문이다. 시진핑이 "밥그릇飯碗"이라는 가장 평범한 단어를 사용한 것은 거대한 개발도상국인 중국에게 식량 안보를 확보하는 것이 얼마나 중요한지 강조하기 위함이다. 중국의 식량생산이 수년간 꾸준하게 풍작을 거두기는 했지만 이럴 때일수록 식량 안보 문제에 긴장을 늦추어서는 안 된다.

중국에는 "수중에 먹을 것이 있어야 마음이 편안하다手中有糧, 心中不慌" "농사가 잘돼야 천하가 흥한다農業豐, 天下興"라는 속담이 있다. 중국은 13억 인구를 가진 대국이기 때문에 먹는 문제는 최대의 국가 과제다. 식량 안보를 확보하지 못한다면 사회 안정과 국가 발전은 불가능하다. 식량 안보는 국가의 안정과 발전을 위한 '평형수'다.

식량 안보 문제는 '레드라인紅線(꼭 지켜야 할 정치경제 현안)'이며 '레드라인'을 지키지 못하면 엄청난 후폭풍을 맞는다. 1960년대 초반에 발생한 '대기근'은 결코 먼 옛날의 일이 아니다. 식량 배급표가 사라진 지 불과 20년도 채 되지 않았고, 아직도 수많은 사람이 당시의 굶주림을 선명하게 기억하고 있으며 이런 비극적인 과거를 거울삼아 미래를 대비해야 한다. 이런 관점에서 당 중앙에서는 개혁개방 이후 '3농三農(농업, 농촌, 농민)'사업과 식량생산에 각별한 관심을 기울이고 식량 안보를 확보하기 위해 노력해왔다.

일각에서는 식량 문제는 경제 문제이며, 경제의 글로벌화가 이루어진 지금 식량이 부족하면 국제시장에서 수입해 해결하면 된다고 주장한다. 이러한 관점은 매우 위험하다. 세계 각국을 살펴보면 사회적으로 안정된 국가는 대체로 식량을 자급자족하고 있다. 반면 국민의 먹는 문제를 해결하지 못하는 국가들은 대내적으로는 사회가 불안하고 대외적으로는 외국의 견제와 간섭에 시달린다. 시장경제 체제에서 중국은 식량 수입을 적정 수준으로 늘림으로써 농업의 산업구조를 조정하고 농업의 현대화를 촉진하고 있지만 그렇다고 국내 식량 생산을 소홀히 해서는 안 된다. 타인에 기대어 먹는 문제를 해결하자는 것은 위험한 발상이다.

1990년대 중반에 미국 학자인 레스터 브라운이 "누가 중국을 먹여 살릴 것인가?"라는 질문을 던진 이후 이 문제는 국제적으로 상당한 논란을 불러 일으켰다. 이 주장의 요지는 산업화가 지속적이고 빠르게 진행되면서 중국은 자체적으로 해결할 수 없는 식량 수요를 수입에 의존해 충족시킬 수밖에 없으며, 중국의 대량 수입은 전 세계적인 식량 위기를 일으킬 것이라는 것이다.

브라운의 주장으로부터 20년이 지난 지금, 중국 정부와 국민은 그의 주장이 틀렸음을 입증했다. 중국은 빠른 경제 성장뿐 아니라 식량의 자급자족에도 성공했다. 기적에 가까운 성과는 세계 질서의 안정화에도 기여했다. 그동안 '색안경'을 끼고 중국의 발전을 바라보던 서양 세계에 제대로 한 방 먹인 셈이다.

중국이 지속적으로 성장하고 국민의 생활수준 또한 꾸준히 향상되면서 식품에 대한 수요 구조도 변화하고 있다. 이 추세라면 식량에 대한 수요는 앞으로도 계속해서 급증할 것이다. 이런 상황에서 섣불리 식량 안보 문제에서 한시름 놓았다고 방심해서는 안 된다. '식량 안보 보장'이라는 활시위를 당긴 손에서 힘을 빼서는 안 된다.

식량 안보를 확보하기 위해서는 우선 식량 생산의 근간인 경작지를 확보가 필수다. 중앙에서 제시한 '경작지 면적 120만 평방킬로미터, 식량 파종 면적 106만 평방킬로미터'라는 최저한계선을 유지하는 것, '3농'과 관련된 각종 정부 정책을 충실히 이행하는 것, '3농' 사업에 대한 투자와 지원을 강화하는 것 등이 필요하다.

중국이 강해지려면 농업이 강해야 한다. 중국이 아름다워지려면 농촌이 아름다워야 한다. 그리고 중국이 부국이 되려면 농민이 부자가 되어야 한다. 농업이 발전하고 농촌이 아름답고 농민이 부자가 되어야 모든 중국인이 안정적으로 밥그릇을 손에 들 수 있다.

52

'파이 키우기'와 '파이 나누기'를 조화하라
做'蛋糕'與分'蛋糕'

'파이'를 계속 키우는 것 못지않게 잘 나누는 것도 중요하다. 중국에는 예로부터 "적음을 걱정하지 않고 고르지 못함을 걱정한다"라는 사회적 관념이 존재한다. 지속적인 성장이라는 토대 위에서 사회의 공정과 정의를 최대한 실현하기 위해 우리가 할 수 있는 모든 노력을 다해야 한다. 모든 국민이 더 나은 교육과 노동, 의료, 양로, 주택을 누리도록 해야 한다.

— 2014년 1월 1일 『인민일보』에 발표한 기고문 「18기 3중 전회의 정신으로 사상을 통일하자」에서

'파이'는 누구에게나 친숙한 음식이다. 친지와 친구들이 함께 모여 커다란 파이를 나눠 먹는 것은 더 없이 행복한 일이다. 일반적으로 '파이 만들기'는 경제 발전을, '파이 나누기'는

부의 분배를 의미한다.

시진핑이 '파이'라는 단어를 사용한 까닭은 중국이 앞으로도 지속적으로 경제를 발전시켜 더 많은 사회적 부를 창출함으로써, 더 많은 사람에게 더 큰 파이 조각을 나눠줄 수 있는 물질적 기반을 마련해야 한다는 것을 강조하기 위해서였다. 즉 중국이 파이를 키우는 목적은 사회의 공평과 정의를 끊임없이 추구해 모든 국민이 개혁개방으로 거둔 경제발전의 열매를 더욱 공평하게 맛볼 수 있도록 하기 위함이라는 뜻이다.

옛사람이 말하기를 "창고가 가득 차야 예절을 알며, 입을 것과 먹을 것이 넉넉해야 영욕을 안다倉廩實而知禮節, 衣食足而知榮辱"(『관자管子』「목민牧民」, 『사기』「관안열전管晏列傳」)라고 했다. 기본적인 물질 수요를 충족하는 것이 얼마나 중요한지 강조한 말이다. 개혁개방 이후 중국의 경제 발전이 커다란 성과를 거두었다는 것은 누구나 인정하는 사실이다. 그러나 중국의 전반적인 상황은 거대한 인구, 부실한 인프라, 부족한 자원, 낮은 경제발전 수준으로 축약된다. 중국의 낙후된 현실을 해결할 길은 경제 성장뿐이다. 이제 막 원바오溫飽(따뜻하고 배부르다는 뜻으로 의식주를 해결할 수 있는 경제수준) 문제를 해결하고 샤오캉 사회를 향해 가고 있는 중국 국민은 삶의 질 향상에 대한 강한 열망을 가지고 있다. 국민의 이러한 기대를 만족시키기 위해서는 지속적인 경제 성장이 필요하다. 과거에 비하면 중국의 '파이'가 훨씬 커진 것이 사실이지만 선진국과 비교해보면 아직 충분하지 않다. 게다가 중국의 인구를 감안하면 '파이'를 최대한 공평하게 나눈다고 해도 각자에게 돌아가는 몫은 너무 적을 수밖에 없다. 따라서 현 시점에서 중국의 최우선 과제는 '파이'를 더 키우는 것이다. 경제 성장을 중심으로 한 기본적인 국가 발전 노선을 확고하게 장기적으로 유지해야 한다.

옛사람이 말하기를 "적음을 걱정하지 않고 고르지 못함을 걱정한다不患寡而患不均"(『논어』 「季氏」)라고 했다. 중국인이라면 누구나 아는 이 말은 '불공평이 가난보다 더 무섭다'는 뜻이다. 이제 중국은 공평과 정의 문제에 더 많은 관심을 기울여야 한다. 바꿔 말하면 중국 사회에는 여전히 공평하고 정의롭지 못한 일들이 벌어지고 있다는 의미다. 사회 각계각층의 비난을 불러일으키는 빈부격차 심화 문제만 봐도 이를 알 수 있다. 소수의 몰지각한 이들은 제도의 허점을 이용하거나 부당한 수단, 심지어 불법적인 방식으로 거대한 부를 매우 빠르게 축적하는 데에 그치지 않고 부를 위해서라면 인간에 대한 최소한의 예의마저 내팽개치는 행태를 보여 빈축을 사고 있다.

아직 사회주의 초급 단계에 있는 중국에는 업종 간의 격차, 도시와 농촌의 격차, 지역 간의 격차 등 수많은 격차들이 존재한다. 격차를 야기하는 원인은 매우 복잡하고 사람들도 이런 격차가 단기간에 없어질 것이라고 기대하지 않는다. 그러나 공적인 명분이나 지위를 내세워 개인의 사리사욕을 채우거나, 특정 경로로 번 돈을 이용해 힘을 키운 후 약육강식의 법칙을 약자에게 적용하는 등의 행태가 초래한 사회 불공평은 사회 안정을 해치는 가장 위험한 요소이고, 사회 발전에 끼치는 해악이 매우 심각하기 때문에 일반 서민들의 공분을 산다.

공평과 정의를 무시하는 현상과 사회문제에 대한 서민들의 분노는 아주 크며 여기에서 비롯되는 부자 혐오 심리와 행동은 항상 존재한다. 평소에도 부자 혐오에 의한 극단적인 사건에 대한 보도를 심심치 않게 접할 수 있다. 공평과 정의의 문제는 중국의 발전에 큰 영향을 미치는 중요한 사회문제이기 때문에 각별한 주의를 기울여야 한다. 공평과 정의의 문제가 해결되지 않으면 지금까지 이룩한 사회주의 건설의 성과를 지킬 수 없을 뿐 아니라 사회적 혼란을 야기할 수도 있다.

발전 과정에서 나타난 문제는 궁극적으로 발전을 통해 해결해야 한다. 당과 정부의 최우선 과제는 경제와 사회의 발전을 견인하는 것이지만 사회의 공평과 정의를 유지하는 것 또한 정부가 짊어져야 할 중대한 임무다. 결론적으로 말해, 18기 3중 전회의 결정에 따라 개혁을 전면적으로 심화하고 경제 성장을 최우선 과제로 추진하는 동시에 공평과 정의의 햇살이 중국 전역을 따뜻하게 비추도록 노력해야 한다.

53

'고인 물'과 '용솟음치는 암류'를 혁파하라

死水一潭不行, 暗流洶湧也不行

활력과 질서를 적절히 조절해야 한다. 사회가 발전하려면 활력이 충만해야 하지만 이 활력은 반드시 질서 안에서 움직여야 한다. 물이 고여 썩게 해서도 안 되지만 암류가 용솟음치게 방치해서도 안 된다死水一潭不行, 暗流洶湧也不行.

— 2014년 1월 1일 『인민일보』에 발표한 기고문 「18기 3중 전회의 정신으로 사상을 통일하자」에서

'고인 물死水'이란 흐르지 않고 새로운 물이 흘러들어오지도 못하는 썩은 물을 가리키는 단어로, 일반적으로 사회 또는 조직에 활력이 결핍되어 있음을 비유한다. '암류暗流'는 원래 잔잔해 보이는 수면 아래를 흐르는 급류를 의미하는데 주로 사회의 무질서와 혼란을 비유한다. 시진핑이 '고인 물'과 '용솟

음치는 암류'라는 형상 비유를 사용한 것은 사회가 발전하려면 활력이 충만해야 하지만 활력에도 질서가 필요하다는 것을 강조하기 위함이다.

'고인 물'과 같은 사회는 겉으로 보기에 질서가 있는 것처럼 보이지만 사회체제가 경직되고 그 경직된 체제가 사람을 속박하기 때문에 개인이 자유롭게 자신의 뜻을 펼칠 수 없다. 이런 사회는 모든 것이 정해져 있고 틀에 박혀 있다. 이러한 '질서 있는' 사회는 활력이 없기 때문에 더 이상 발전하기가 힘들다.

계획경제 시대의 중국사회는 상대적으로 활력이 결핍된 사회였다. 당시에는 공동 생산과 균등한 분배가 이루어졌기 때문에 일을 많이 하든 적게 하든 얻는 수익이 크게 다르지 않아 경쟁할 필요도 없었다. 이로 인해 사회 전반에 걸쳐 발전과 혁신의 동력이 부족했다. 개혁개방은 이러한 체제를 타파하고 사회 발전에 걸림돌이 되는 각종 규제를 완화했다. 덕분에 사회의 활력이 살아나 중국 사회의 발전을 이끌었다.

사회가 발전하려면 활력이 있어야 한다는 것은 지난 역사적 경험에서 입증된 부정할 수 없는 이치다. 사회에 활력이 넘치게 하려면 사회생활과 국민의 활동에 불필요한 규제와 개입을 줄여야 하며, 관련 정책과 제도 및 법률을 마련해 사회에 지속적으로 활력이 생기도록 보장해야 한다. 중국 사회는 정부의 규제가 지나친 측면이 있기 때문에 개혁의 심화를 통해 현대적인 사회 관리 체계를 구축해 노동, 지식, 기술, 경영, 자본 등 다양한 생산 요소가 경쟁적으로 활기를 발산하도록 하고 사회의 부를 창출하는 모든 원천에서 샘물이 용솟음치게 해야 한다.

그러나 활력이 무질서한 발전을 의미하는 것은 아니다. '암류가 용솟음치는' 것은 더욱 아니다. 우리에게 필요한 사회적 활력은 법치라는 궤도에서 질서정연하게 발산되어야 한다. 무질서와 '용솟음치는 암류'는 활력의 발산 양상과는 거리가 멀 뿐 아니라 사회의 건강한 활력까지 위협한다. 동서고금을 막론하고 무질서한 상태에서 발전과 진보를 이룬 국가는 하나도 없다. 무질서는 혼란이고 위험이다. 현재 중국은 사회구조의 심층적인 조정과 변혁의 단계에 놓여 있다. 사상과 관념이 갈수록 다원화되고 이해관계가 복잡해지며 이익에 대한 요구도 다양해지고 있다. 이런 상황에서 사회의 발전 과정을 관리하지 않고 방치하다가 사회의 질서가 사라지면 사회의 지속적인 발전을 추진하기는커녕 발전과 진보를 가로막을 것이고, 개혁개방으로 얻은 성과도 물거품이 되고 만다. 그러므로 사회의 발전에 '암류가 용솟음치지' 않도록 '암류'를 조사하고 해소하고 제어하는 것이 시급하다. '암류'의 존재에 둔감해지거나 별것 아닌 것으로 여기거나 소홀해서는 안 된다.

'고인 물'과 '용솟음치는 암류'는 사회 발전을 위해 결코 있어서는 안 될 존재다. 곳곳에 '고인 물'이 있는 사회는 활력이 없기 때문에 무기력하고 정체되며 '암류가 용솟음치는' 사회는 무질서와 혼란 때문에 발전 동력을 잃게 된다. 질서를 유지하면서도 활력이 넘치는 사회만이 끊임없이 앞으로 나아가며 발전할 수 있다. 중국 특색의 사회주의 건설이 지향하는 목표가 바로 이것이다.

질서 있고 활력이 넘치는 조화로운 사회를 만들기 위해서는 18기 3중 전회, 4중 전회가 주창한 정신에 따라 개혁을 전면적으로 심화해야 한다. 법치국가로의 변화, 정치체제 개혁과 행정관리제도 개혁, 행정 간소화와 권한의 이양, 현대사회의 관리 체제 정립 등에 박차를 가해 다양한 사회 주체들이 각자의 맡은 임무를 성실하게 이행할 수 있는 환경을 조성해야 한다. 모든 사회 요소를 총동원하여 활력이 넘치는 조화로운 사회를 건설하기 위해 다 함께 노력해야 한다.

54

'밀반죽 밀기'식 도시 개발을 억제하라

遏制城市攤大餅式發展

도시 건설, 특히 인프라 건설의 효율성을 강화하고 적절하고
유기적이며 미래의 수요를 충족시키는 기능 체계를 구축하여
'밀반죽 밀기攤大餠'식의 도시개발을 억제해야 한다.

— 2014년 2월 26일, 베이징 시 시찰 시의 발언

'밀반죽 밀기'는 밀가루 반죽을 밀대로 밀어서 표면적을 끊
임없이 확장하는 것으로, 중국인이라면 누구나 아는 밀가루
음식 제조법이다. 시진핑 주석은 '밀반죽 밀기'라는 말로 현재
중국의 도시화 과정에서 나타나는 비과학적인 경향을 비판했
다. 구시가지를 중심으로 도시의 외연을 확장하는 방식이 수
많은 도시 문제를 일으킨다는 것이다. 시진핑이 베이징 시찰
당시 도시의 밀반죽 밀기식 발전을 억제해야 한다고 전격 강

조한 것은 의미심장하다.

밀반죽 밀기식 도시발전 방식으로 도시의 규모가 확대된 게 사실이나 동시에 심각한 도시 문제가 발생했다. 도시 규모가 지나치게 커지고 기능이 집중되면서 인구 과밀로 인해 도시 인프라의 과부하와 공적 자원 부족을 초래했다. 이로 인해 교통 체증, 환경오염, 집값의 기형적 상승, 물가 급상승 등의 문제가 발생했다. 이런 문제는 베이징 등 특特대도시에서 특히 심각하다. 밀반죽 밀기식 도시발전 방식으로 인해 본디 주민의 거주 편의를 위해 형성된 도시가 편의성을 잃었고, 도시의 지속 가능한 발전도 불가능해졌다.

중화인민공화국 수립 이후 중국은 현대적인 도시의 건설과 발전 방향을 모색해 왔다. 그러나 경험 부족으로 인해 해외 사례를 본보기로 삼을 수밖에 없었다. 첫 본보기는 구舊 소련으로, 아직까지도 중국의 많은 도시에 1950~1960년대에 유행했던 소련식 건축물과 분위기가 남아 있다.

개혁개방 이후에는 경제가 빠르게 발전하면서 중국의 도시 규모도 급속히 확장되었다. 이 과정에서 중국은 주로 서구 모델을 차용했다. 특대도시 건설로 경제 성장을 이끈다는 서구형 도시발전 방식을 점진적으로 받아들인 것이다. 그러나 도시 계획 단계에서 많은 인구, 1차와 2차 산업에 치우친 산업 구조 등의 국내 실정을 간과한 결과 인프라와 공공서비스 수준이 도시 규모의 확대에 미치지 못해 각종 도시 문제가 불거졌다.

탐대구양貪大求洋(객관적인 조건을 고려하지 않은 채 규모와 외국 사례만을 추구하는 경향)을 외치는 행정가들의 맹목적인 의지 역시 밀반죽 밀기식 도시 발전을 부추겼다. 일부 지방 행정부는 이른바 정치적 업적을 남기기 위해 도시 계획 및 건설 과정에서 실정에 맞지 않게 맹목적으로 규모와 새로움, 외국 벤치마킹만을 추구했고, 지방 정부 수장의 허영심과 업적 쌓기 경쟁 속에 도시는 갈수록 커져갔다. 이처럼 중국의 도시, 특히 대도시의 밀반죽 밀기식 발전은 역사적, 현실적 배경에서 근본 원인을 찾을 수 있다.

밀반죽 밀기식 도시 발전을 억제하기 위해서는, 먼저 도시 관리자가 '탐대구양'으로 도시를 발전시키겠다는 기형적 도시 건설 이념과 정치적 업적에 대한 맹목적 추구를 버려야 한다. 무분별한 경쟁심, 도시는 클수록 좋고 건물은 높을수록 좋다는 그릇된 관념을 버리고 현실에 대한 객관적 인식을 바탕으로 도시의 '하드웨어'가 아닌 '소프트웨어'의 발전을 추진해야 한다. 더불어 도시의 외연적 변화만으로 행정가의 정치적 업적을 평가하는 기존의 방식을 개선해 맹목적인 도시 확장에 대한 정치인의 충동을 제도적으로 근절해야 한다.

밀반죽 밀기식 도시 발전을 제한하기 위해서는 도시 계획 및 건설을 관련 부처 장관의 의지에 맡길 것이 아니라 체계적이고 과학적으로 추진하는 것도 필요하다. 도시 계획을 추진할 때는 미래의 발전 수요를 감안해 토대를 구축하는 한편 현실적인 여건도 충분히 고려해야 한다. 객관적인 실정에 맞지 않게 외국의 도시건설 사례를 무조건적으로 모방하는 것은 특히 경계해야 한다. 과학적인 실증에 입각해 도시 발전 계획을 확정했다면 그 청사진을 현실화하는 데 힘을 쏟아야 한다. 실제 도시 건설 단계에 들어간 후에는 건설의 진척을 지속적으로 감독하면서 필요에 따라 적절하게 계획을 조정하고, 행정가 개인의 의지에 따라 도시 계획이 함부로 개편되는 현상을 근절해야 한다.

중국 경제가 성장을 거듭하고 사회가 안정적인 번영기에 들어서면서 도시 확장에 대한 열망도 용솟음치고 있다. 밀반죽 밀기식의 맹목적인 도시 확장을 억제하고, 예술적인 감각으로 새로운 역사를 만들겠다는 의지와 강한 책임감을 가지고 국민에게 살기 좋은 환경을 만들어줘야 한다. 이를 위해서는 도시 관리자의 지혜뿐 아니라 모든 중국인의 노력이 필요하다.

55

청산녹수가 금산은산이다

綠水靑山與金山銀山

우리에게는 청산녹수도 금산은산도 필요하다. 그러나 청산녹수가 없이는 금산은산도 소용이 없다. 푸른 강산이 곧 경제력이다. 눈앞의 경제 발전을 위해 환경 파괴를 제물로 삼아서는 안 된다.

— 2013년 9월 7일, 시진핑 주석이 카자흐스탄 나자르바예프 대학에서의 강연 후 학생과의 질의응답 시간에 한 발언

시진핑 주석은 2006년 중국공산당 저장성浙江省위원회 서기로 재직할 당시 청산녹수(아름다운 자연)와 금산은산金山銀山(장례 때 망자를 위해 태우는 금색 은색 종이로 만든 산 모형, 경제력을 일컬음)의 변증법적 관계에 대해 강조한 바 있다. 제18차 당대회 이후로는 각종 공식석상에서 "푸른 강산이 곧 경제력이

다而且綠水靑山就是金山銀山"라고 강조했다. 푸른 강산과 경제력의 관계를 빌어 '환경'과 '경제 발전'의 '변증법적 관계'를 역설함으로써 이 두 개념이 대립하는 것이 아니라 상호보완적이고 호환됨을 강조한 것이다.

개혁개방 30여 년 동안 '발전중심주의'가 중국에 뿌리를 내렸고 국가지도부에서 서민층까지 전 중국이 경제 발전의 중요성을 확실히 깨달았다. 튼튼한 물적 토대 없이는 빈곤과 낙후를 해결할 수 없고 민생 문제도 개선할 수 없다. 중국은 13억 인구를 보유한 대형 개발도상국이며 여전히 사회주의 초급단계에 머물고 있다. 많은 지역에서 서민 소득은 여전히 최저생계비에 못 미치고 도시와 농촌의 발전 격차도 심각하다. 중국의 GDP 총량이 어느새 세계 2위로 올라섰지만 1인당 GDP는 여전히 중위권에 머물고 있다. 현재 중국은 성장에 있어서 많은 문제를 안고 있으며, 이 문제들은 대부분 의료, 취업, 교육, 양로 등 국민의 일상생활과 밀접한 관련이 있다. 이런 문제를 해결하려면 경제 발전이 필수불가결하며, 경제 발전을 위해서는 물적 토대를 바탕으로 많은 자금을 투입해야 한다.

토대를 구축하여 발전을 추진하는 것은 매우 중요하다. 그러나 보다 시급한 문제가 있다. 중국 일부 지역에서는 오랫동안 청산녹수(자연)와 금산은산(경제)을 대립하는 개념으로 보고 '선 성장, 후 복원'을 추구했다. 심지어 몇몇 지방 정부는 전체적인 이익과 지속 가능한 발전에 대한 고민 없이 '연못의 물을 퍼내 물고기를 잡는' 식의 근시안적인 경제 성장을 추진했다. 이런 성장 방식은 자원 고갈, 환경 파괴, 에너지 위기 등의 결과를 초래해 중국의 장기적인 발전을 가로막는 거대한 장애물이 되었다. 생태계의 에너지 생성 및 환경의 자정작용에는 나름의 법칙이 있다. 이 법칙을 강제로 깨뜨려 돌이킬 수 없는 상황을 초래한다면 '복원'은 불가능하다. 우리가 자연과 조화롭게 공존하려면 자연의 규율에 따라야 한다. 그렇지 않으면 자연의 보복을 당할 것이다. 엥겔스의 말처럼 인간은 자연과의 대결에서 승리했다는 기쁨에 너무 도취돼서는 안 된다. 지금껏 펼쳐진 대결에서 승리의 기쁨은 모두 보복의 눈물로 되돌아왔다. 그렇기 때문에 청산녹수를 등져서는 안 된다.

최근 중국의 초미세먼지 문제가 세계적인 화두로 떠올랐다. 환경의 위기는 중국인이라면 누구도 외면할 수 없는 선결 과제가 되었다. 환경 파괴를 대가로 이룬 발전은 중국이 바라는 발전이 아니다. 스모그에 뒤덮인 하늘, 들이마실 수 없는 공기, 안심하고 마실 수 없는 식수는 결코 중국이 이루어야 할 현대화의 모습이 아니다.

자연에 가해지는 현실적인 위협을 보면서 환경 복원과 보호에 대한 사회적 공감대가 형성되었다. 이제는 정부의 거시적인 제도 마련과 국민의 구체적인 실천이 상호작용을 이룰 수 있는 방안을 모색해야 할 때다. 그리고 경제 성장과 환경 보호의 병행이 세계적 추세라는 사실을 인식해야 한다. 19세기 말부터 20세기 중엽까지 서구 선진국도 오수 배출과 스모그 등의 환경오염 문제로 골머리를 앓았다. 런던은 '스모그의 도시'라는 불명예를 떠안아야 했다. 미국은 1940년대부터 스모그가 발생했지만 '대기청정법'을 입안한 것은 그로부터 20여 년이 지난 1970년대의 일이다. 영국 런던 역시 최악의 스모그 발생 후 20여 년이 지나서야 맑은 하늘을 되찾을 수 있었다. 이렇듯 한번 망가진 환경을 복원하는 것은 장기적이고 까다로운 일이다. 중국 역시 환경 복원이 힘겨운 공방전일 뿐 아니라 지구전이라는 사실을 깨닫고 굳은 의지와 인내를 가지고 환경을 대해야 한다.

청산녹수(자연환경)와 금산은산(경제력)은 '정正-반反'의 대립 관계가 아니라 '합合'의 관계를 가진다. 각급 지방정부는 이제 기존의 자원소모형 경제 성장 방식에서 벗어나 혁신주도형 방식을 추진해야 한다. 더 중요한 것은 빨리 가는 데 집중한 나머지 무엇을 향해 가는지 잊어서는 안 된다는 점이다. 생존과 발전을 거듭하면서 인류가 느낀 행복의 관점에서 보자면 "청산녹수가 곧 금산은산이다." 자연환경이 곧 경제력인 것이다. 이와 관련해 시진핑은 이렇게 말했다.

"환경 보호가 곧 생산력 보호이며, 환경 복원이 곧 생산력 발전이다."

중국에는 이런 속담이 있다.

"푸른 산만 있으면 땔감은 걱정할 필요가 없다留得靑山在, 不怕沒柴燒."

"늘 푸른 나무는 돈이 열리는 나무요, 늘 푸른 물은 재물이 흐르는 물이다常靑樹就是搖錢樹, 常綠水就是發財水."

청산녹수는 언제든 경제 발전의 밑바탕이 되고 금산은산(경제력)으로 호환될 수 있다는 의미다. 최근 중국의 많은 지방 정부가 친환경 생태 발전의 길을 모색해 성공을 거두고 있다는 사실은 희망적이다.

56

'평형수'와 '추진체'가 되자

'壓艙石'與'助推器'

국제사회도 중미 관계가 지속적으로 개선되고 발전하기를 바란다. 중미 양국이 협력한다면 세계 안정을 유지하는 평형수, 세계 평화를 앞당기는 추진체가 될 것이다.

— 2013년 6월 7일 오바마 미국 대통령과의 회동에서 한 발언

시진핑은 대외관계와 관련해 언급할 때마다 평형수平衡水(공선항해 시 배가 뒤집히는 것을 막기 위해 싣는 물Ballast water)와 '추진체'라는 비유를 들곤 한다. 2012년 2월 14일, 당시 중국 국가 부주석이었던 시진핑은 미국 방문 당시 참석한 중미 기업가 간담회 자리에서 양국 기업가에게 "경제 무역이 양국 관계의 평형수와 추진체 역할을 할 수 있도록 힘써 주기를 바란다"라고 당부했다. 또 2013년 1월 25일 야마구치 나쓰오 일본 공명

당 대표를 만난 자리에서 "그간 양국이 합의한 네 가지 기본 문서는 중일 관계의 평형수로, 반드시 지켜져야 한다"라고 말했다.

고대에는 항해 시 공선률(空船率)이 높은 편이었다. 공선항해 시 선박의 전체 무게중심이 해수면보다 높아 선박이 기울거나 뒤집힐 위험이 크기 때문에 모든 선박은 배의 무게 균형을 잡아주기 위해 바닥짐ballast을 실었고 화물을 적재하면 그 무게만큼 바닥짐을 덜어냈다. 과거에는 바닥짐으로 돌을 이용했지만 선박 건조 기술이 발달하면서 돌은 철로 대체되었고, 최근에는 물이 주로 사용된다. 이것이 바로 평형수다. 현대 원양화물선은 적재비율이 높지만 여전히 평형수를 활용하며 평형수 적재기준은 국제표준을 따른다. 평형수라는 단어는 대개 사물의 균형 잡힌 건강한 발전을 이루는 담보물을 비유할 때 쓰인다.

추진체(부스터booster)는 본디 과학기술 장치로, 미사일이나 우주선 등이 발사체에서 신속하게 날아올라 예상 비행속도까지 속도를 높일 수 있도록 하는 로켓 엔진에 사용된다. 일상생활에서 추진체는 어떤 일의 발전을 추동하고 촉진하는 핵심 요소를 비유하는 말로 활용된다. 모든 사물의 발전에는 안정을 유지하는 평형수와 앞으로 나가도록 추동하는 추진체가 필요하다.

중미 관계에 대해 언급할 때 시진핑은 평형수와 추진체라는 단어를 자주 사용한다. 경제 무역 거래가 양국 관계 발전에서 차지하는 중요성을 설명할 때는 평형수와 추진체라는 말로 양국 관계가 안정을 유지하는 토대와 양국 관계의 발전을 촉진하는 역량을 비유한다. 또 중미 양국의 우호 협력이 세계 평화와 발전에서 차지하는 중요성을 강조할 때도 두 단어를 사용하는데, 양국이 대립을 지양하고 협력을 도모하는 것이 세계의 안정을 유지하는 중요한 토대이자 세계 평화와 발전을 촉진하는 힘이라는 의미를 담고 있다.

중일 관계에 있어서 시진핑은 평형수라는 말로 '네 가지 기본 문서'가 중일 관계에서 차지하는 중요성을 강조한다. 중일 양국이 체결한 네 가지 기본 문서란 1972년 양국이 국교를 회복하면서 발표한 '중일 국교정상화에 관한 공동성명', 1978년에 체결한 '중일평화우호조약', 1998년에 발표한 '중일 공동선언', 그리고 2008년에 발표한 '전략적 호혜관계 추진을 위한 공동성명'을 말한다. 이 네 가지 기본 문서는 일본이 중국을 침략했던 역사를 인정하고 양국의 영토 분쟁을 인정하는 등 역사를 존중하자는 내용을 담고 있다. 이 네 가지 기본 문서는 중일 관계의 우호성을 지키는 평형수이자 양국 관계가 한 단계 더 발전하도록 촉진하는 추진체로, 이를 준수한다면 중일 관계의 미래지향적인 발전을 보장할 수 있지만 어길 경우 양국 관계 발전을 저해하는 결과를 초래할 것이다.

외국 지도자에게 절묘한 비유를 담은 중국어를 사용하는 것, 이 점이 시진핑 화법이 지닌 특징 중 하나다. 대외관계에서 시진핑은 평형수와 추진체라는 말을 통해 중국 외교의 기본이념과 원칙 및 입장을 정확하고 간결하게 전달했다.

57

'스파게티 볼 효과'를 방지하자

防止出現'意大利面碗現象'

중국은 태평양 양안을 아우르고 당사국에 도움이 되는 지역 협력 기틀을 구축하는 데 힘쓸 것이다. 태평양이 광활한 까닭은 그곳을 가로막는 천연 장애물이 없기 때문이다. 그런 지역에 인위적인 장애물을 더해서는 안 된다. 우리는 APEC이 가지는 주도적 역할과 조율 기능을 발휘하여 개방과 포용, 호혜상생의 이념을 견지하고 거시경제정책의 조율을 강화하며 역내 자유무역의 조정을 촉진함으로써 역내 통합을 심화시키고 '스파게티볼 효과'를 방지해야 한다. 이로써 태평양 양안에 보다 긴밀한 동반자 관계를 구축하고 아시아태평양 지역의 장기적인 발전을 도모해야 한다.

— 2013년 10월 7일 '아시아태평양경제협력체APEC 최고경영자회의CEO Summit'에서의 연설

'스파게티 볼 효과Spaghetti bowl effect'는 미국의 경제학자 자 그디시 바그와티가 1995년에 출판한 『미국 무역정책U.S. Trade Policy』에서 처음 등장했다. 각종 양자간 자유무역협정Free Trade Agreement(FTA)과 역내 무역협정(통칭 특혜무역협정 Preferential Trade Agreement[PTA])에서 대상국별 혹은 지역별로 적 용되는 특혜조건이나 원산지 규정이 각기 달라 스파게티 접시 에 든 국수 가락처럼 서로 얽히고설킨 형상을 가리킨다.

시진핑은 '스파게티 볼 효과'라는 경제학 용어를 사용해 아·태 지역이 협력을 강화함으로써 경제, 정치, 안보 등의 분 야에서 불필요한 갈등과 충돌을 피하고 역내 협력과 발전에 이바지해야 한다고 강조한다. 이 용어의 활용을 보면 시진핑 화법의 또 다른 특징을 엿볼 수 있다. 즉 국제적으로 통용되 는 어휘를 사용해 복잡한 국제정세를 단순하면서도 의미심 장하게 서술하고 중국의 관점과 입장을 분명히 드러내는 것 이다.

현재 아·태 지역은 세계에서 가장 활력이 넘치고 발전 잠재 력이 큰 지역 중 하나다. 이 점은 2008년 글로벌 금융위기 이 후 더욱 두드러지게 나타났다. 그러나 이 지역의 정치적 구도 는 매우 복잡하다. 평화와 발전이라는 시대적 흐름에 역행하 듯 아·태지역 국가 간에는 갈등과 충돌이 끊이지 않고 일부 국가는 정국이 불안정하다. 이로 인해 아·태지역에는 정치 및 안보 분야의 '스파게티 볼 효과'가 심각하다. 역내 각국이 이런 상황을 타개하기 위해 노력하지 않는다면 아·태지역은 물론 전 세계의 평화와 발전에까지 부정적인 영향을 미칠 것이다. 시진핑이 '스파게티 볼 효과'를 방지해야 한다고 강조하는 원인도 여기에 있다.

경제 무역의 측면을 살펴보면 아·태 지역에는 아시아태평양경제협력체APEC 외에도 수많은 무역협정이 난립해 있다. 이들 무역협정 사이에 서로 상충되는 지점이 존재하는 것은 불가피한 현상이다. 또 정치와 안보 분야에서는 일부 국가가 결탁함으로써 이 지역의 불안정을 야기하고 있다. 이 밖에도 과거사 문제, 지정학적 영토분쟁 등 각국의 전략적 이익이 충돌하고 있어 국가 간 관계가 한 치 앞을 내다보기 힘들 정도로 불투명하고 불안정하다. 이는 아·태 지역의 역내 통합 전망을 어둡게 한다.

'스파게티 볼 효과'를 방지하기 위해서는 역내 각국의 상호 신뢰 및 단합을 강화해야 한다. 상호 신뢰는 매우 소중한 가치를 지닌다. 각국이 서로 의심하고 경계한다면 지역의 밝은 미래는 기대할 수 없다. 아·태 지역의 평화와 발전은 각국의 상호 신뢰라는 토대가 튼튼하게 유지될 때 비로소 가능하다. 시진핑이 강조했듯 각국은 '서로 짓밟거나 음해하려 해서는 안 된다.' 반대로 상호 지지, 호혜상생, 상호 협력으로 힘을 합해 각종 도전에 대응해야 한다. 그래야만 이 지역이 가진 활력과 잠재력을 마음껏 발휘할 수 있다.

"자와 각도기가 없으면 네모와 원을 그릴 수 없다沒有規矩, 不成方圓." 규범을 지키지 않으면 일을 이룰 수 없다는 뜻의 중국

속담이다. '스파게티 볼 효과'로 인해 발생할 수 있는 충돌과 갈등을 방지하기 위해서는 반드시 아·태 지역 각국이 모두 따를 수 있는 행동규칙을 마련해야 한다. APEC이 만든 각종 조항이 좋은 사례다. 아·태 지역 각국의 공동이익 수호를 전제로 정한 규칙은 모두가 따르고 지켜야 한다. 이렇게 할 때 비로소 각국이 갈등을 해결하고 협력함으로써 이 지역의 발전을 위협하는 각종 위험과 도전에 대응할 수 있다.

경제 글로벌화가 심화되면서 아·태 지역은 이미 한 국가의 이익이 전체의 이익이 되고 한 국가의 위기가 모두의 위기가 되는 운명공동체로 거듭났다. 지역의 평화, 발전, 안정, 안보와 관련한 모든 문제에 대해 각국은 건설적인 태도로 서로를 지지하고 힘을 실어줘야 한다. 중국은 이를 위해 최선을 다하고 있으며 앞으로도 노력을 게을리하지 않아야 한다. 역내 각국이 이를 실천한다면 '스파게티 볼 효과'를 효과적으로 방지하고 지역의 활력과 잠재력을 발산하여 지역의 지속적인 번영과 발전을 이룰 수 있을 것이다.

58

'칼슘'과 '골연화증'을 주시하자

'鈣'與'軟骨病'

이상과 신념은 공산당 당원의 정신적인 '칼슘'과 같다. 신념이 없거나 흔들린다는 것은 일종의 '칼슘 부족 현상缺鈣'으로, 정신의 '골연화증'을 일으킬 수 있다. 일부 당원과 간부에게서 이런 문제가 나타나는 것은 엄밀히 말하자면 신념이 흔들리고 정신적으로 방향을 잃었기 때문이다.

— 2012년 11월 17일 '중국공산당 중앙정치국 제18기 4차 집단학습'에서의 강연

칼슘은 강력한 기능을 가지며 화학적 반응성이 큰 생체원소로, 수많은 물질과 합성작용을 일으켜 새로운 물질을 만든다. 칼슘은 신체 건강에 매우 중요하다. 근육, 신경, 체액 및 뼛속 단백질 모두 칼슘 이온의 결합으로 만들어진다. 칼슘이 체중에서 차지하는 비중이 1.5~2.0퍼센트가 되어야 건강이

유지된다. 칼슘 함량이 부족할 경우 신체의 생장 발육 및 건강이 위협을 받는다. 골다공증과 골연화증은 칼슘 부족으로 인해 발생하는 대표적인 질환이다.

시진핑은 생체원소인 '칼슘'과 신체적 질환인 '골연화증'을 정치활동에 대입한다. 중국공산당 당원이 이상과 신념을 가지는 것은 신체가 칼슘을 함유하는 것만큼이나 중요하며, 이상과 신념이 없는 것은 칼슘 부족으로 인해 나타나는 골연화증만큼이나 위험하다는 것을 강조한다.

중국공산당이 뼈대가 가장 튼튼한 정당, 칼슘부족을 겪지 않은 정당이라는 것은 역사가 말해준다. 중국공산당은 민족의 존립이 위태로운 시기에 창설되어 참혹한 전쟁과 온갖 고난 속에서도 중국의 민족 해방과 독립의 위대한 여정을 이끌었다. 확고한 신념이 없었다면 새로운 세상을 여는 위대한 혁명을 완수하지 못했을 것이다. 창당 후 90여 년 동안 당원 수가 겨우 수십 명에 불과한 군소 정당에서 8000여 만 명의 당원을 거느린 집권당으로 성장한 것은 중국공산당 당원의 뚜렷한 이상과 굳은 신념이라는 정신적 역량 덕분이다. 리다자오李大釗, 류후란劉胡蘭, 샤밍한夏明翰 등 훌륭한 공산당원이 굳은 이상과 신념을 가지고 중국 혁명의 승리를 위해 온몸을 바쳤다. 사회주의 건설 초기에 들어선 후에도 굳은 이상과 신념은 중국공산당원이 사회주의 건설에 열정을 바치도록 만든 정신적 원동력이었다. 자오위루焦裕祿, 쿵판썬孔繁森, 양산저우楊善洲, 궈밍이郭明義 등이 대표적인 인물이다.

그렇다면 시진핑이 지적하듯 일부 당원과 간부가 이런저런 문제를 일으키고 심지어 신념이 흔들리고 정신적 방향을 잃기까지 하는 이유는 무엇일까? 중국 공산당의 장기집권 동안 일부 당원이 각종 유혹과 시련, 도전을 극복하지 못하고 스스로에 대한 요구치를 접고 경계심이 풀어져 학습에 소홀한 결과 자신도 모르는 새 이상과 신념이 흔들리기 때문이다. 이것이 바로 시진핑이 말하는 정신적 '칼슘 부족' 현상이다. 정신의 칼슘이 결핍되면 이기주의, 향락주의, 배금주의에 물들게 된다. 이것이 지속되면 원칙과 직결되는 주요 문제 앞에서 방향감각을 상실하게 되고 돈의 유혹 앞에서 당당할 수 없으며 미색의 유혹 앞에서 스스로 노예가 된다. 그러다 보면 온갖 문제들이 터져 나오기 마련이다. 집단의 칼슘 부족 현상도 이와 다르지 않다. 시진핑이 "파벌을 만들고 파벌끼리 대립해서는 안 된다. 이익집단을 형성하거나 거래를 해서도 안 된다"라고 거듭 강조하는 것은 각급 당원과 간부에게 경각심을 일깨우기 위한 일갈이다.

칼슘 부족으로 골연화증을 앓게 되면 당원 개인의 인생을 망치는 데서 그치지 않고 당의 존망까지 위협한다. 당의 근간은 모든 당원이 함께 지킬 때 존립이 가능하고, 국민은 당원 개개인의 모습을 통해 당 전체를 인식하기 때문이다. 특히 요즘 시대는 '후광 효과halo effect'의 시대가 아니라 '도깨비 뿔 효과horn effect'의 시대이기 때문에 당원이나 간부 개인에 대한 요구치가 과거에 비해 훨씬 높을 수밖에 없다. 이 또한 시진핑이 군은 이상과 신념의 중요성을 거듭 강조하는 주된 이유다.

칼슘이 부족하면 보충해야 한다. 중국공산당의 특수성을 고려할 때 '칼슘이 부족한' 당원이나 간부는 우선적으로 마르크스주의의 기본 이념이라는 칼슘부터 보충해야 한다. 이론 학습을 통해 이론적으로 부족한 부분을 보충하고 이상과 신념의 기초를 다져야 한다. 또 이상과 신념을 실제 당원 활동에 적용하여 자신을 단련함으로써 사회주의의 도덕적 모범을 보이고 서로 신뢰할 수 있는 공정한 풍조를 이끌어야 한다. 정신적 칼슘을 보충해 국민이 공산당에 거는 기대를 저버리지 않도록 공산당원으로서의 인격의 향기를 전해야 한다. 이상과 신념이라는 정신적 칼슘은 언제든 부족해질 수 있으므로 항상 경계해야 한다. 밥 먹는 것, 잠자는 것과 마찬가지로 하루도 빠트려서는 안 되는 필수 요소라는 점을 명심하고 노력을 게을리해서는 안 된다.

시진핑은 공산당원이 지녀야 할 이상과 신념을 정신의 '칼슘'이라는 절묘한 단어에 비유함으로써 이상과 신념이라는 추상적 개념에 대해 일반인이 느끼는 거리감을 없애고 그것의 중요성을 일깨웠다. 그야말로 의표를 찌르는 절묘한 어휘 선택이 아닐 수 없다.

59

돌을 밟든 쇠를 잡든 흔적을 남겨라

踏石留印, 抓鐵有痕

돌을 밟으면 발자국을 남기고 쇠를 잡으면 손자국을 남기겠다
는 열의, 용두사미가 되지 않겠다는 각오로 모든 일의 시작부
터 끝까지 최선을 다해야 한다. 당 전체와 모든 국민이 지켜보
고 있다는 의식을 가지고 모든 일에 임하고 그에 따른 성과와
변화를 국민이 피부로 느낄 수 있도록 노력해야 한다.

— 2013년 1월 22일 '제18기 중앙기율위원회 2차 전체 회의'에서

"돌을 밟으면 돌에 발자국을 남긴다踏石留印." "쇠를 잡으면
쇠에 흔적을 남긴다抓鐵有痕." 돌이나 쇠처럼 단단한 물질에 자
신의 흔적을 남긴다는 뜻의 이 두 문장은 어떤 일이든 목표를
이루기 전에는 쉬지 않겠다는 각오, 한번 시작하면 제대로 해
내겠다는 정신을 비유한다. 시진핑이 이 두 문장을 비유로 든

것은 중국공산당이 당의 기강 확립과 부패 척결이라는 굳은 결심을 유지해야 한다고 강조하기 위한 것으로, 한번 시작한 일은 끝을 보겠다는 당 중앙지도부의 굳은 의지를 강하게 전달하고 있다.

이 단호하고 힘차며 설득력 있는 두 문장은 책임감 있고 실질적이며 실용적인 시진핑의 업무 기풍과 더불어 그가 가진 역량, 강직함, 진정성, 올곧은 기상을 여실히 보여준다. 단 두 문장만으로 그의 저력과 결심, 진정성과 통찰력을 절묘하게 전달하는 정제되고도 진중한 표현이 아닐 수 없다.

성실한 기풍은 중국공산당이 자랑하는 전통이다. 마오쩌둥은 "세상에서 가장 두려운 것은 '성실'이라는 두 글자이며, 공산당이 가장 강조하는 것 역시 '성실'이다"라고 말한 바 있다. 중국공산당이 갖은 고난과 역경을 이겨내고 국민의 사랑을 받게 된 주요 원인이 바로 이 성실한 기풍에 있다. 공산 혁명 시기든 평화 발전의 시기든 성실한 기풍을 유지하는 것만이 당의 업무 수행을 가능케 하며 역으로 당의 업무를 철저히 수행해야만 기풍의 진보를 이룰 수 있다. 제18차 당 대회 이후 당 중앙지도부는 "돌을 밟으면 돌에 발자국을 남긴다" "쇠를 잡으면 쇠에 흔적을 남긴다"라는 두 문장을 행동으로 옮긴 듯한 업무 태도와 기풍으로 중국공산당의 훌륭한 전통이 새로운 시대에 또 한 번 진보했음을 만방에 알리고자 했다.

그러나 불행하게도 실제 업무 수행에서 돌이든 쇠든 흔적을 남기기는커녕 바람처럼 표면만 훑고 지나가는 듯한 업무 태도를 보이는 지방 당 조직과 부처들이 있다. 일을 할 때 마치 '잠자리가 꼬리만 물에 살짝 담갔다 날아오르듯' 일의 표면만 훑고, 정작 문제에 부딪히면 에둘러 돌아간다. 철저한 업무 수행을 강조하는 캠페인을 실시한다 해도 일시적인 운동에 그칠 뿐 이를 지속적으로 추진하거나 심화·발전시키지 않는다. 게다가 중요한 문제 앞에서 자신의 책임을 회피하거나 몸을 사리기도 한다. 이런 유약하고 의욕 없는 업무 태도와 정신 상태는 사회주의 건설이라는 과업 달성을 위협하고 국민의 공분을 산다.

기풍 강화와 부패 척결을 위해서는 '돌이든 쇠든 흔적을 남기고 말겠다'는 정신을 유지해야 한다. 이는 사상의 문제이자 방법의 문제다. 기풍 개선 및 부패 척결을 위해서는 대충대충 설렁설렁하며 '눈 가리고 아웅하는' 식이 되어서는 안 된다. 장기적인 관점에서 업무 체계를 만들고 처음부터 끝까지 한눈팔지 않고 최선을 다하여 국민이 최종 성과를 피부로 느끼게 해야 한다.

돌을 밟고 쇠를 잡는 일을 '제대로' 해야 한다. 돌이든 쇠든 거기에 흔적을 남기기 위해서는 무엇보다도 밟고 잡는 행위가 먼저다. 그리고 같은 동작을 하더라도 겉핥기식이라면 아무것도 남길 수 없다. 일을 제대로 수행하기 위한 행동이 따르지 않고 체계적인 방법과 노력이 수반되지 않는다면 어떤 성과도 효과도 거둘 수 없다. 그리고 돌을 밟고 쇠를 잡을 때도 일의 경중과 우열을 가려 체계적으로 해야지 뭉뚱그려서 싸잡아

처리해서는 안 된다. 당 중앙에서 결정한 중대한 정책과 주요 사업을 최우선적으로 시행하고 실제 업무에서 발생하는 주요 문제와 핵심 사항을 확실하게 처리하여 돌을 밟고 쇠를 잡는 일의 과학성과 효율을 높여야 한다.

돌을 밟고 쇠를 잡는 일을 '잘' 해야 한다. 돌을 밟고 쇠를 잡을 때 무식하게 힘으로 해결하려 해서는 안 된다. 그렇게 되면 남는 것은 상처의 흔적인 흉터뿐이다. 힘을 분배하고 머리를 써서 효율적이고 체계적으로 일해야 한다. 그래야만 우리가 돌과 쇠에 남기고 싶어 하는 흔적을 신속하고도 정확하게 남길 수 있다.

돌을 밟고 쇠를 잡는 일도 '성과'가 있어야 한다. 돌을 밟고 쇠를 잡는 것이 기본이자 열쇠라면 흔적을 남기는 것은 목적이자 성과라 할 수 있다. 현재 중국공산당은 개혁을 전면적으로 심화시켜야 하는 중요한 시기에 서 있다. 해결해야 할 갈등과 문제와 어려움이 첩첩산중이다. 이런 때일수록 당 중앙지도부가 결정한 내용과 요구사항을 철저히 따르고 돌이든 쇠든 흔적을 남기고 말겠다는 각오로 문제를 직시하고 갈등을 해소해야 한다. 이런 기풍을 실천에 옮긴다면 중국의 위대한 부흥이라는 '중국의 꿈'은 반드시 이뤄질 것이다.

60

'호랑이'와 '파리'를 한꺼번에 잡자

打'老虎', 拍'蒼蠅'

당을 엄격히 관리해야 한다. 처벌과 관리의 고삐를 늦춰서는 안 된다. '호랑이'와 '파리'를 한꺼번에 잡아야 한다老虎蒼蠅一起打. 간부급 지도자의 기율 위반 사건을 철저히 조사하고 일반 서민의 주변에서 일어나는 부정부패를 확실히 척결해야 한다.

— 2013년 1월 22일 제18기 중앙기율위원회 2차 전체 회의에서의 연설 중

현실에서 호랑이는 보기만 해도 오금이 저리는 사나운 짐승이고 파리는 성가신 해충이다. 시진핑은 '호랑이'와 '파리'를 부정부패를 일삼는 이들에 빗댄다. 시진핑이 말하는 '호랑이'란 막중한 권한을 가진 고위직에 있으면서 부패를 저지르는 무리, 혹은 그들이 연루된 대형 부패 사건을 가리키며, '파리'는 직위가 그리 높지 않은 부패한 관료다. 이들은 탐욕에 눈

이 멀어 향응 수수, 횡령, 공금 유용 등의 부패를 저지르며 사욕을 채우기 위해 비리를 저질러 국민의 공분을 산다.

몇 년 전 중국 정부가 내세운 부패 척결이라는 구호가 '호랑이'는 내버려둔 채 '파리' 적발에만 국한되는 것 아니냐는 소문 또는 우려가 항간에 떠돌았다. "호랑이 엉덩이는 아무도 감히 만지지 못한다老虎屁股摸不得"라는 속담이 전해 내려오는 데는 그만한 이유가 있기 때문이다. 시진핑은 "'호랑이'와 '파리'를 한꺼번에 잡아야 한다"라는 발언으로 국민의 이런 우려를 불식시켰다. 부패 척결에 대한 중국공산당의 굳은 의지와 확고한 태도를 선언한 것이다. 중국 속담에 "윗 대들보가 휘면 아래 대들보도 굽는다上梁不正下梁歪"라고 했다. 실권을 가진 고위층이나 정부 부처의 뇌물 수수 사건이 터졌다 하면 그 규모가 수천만 위안, 심지어 억대에 이르기 때문에 사회에 미치는 파장도 극도로 클 수밖에 없다. 윗물이 맑아야 아랫물도 맑은 법이다. '호랑이'를 제대로 잡지 못하면 '파리'가 기승을 부리는 것은 당연한 귀결이며, 이는 국가의 존망을 위협한다.

그러므로 부패 척결을 위해서는 가장 먼저 '호랑이' 잡기에 주력해야 한다. 또한 무엇보다 일반 국민을 괴롭히는 것은 하루 온종일 주변에서 윙윙거리는 '파리'라는 사실도 잊어서는 안 된다. 이 '파리 떼'의 부정부패는 국민의 삶과 직결된다. 그들은 재해구호금, 토지보상금 교육비, 농촌 출신 도시노동자의 임금 및 소외계층을 위한 생활지원금 등을 유용·횡령하거나 사법 비리를 저지르는 등 악랄한 방법으로 국민의 삶을 위협하며, 이는 중국공산당에 대한 국민의 불신을 낳는다. 이런 문제를 수수방관한다면 '호랑이'의 부정부패 못지않게 당의 집권 능력과 사회 안정을 위협할 것이다. 이런 시각에서 볼 때 "호랑이와 파리를 한꺼번에 잡아야 한다"라는 발언은 부패 척결의 필요성을 변증법적으로 역설한 것이다.

국민이 가장 관심을 가지는 것은 정책 그 자체보다도 정책의 실제 시행이다. 이런 점에서 시진핑의 '호랑이와 파리를 모두 잡아야 한다'라는 주장은 획기적이다. 18차 당 대회 이후 중앙지도부가 부패 척결에 대해 보여준 강한 의지와 시행 강도는 국민을 안심시켰다. 저우융캉周永康 수사, 보시라이薄熙來, 쉬차이허우徐才厚에 대한 사법처리, 류즈쥔劉志軍, 장제민蔣潔敏 등 성장·부장급 고위 관료의 사퇴에 이르기까지 '호랑이'들이 연루된 사건의 진상을 속속 밝혀내 국민의 절대적인 지지를 얻었다. 통계에 따르면 2012년 말부터 2014년 7월까지 40여 명의 성장·부장급 관료가 수사를 받았고 각 지방 및 부처에서 적발한 '파리'들은 그 수를 헤아리기도 힘들 정도로 많았다. 해외 언론에서 중국공산당이 부패 척결에 '제대로 팔을 걷어붙였다'라고 표현할 정도다.

물론 부패 척결에서 거둔 놀라운 성과는 다른 각도에서 보자면 부패 척결이 얼마나 까다롭고 복잡하며 장기적인 과제인지를 보여준다. 공직자의 부정부패는 동서고금, 나라와 정당을 막론하고 존재해온 세계적인 난치병이다. 집권당으로서 중국공산당은 줄곧 부패 척결에 힘써 왔다. 자신의 몸에 있는 종양을 발견하고 그것을 없애는 데 주저하지 않았다. '호랑이'와 '파리'를 잡겠다는 의지를 분명하게 밝히고 행동으로 옮김으로써 중국공산당의 성숙함과 자신감을 한층 더 강하게 드러내야 한다. 그러나 부패를 번식시키고 확산시키는 환경은 여전히 존재한다. 부패를 단시일 내 뿌리 뽑기란 불가능하다. 부패와의 전쟁을 장기전으로 보고 보다 철저하게 대비해야 한다.

시진핑이 '호랑이'와 '파리'라는 비유를 든 것은 당 중앙지도부가 부패 척결이라는 근본적인 문제에 맞서 취하는 원칙적인 입장과 정책적 조치를 생생하게 표명한 것으로, 경각심을 불러일으키고 국민의 인식을 변화시켰다. 심오한 함의를 내포하면서도 분명한 방향을 제시하는 절묘하고도 설득력 있는 시진핑의 한마디는 정치적 선언인 동시에 엄중한 약속이다.

61

거울에 비추고 의관을 단정히 하며
몸을 정결히 하고 병을 치료하라

照鏡子, 正衣冠, 洗洗澡, 治治病

(중국공산당 군중 노선의) 교육실천 활동은 자기정화, 자기개선, 자아혁신, 자아향상에 입각해 "거울에 비추어 의관을 단정히 하며 몸을 정결히 하며 병을 치료한다照鏡子, 正衣冠, 洗洗澡, 治治病"라는 종합 요구를 따라야 한다.

— 2013년 6월 18일 '중국공산당 군중 노선 교육실천 활동 업무회의'에서

옛사람이 말하기를 "구리를 거울삼아 의관을 단정히 하고, 과거를 거울삼아 세상의 흥망성쇠를 알며 사람을 거울삼아 득과 실을 알 수 있다以銅爲鏡可以正衣冠, 以古爲鏡可以知興替, 以人爲鏡可以明得失"라고 했다. 중국공산당이 군중 노선 교육실천 활동을 실시하기에 앞서 시진핑은 "거울에 비추어 의관을 단정히 하며 몸을 정결히 하고 병을 치료한다"라는 종합요구를 제시

했다. 당내의 그릇된 풍조와 폐단을 철저히 조사하고 철폐하며 당의 자기정화, 자기개선, 자아혁신, 자아향상 능력을 강화하여 중국 특색의 사회주의 건설사업의 새로운 환경을 창출해야 한다는 의지를 피력한 것이다. 시진핑이 제시한 이 종합요구는 현실에 대한 정확한 인식과 멀리 내다보는 통찰력을 간단명료한 문장으로 압축한 것으로, 정확한 주제의식과 지도방향을 담고 있다.

'거울에 비추라'는 말은 중국공산당 당장黨章을 거울삼아 당의 기율, 군중의 기대, 선진적인 본보기, 기풍 개선의 요구를 비춰야 한다는 뜻이다. 당의 본질 의식, 업무 기풍, 청렴과 자기검열의 토대 위에서 문제와 오류를 찾고 방향을 찾아야 한다. 당의 기본 이론을 거울삼아 공산주의의 이상과 신념, 중국 특색의 사회주의 이론과 노선과 제도에 대한 자신감을 다져야 한다. '거울을 비추어'야만 당에 부끄럽지 않은 당원과 조직으로 거듭날 수 있다. 중국공산당 당장은 당의 근본적인 법규이자 최고의 행동 규범으로, 당원과 간부의 언행의 기준이다. 그러므로 당장을 거울삼아 부족한 점과 오류를 비춰야 한다. 특히 당의 근본 취지를 실천하고 군중 노선을 관철하며 청렴 의식을 고수함에 있어 더 자주 거울을 봐야 한다. 또한 군중의 기대를 거울삼아 당의 기층에서부터 실제와 군중에 밀착하여 업무 수행에서 나타나는 각종 오류와 문제를 반성하고 연구하여 정확한 기풍 개선의 방향을 찾아야 한다.

'의관을 단정히 하라'라는 말은 '위민爲民, 실용, 청렴'의 요구에 따라 약점과 부족한 점을 직시하고 당의 기율, 그중에서도 정치기율을 확립하며 사상을 재무장하여 갈등과 문제를 직시하고 '나부터' '지금부터' 행동을 바르게 하여 당원으로서 갖추어야 할 소양과 책임을 가다듬고 당의 기율과 국법을 성실히 이행하여 공산당의 모범을 보여야 한다는 의미를 담고 있다. '의관을 단정히' 해야만 낮은 자세로 국민에게 가까이 다가갈 수 있다. '거울'을 보고 발견한 오류와 문제에 대해 당과 국민에게 책임을 다하는 태도와 자아반성, 자기검열 의식으로 자기교육, 자기개선, 자아향상에 성실히 임하며 각종 갈등과 문제를 간과하거나 회피하거나 미루지 말고 책임감을 가지고 직시하고 바로잡아야 한다. 군중 가까이에서 겸허하게 그들의 목소리에 귀를 기울이고 그들의 삶을 진정으로 이해하여 '위민, 실용, 청렴'의 바른 이미지를 만들어 나가야 한다. 그래야만 국민의 진정한 신뢰를 얻을 수 있다.

'몸을 정결히 하라'라는 말은 기강 확립의 정신을 바탕으로 상호 비판과 자아비판을 실천하고 문제가 발생하는 원인을 심도 있게 분석하여 사상과 행동에 묻은 먼지를 닦음으로써 당원의 정치적 진면목을 지켜나가야 한다는 의미다. 상호 비판과 자아비판이라는 무기를 들고 온갖 그릇된 풍조에 맞서 싸움으로써 실제 문제를 해결하는 한편 사상의 문제도 해결해야 한다. 이렇게 '몸을 정결히' 해야만 병균의 침투를 막을 수 있다. 당 간부는 일반 당원보다 더 자주 몸을 정결히 해 자신에게 묻은 먼지를 제거하여 참된 말과 실질적인 업무로 국민의 걱정을 해결해야 하며 자신을 깊이 있게 성찰하고 비판을 겸허하게 받아들여야 한다. 비판과 자아비판을 거쳐 문제를 발견하고 인식을 제고하여 기풍을 개선해야 한다.

'병을 치료하라'라는 말은 "과거의 잘못을 반성하여 미래에 대비하고, 병을 치료하여 사람을 살린다"라는 방침에 따라 상황에 맞게 해결방안을 모색하고 당의 기풍을 흐리는 당원과 간부를 교육시키고 문제를 철저히 조사하며 불량한 기풍과 심각한 문제를 해결해야 한다는 의미다. 이를 위해 당원과 간부는 기층 제일선에 뛰어들어 군중을 스승으로 삼고 국민의 지지를 얻으며 수많은 군중의 지혜를 한데 모아야 한다. '병을 치료'해야만 가슴을 펴고 가벼운 몸가짐으로 전진할 수 있다.

종합 요구 중에서 '병을 치료하라'는 요구는 당의 군중 노선 교육실천 활동의 목표이자 귀결이다. 마오쩌둥은 "과거의 잘못을 반성하여 미래에 대비하고 병을 치료해 사람을 살린다"라는 구호를 실천해야 한다고 말했다. '병의 치료'는 '사람을 살리고' '미래에 대비'하는 것을 근본 목적으로 해야 한다. 이를 위해서는 불량한 기풍을 발견하고 단순한 문제부터 시작하며 제도에서 원인을 찾아 근본적인 치료에 힘을 쏟아야 한다. 또 '병의 예방과 치료'의 경험을 종합하여 예방과 치료의 법칙을 파악함으로써 병에 걸릴 위험을 근절하고 제도와 체제의 측면에서 문제를 해결하는 데 주력해야 한다.

옛사람은 "나는 하루 세 번 자신을 반성한다吾日三省吾身"(『논어』「학이 學而」)라고 말했다. 모든 공산당원, 특히 간부는 수시로 "거울을 보고 의관을 단정히 하며 몸을 정결히 하고 병을 치료해야 한다." 매순간 자중하고 자성하며 경계하고 독려하여 굳은 이상과 신념을 가지고 업무 기풍을 바로잡고 올바른 가치관을 정립함으로써 중국의 위대한 부흥이라는 '중국의 꿈'의 실현을 위해 힘써야 한다.

62

땅의 정기를 받아 충전하라

'接地氣'與'充充電'

이곳은 제게 아주 친숙합니다. 과거 지방 파견 당시 저는 자전거를 타고 이곳에 왔었지요. 오늘은 여러분의 말씀을 들으러 왔습니다. 마을 분들을 뵙고 땅의 정기를 받아 충전도 좀 하려고 합니다.

— 2013년 7월 11일 허베이 성 정딩正定 현 타위안좡塔元莊 마을 방문 당시의 발언

"땅의 정기를 받는다接地氣"라는 말은 예로부터 중국 서민이 자주 사용하는 표현이다. "땅의 정기地氣"는 대지의 기운, 즉 땅속에서 땅 위로 발산되는 기운을 가리키며, "땅의 정기를 받는다"라는 말은 땅에 가까이 붙어 대지의 기운을 받고 자연에 순응하여 건강해진다는 것을 의미한다. 요즈음에는 주로 기층과 군중 깊숙이 들어감을 비유하는 표현으로 쓰인다. "충

전充電"은 원래 기술 용어로, 축전지 등의 설비에 전력을 보충하는 과정을 이른다. 전력을 소모하여 방전된 축전지는 충전을 거쳐 기능을 회복하여 다시 에너지를 방출할 수 있게 된다. 근래에는 '충전'이 조직이나 개인이 역량이나 지식을 보충하여 발전하고 향상한다는 의미로 쓰인다.

"땅의 정기를 받는다"라는 표현은 널리 알려져 『야오원자오즈咬文嚼字』(중국의 어문·문예 월간지)가 발표한 '2012년 중국 10대 유행어'에 선정되기도 했다. 시진핑이 이 유행어를 사용한 것은 당과 정부의 각급 간부가 기층과 군중 깊숙이 들어가 기층 군중의 의견에 귀를 기울이고 그들을 본보기로 삼도록 독려하기 위함이다. 이런 점에서 볼 때 "땅의 정기를 받아 충전하라"라는 말은 중국공산당의 군중 노선 교육실천 활동의 기본자세이기도 하다.

오랫동안 기층 업무를 담당한 덕분에 시진핑은 자연스럽게 기층 군중에 대해 애틋한 마음을 품게 되었고, 이로 인해 "땅의 정기를 받아 충전한다"라는 말을 좌우명처럼 가슴에 새겼다. 시진핑은 1969년부터 1975년까지 지식청년(1950년대부터 문화대혁명이 끝날 때까지 정부의 계획에 따라 농촌에 파견되어 농업에 종사한 도시 청년―옮긴이)으로서 산시 성 옌촨 원안이文安驛 인민공사의 량자허梁家河 생산대대에서 생활했다. 또 1982년부터 1985년까지 허베이 성 정딩 현에서 근무했다. 고위 간부의 자제이기는 하지만 이 같은 기층 생활의 풍부한 경험 덕분에 시진핑은 기층의 사정을 잘 알고 있으며 기층의 군중에 대해서도 매우 친숙하다. 시진핑이 "땅의 정기를 받아 충전하자"
라는 말을 자연스럽게 한 것도 바로 이 때문이다.

군중과 가까운 관계를 유지한 것은 중국공산당이 백전백
승을 거둘 수 있었던 3대 비결 중 하나다. 국공내전이 한창일
때 중국공산당은 집권에 필요한 자원과 역량의 부족에 시달
렸다. 많은 군중을 자기편으로 끌어들여 당의 역량의 원천으
로 삼고 군중의 전폭적인 지지를 받고서야 공산 혁명에 승리
할 수 있었다. 징강산 시기(1927년 마오쩌둥이 이끄는 중국 노동
홍군이 장시 성 징강산井崗山을 혁명의 근거지로 삼고 공산혁명을 수
행한 시기—옮긴이), 옌안 시기(중국공산당이 1935년 대장정 끝에
산베이 성 옌안延安에 도착해 혁명의 근거지로 삼고 1948년 떠날 때까
지의 13년을 가리킴—옮긴이), 시바이포 시기(1948년 중국공산당
과 인민해방군이 허베이 성의 시바이포西柏坡로 근거지를 옮겨와 혁명
을 수행하던 시기—옮긴이)에 중국공산당은 늘 국민과 함께했
고, 이로써 '땅의 정기를 받는' 것이 중국공산당의 전통이 되
었다.

중국공산당은 정권을 잡은 후에도 군중과의 긴밀한 관계
유지를 중요하게 여겼다. 그러나 평화로운 환경에서 장기 집
권이 이어지면서 일부 지도부와 간부는 회의실에서 보고를
받고 사무실에서 보고서를 읽는 데 익숙해져 기층에 내려가
기층의 사정을 돌아보고 군중의 의견을 직접 듣는 빈도가 줄
어들면서 기층의 군중과의 관계가 약화되었다. 이로 인해
당–군중, 간부–군중의 관계가 느슨해지고 많은 일을 처리하

는 데 효과적으로 소통하지 못해 작은 문제도 크게 번지는 결과를 낳았다. 실제로 최근 발생하는 여러 문제와 갈등의 직접적이고 근본적인 원인은 당이나 정부의 지도부처와 군중 사이의 효과적인 소통의 부재, 즉 '땅의 정기를 받지 못했기 때문'이다.

군중은 역사의 주인이다. 그들은 각자의 삶에서 많은 소중한 경험을 쌓았다. 당과 정부의 노선 및 방침과 정책이 옳은지, 제대로 시행되는지 여부를 판단할 가장 큰 권한은 군중에게 있다. 그러므로 각급 간부는 '땅의 정기를 받아' 기층의 사정을 파악하고 군중의 소리에 귀 기울여야 한다. 실천과 혁신의 원천 또한 기층에 있다. 제일선에 있는 군중과 직접적으로 접촉하고 배운다면 '충전'할 수 있다. 이 두 가지가 결합될 때 비로소 기층과 군중의 현실적 어려움을 보다 현명하게 해결하여 군중의 인정을 받을 수 있으며 각종 갈등과 문제를 해결하여 사회의 조화로운 발전을 이룰 수 있다.

63

시험은 끝나지 않고 계속될 뿐이다

赶考

60여 년이 흘렀다. 우리는 엄청난 발전을 거두었고 중국 국민은 심기일전하여 부유해졌다. 그러나 우리 앞에 놓인 도전과 문제는 여전히 심각하고 복잡하다. 당 앞에 놓인 '시험'은 아직 끝나지 않았다党面临的'赶考'远未结束.

— 2013년 7월 11~12일 허베이성에서 당의 군중 노선 교육실천 활동을 지도할 때

'시험'은 원래 고대 사회에서 시행된 과거제도의 산물로, 글 공부를 한 사람은 관직에 오르기 위해 과거 시험에 참가했다. 현대 중국어에서는 '어떤 일을 완수하기 위해 거쳐야 하는 시련'을 비유한다. 중국공산당 역사에서는 마오쩌둥이 처음으로 '시험'이라는 말을 사용했다. 1949년 3월 23일 오전, 중국공산당 중앙기관은 시바이포에서 출발해 이미 평화적으로

공산화를 이룬 베이핑北平(지금의 베이징)으로 향했다. 베이핑으로 가는 길에서 마오쩌둥이 흥분을 감추지 못하고 저우언라이에게 말했다.

"오늘 우리는 드디어 수도에 입성합니다. '시험'을 치르러 가는 것이오."

저우언라이가 웃으며 대답했다.

"반드시 그 시험에 합격해야 합니다. (…) 불합격해서 돌아가면 안 되지요." 그러자 마오쩌둥이 다시 말했다.

"돌아간다는 건 곧 실패요. 이자성李自成(명나라 말기 농민반란군 우두머리. 1644년 대순 왕조를 창건하고 초대 황제가 되어 베이징을 일시적으로 차지했으나 명과 후금의 연합군에 의해 쫓겨났고, 후베이 성으로 도망쳤지만 지역 주민들에 의해 살해됨―옮긴이)이 되어서는 안 되오. 좋은 성적을 거두어야 하지 않겠소!"

마오쩌둥은 '시험'을 보러 수도에 들어간다는 비유를 썼으며 이자성이 되어서는 안 된다는 말까지 했다. 당의 주요 임무가 무장투쟁으로 정권을 되찾는 데서 전면적인 사회주의 건설로 바뀌고 당의 핵심 사업의 주력 대상이 농촌에서 도시로 바뀜에 따라 당이 새로운 엄준한 도전에 직면할 것임을 당 전체에 경고한 것이다.

시진핑이 시바이포에서 "당 앞에 놓인 '시험'은 아직 끝나지 않았다"라고 언급한 것은 새로운 정세, 새로운 임무 앞에서 당의 지도력과 집권 수준이 새로운 도전을 맞게 될 것임을 강조하기 위해서였다.

'시험'에 임하는 듯한 태도, 혁명의 시절에 보인 겸허함과 신중함, 자만하거나 조바심 내지 않는 기풍, 악전고투하는 풍조를 유지해온 것은 중국공산당이 사회주의 혁명에 성공하고 위대한 성취를 거둔 비결 중 하나다. 그러나 성적이 말해주는 것은 과거일 뿐, 시험에는 끝이 없다. 특히 중국은 발전을 추진하는 과정에서 수많은 문제와 어려움과 갈등에 직면해 있다. 경제 체제가 근본적으로 변하고 사회 구조가 빠르게 전환되며 이해관계가 조정을 거듭하고 사상과 관념이 급격히 변화하는 전환기를 맞아 중국공산당은 장기 집권, 개혁개방, 시장경제, 외부 환경이라는 시험을 치러야 하며 정신적 해이함, 능력의 부족, 군중의 이탈, 부정부패 등의 위험도 갈수록 커진다.

  복잡하고 까다로운 도전들에 직면한 시점에서 시진핑이 당 전체에 경각심을 불어넣으며 '시험'이라는 비유를 든 것은 역사에 대한 심오한 총평이자 현실에 대한 명확한 인식을 드러낸다. '시험'이라는 말에는 촌각을 다투는 긴박감이 들어 있다. 현재 중국은 개혁의 전면적인 심화라는 어렵고도 막중한 임무를 짊어지고 있으며 '두 개의 백년'(18차 당 대회에서 제시한 목표. '첫 백년'은 중국공산당 창설 100주년을 맞는 2021년까지 '전면적인 샤오캉 사회 건설'을 완수한다는 목표이며, '두 번째 백년'은 신중국 수립 100주년을 맞는 2049년까지 부강하고 민주적이며 문명적이고 조화로운 사회주의 현대화 국가를 이룩하겠다는 목표를 말한다―옮긴이)이라는 위대한 목표를 실현하기까지 갈 길이 멀다.

더 나은 삶에 대한 국민의 열망도 갈수록 뜨겁다. 이 모두를 실현하기 위해서는 중국공산당의 지도력과 집권 능력의 향상이 필요하다. '시험'을 치르는 태도로 임해야만 더 높은 곳을 향하는 정신으로 주어진 모든 기회를 포착하고 어려움을 극복할 수 있으며, 시대적 사명을 완수하고 국민의 기대를 충족할 수 있다.

'시험'을 잘 치르려면 우선 당의 기풍 유지에 심혈을 기울여야 한다. 중국공산당이 초기부터 유지해 온 우수한 전통인 겸허함, 신중함, 자만하지 않고 초조해하지 않는 기풍, 어려운 환경에서도 끝까지 싸우는 기풍을 계속 이어가야 한다. 제18차 당 대회 이후 중앙지도부는 당내 부패 척결과 청렴한 기풍 조성을 주요 임무로 삼고 8항 규정八項規定(부패 척결을 골자로 하는 일종의 공직자 윤리규정)의 철저한 이행, '호랑이와 파리를 함께 잡는다'는 업무 지침의 실천으로 공직의 기풍을 변화시킴으로써 국민의 지지를 얻었다.

'시험'을 잘 치르기 위해서는 또한 겸허한 자세로 비판을 수용하고 시험에 임하겠다는 의지가 필요하다. 시험 문제는 시대와 국민이 함께 출제한다. 옳은 답을 썼는지 판단하는 것은 역사의 몫이다. 답이 옳았다면 그대로 따르면 되고 틀렸다면 신속하게 수정해야 한다. 집권당이 치르는 이 '시험'의 감독관은 국민이다. 몇 점이나 받느냐는 국민의 판단에 맡겨야 한다. 국민이 지켜보는 가운데 국민이 원하는 '답안지'를 제출해 '시험 성적'을 꾸준히 올려야만 국민을 만족시킬 수 있다.

중국 속담에 이런 말이 있다. "근심하면 살고 안이하면 죽는다生於憂患, 死於安樂."(『맹자』「고자告子」) '시험'은 끝나지 않는다. 계속될 뿐이다.

64

'성곽'과 '유리문' '보이지 않는 벽'을 깨라

打破'圍城'·'玻璃門'·'無形牆'

기풍을 바꾸려면 '성곽'과 '유리문', 그리고 보이지 않는 벽을 깨고 기층과 군중 속으로 들어가 땅의 정기를 최대한 받아야 한다. 轉變作風就是要打破"圍城·玻璃門"和無形的牆, 深入基層, 深入群衆, 多接接地氣很好.

— 2013년 7월 23일 '후베이 성 간부좌담회'에서

'성곽'과 '유리문', 그리고 '보이지 않는 벽'은 중국인에게 아주 친숙한 단어다. 시진핑은 이 세 단어를 들어 당원과 간부, 특히 고위 간부가 기층과 군중에게서 멀어지는 현상을 지적하고 당과 기층 군중 사이를 가로막는 장애물을 부수고 군중에게 더 가까이 갈 것을 요구했다.

당원과 간부, 특히 고위직 간부의 기풍 문제는 당과 군중,

간부와 군중의 관계에 영향을 미치기 때문에 시진핑은 여러 차례 생생한 비유를 들어 이 문제의 중요성을 강조했다. "땅의 정기를 받아 충전하자"라는 말로 기층에 파고들어 군중에게서 배워야 함을 강조했고, "군중은 '쇼'를 혐오한다群衆厭惡的'作秀'"라는 말로 간부가 실적을 위해 '보여주기' 식 사업을 추진하는 그릇된 풍조가 있다고 역설했다.

이에 반해 '성곽' '유리문' '보이지 않는 벽'이라는 비유는 당-군중, 간부-군중의 관계에 영향을 미치는 온갖 병폐 및 그 해결에 초점이 맞춰져 있다. 이처럼 적절한 비유는 일관된 주제의식을 보여주면서도 각기 다른 부분에 초점을 맞추고 있다.

혁명이 한창이던 시절, 당과 군중 사이에는 어떤 '성곽'도 '유리문'도 '보이지 않는 벽'도 없었다. 그 시절 당과 군중은 마치 물과 물고기처럼 자연스럽게 유기적으로 이어져 있었다. 중국공산당이 집권한 후에도 군중과의 끈끈한 관계는 지속되었다. 그러나 집권은 혁명과는 달랐다. 일부 당원과 간부는 더 이상 군중과의 밀접한 연계를 긴박하고 필수적인 요소로 여기지 않았고, 군중과의 사이에 보이지 않는 벽이 쌓이기 시작했다.

일부 당원과 간부는 스스로를 군중에게서 분리된 특별한 존재로 생각했고 군중에게서 멀어지는 길을 택했다. 이로 인해 일부 지방과 당 조직은 "들어갈 수 없는 문, 만나기 힘든 얼굴, 일처리 한번 제대로 해주지 않는 조직門難進, 臉難看, 事難辦"

이라는 인상을 남겼고 그들에게 국민의 근심을 덜어주고 국민을 위해 봉사하기를 바라는 것은 더욱 어려워졌다. 이런 현상은 군중과의 교류가 가장 빈번한 기층에서 가장 두드러지게 나타났으며 가장 큰 원성을 산 부분이다.

옛 성현이 말하기를 "정치政란 곧 바르게 함正이다. 스스로가 올바르다면 그 누가 감히 바르지 않겠는가?政者, 正也. 子帥以正, 孰敢不正"(『논어』 「안연顔淵」)라고 했다. 업무 기풍 개선, 군중과의 관계 개선이라는 문제에 있어 시진핑 총서기를 위시한 당 중앙지도부는 좋은 본보기를 보여준다. 시진핑은 허베이성에 시찰을 갔을 때 그곳 주민과 일상적인 이야기를 나누고 소박한 상차림을 나누었으며, 우한武漢에서는 직접 바지를 걷어 올리고 물웅덩이에 발을 담그기도 했다. 그의 말 한마디, 행동하나 모두 당의 기풍 개선의 노력을 보여주는 훌륭한 모범이되었다.

'성곽'과 '유리문'과 '보이지 않는 벽'을 허물기 위해서는 당원과 간부 모두 당원으로서의 자질을 강화해야 한다. 특히 모든여건이 크게 개선되고 있는 시대 환경을 감안할 때 당원과 간부는 전보다 더 기본 교육에 힘써 군중에 대한 인식을 바로세우고 전심전력으로 국민을 위해 봉사한다는 중국공산당의 근본이념을 깨달아야 한다. 또한 업무 기풍 개선, 군중과의 관계 개선을 위해 당 중앙지도부가 제시한 '8항 규정'을 철저히 이행해야 한다. 군중의 입장에서 생각하고 군중이 겪는 시급한 문제를 우선적으로 해결해야 한다. 늘 군중을 마음에 새기고 진심으로 대하며 가족처럼 아끼고 보살펴야 한다. 그래야만 간부와 군중 사이에 가로놓인 두꺼운 '벽'을 허물 수 있다.

'성곽'과 '유리문'과 '보이지 않는 벽'을 허물기 위해서는 군중 속으로 들어가는 동시에 군중을 당의 편으로 끌어당겨야 한다. 먼저 당원과 간부는 더 이상 사무실에 앉아 보고를 듣고 서류만 보면서 일할 것이 아니라 직접 기층으로 들어가 군중의 삶을 보고 목소리를 들으며 기층과 군중의 실제 생활을 제대로 이해한 후 그들이 겪는 문제를 해결해야 한다. 다른 한편으로는 군중을 당의 편으로 끌어당겨야 한다. 군중을 초대해 당과 정부가 어떤 일을 하는지 소개하고 업무를 하는 데 어떤 애로사항이 있는지 알려야 하며, 정책을 마련할 때도 군중의 목소리를 최대한 많이 듣고 반영해야 한다. 이처럼 쌍방향 교류가 늘어나면 서로의 입장을 이해하고 오해와 거리감을 해소할 수 있을 것이다.

"종이에서 얻는 지식은 끝내 그 깊이가 얕으니 제대로 알려면 몸소 실천해야 한다紙上得來終覺淺, 絶知此事要躬行"(남송 시인 육유陸遊의 「동야독서시자율冬夜讀書示子聿」)라는 시구가 있다. 업무 기풍을 바로잡으려면 군중과의 밀접한 관계의 중요성을 이론적으로 인식하는 것도 물론 중요하지만 그보다는 당원과 간부 각자가 직접 실행에 옮기는 것이 더 중요하다. 당 전체가 나서서 군중 노선을 실천할 때, 당원과 간부-군중 사이에 놓인 '성곽' '유리문' '보이지 않는 벽'도 자연스럽게 무너질 것이다.

65

전류가 흐르는 고압선을 감독하자

電的高壓綫

조직의 기율을 철저히 따라야 한다. 어떤 예외도 있어서는 안된다. 각급 당 조직은 기율을 '전류가 흐르는 고압선'으로 여기고 그 이행 여부를 철저히 관리감독해야 한다.

— 2014년 1월 14일 '제18차 중앙기율위원회 3차 전체 회의'에서

고압선은 과학기술 용어로, 1만 킬로볼트 이상의 전압을 나르는 송전 선로다. 전류가 흐르는 고압선을 잘못 건드리면 사망에 이르기도 한다. 시진핑은 조직의 기율을 '고압선'에 빗대 당의 기율을 엄격하게 따르고 지켜야 하며 지키지 않을 경우 엄중한 처벌을 받아야 함을 강조한다. 이 표현은 당의 기강 확립에 대한 강한 의지를 드러내며, 당의 순수성과 선진성을 지키는 데 중요한 지도 방침의 의의를 지닌다.

기율이란 단체의 이익을 수호하고 업무의 순조로운 진행을 위해 각 조직 구성원이 반드시 따라야 하는 규정을 가리킨다. 기율은 행위규범으로서 인류 사회의 출현에 따라 등장했으며 강제성이라는 특징을 가진다. 옛사람이 말하기를 "천 사람의 마음이 같으면 천 사람의 힘을 얻을 수 있지만, 만 명의 마음이 각기 다르면 한 사람의 힘도 쓸 수 없다千人同心, 則得千人之力, 萬人異心, 則無一人之用"(『회남자淮南子』 「병략훈兵略訓」)고 했다. 1000명이 마음과 힘을 모으면 천 명의 힘을 한데 모아 발휘할 수 있지만 만 명이 각자 다툰다면 한 사람의 힘도 제대로 쓸 수 없다는 뜻이다. 통일된 행동규범이 한 조직의 존망을 결정할 수도 있음을 강조하는 말이다.

기율의 중요성은 현대사회에서 더욱 부각된다. 사회 단체나 조직의 존립은 얼마나 훌륭한 기율이 있는지, 그 기율이 얼마나 잘 이행되고 있는지와 밀접한 관련이 있다. 집권당이 확고한 기율을 갖추면 당의 올바른 발전을 촉진할 뿐 아니라 당이 직면한 위협 요소를 해소하는 데에도 큰 도움이 된다. 반대로 기율이 해이하거나 엄격하게 이행되지 않는다면 당의 앞날에 막대한 지장을 초래한다.

중국공산당은 비교적 완벽한 조직 기율과 규범을 갖추고 있다. 이는 중국공산당이 공산혁명을 완수할 수 있었던 비결 중 하나이며, 중국공산당이 발전과 확대를 거듭한 결과 중국 국민을 이끌고 개혁개방과 사회주의 건설이라는 위대한 업적을 이룰 수 있었던 근본적인 역량이다. 즉 당의 기율은 현대 중국이 끝없이 발전하고 전진하게 만드는 '중요한 초석'인 것이다.

그러나 현실을 둘러보면 당의 기율을 제대로 이행하지 않아 국민의 지탄을 받는 사례가 끊이지 않는다. 그릇된 기풍이 나타나고 심지어 부정부패 문제까지 등장하게 된 것은 당의 기율을 위반한 결과로, 당의 권위를 깎아내릴 뿐 아니라 집권의 근간을 흔들고 당의 집권 능력 및 중국 사회가 발전할 동력을 약화시킨다. "곳곳에 고압선이 있지만 곳곳에 전류가 흐르지 않는다." 한때 유행했던 이 말은 기율이 엄격히 지켜지지 않거나 있으나마나 한 일부 지역과 당 조직에 대한 군중의 강한 불만을 고스란히 드러낸다. 현재 중국공산당 당원, 특히 고위직 간부에 대한 기율 조항이 적다고는 할 수 없다. 그러나 일부 지역과 조직에서는 당원이나 고위직 간부의 기율 위반 행위를 느슨하게 처리하는 경우가 태반이다. 이로 인해 당의 기율은 '전류가 흐르지 않는 고압선'으로 둔갑하고, 기율이 반드시 가져야 할 구속력과 경각심은 무력화되고 있다.

당의 기율을 '전류가 흐르는 고압선'으로 만들기 위해서는 여러 가지 노력이 필요하지만 무엇보다도 집행에 심혈을 기울여 당의 기율을 위반한 모든 행위에 '날카로운 칼날'을 대야 한다. 아무리 완벽한 기율이라 할지라도 엄격하게 집행하지 않는다면 제 역할을 할 수 없다.

당의 기율은 강제력을 가진 고압선으로, 어느 누구도 위반

해서는 안 된다. 기율의 집행을 감독하고 위반 사례를 적발하며 기율 준수에 대한 교육을 실시하는 데 전력을 다해야 한다. 기율을 무시하고 경거망동하는 당원에 대해서는 인정사정 봐주지 말고 엄격하게 처벌해야 한다. 조직의 기강을 무너뜨리는 행위에 대해서도 수수방관하거나 쉬쉬하며 넘어갈 것이 아니라 냉철하게 기율의 잣대를 들이대야 한다. 또 당의 기율을 위반한 행위에 대해서는 적시에 발견할 수 있도록 하고, 경고하거나 제재하는 원칙을 실행해 작은 잘못이 큰 문제로 번지는 것을 막아야 한다. 이렇게 할 때 당의 기율은 '전류가 흐르는 고압선'이 될 것이다.

66

초기에, 작을 때 잡고 병이 있으면 즉시 치료하자

要抓早抓小, 有病馬上治

반부패를 위한 강경한 태도를 계속 유지하고, 어떤 작은 실수도 용인하지 않는다는 태도로 부패 사안을 처벌해야 한다. 비리를 저지른 자에 대해서는 발견 즉시 엄격히 수사해야 한다. 사안 발생 초기에, 사안의 규모가 작을 때 확실히 적발하고 병이 있으면 즉시 치료해야 한다. 문제를 발견하면 그 즉시 처리하여 작은 종기가 후환이 되는 것을 막아야 한다.

— 2014년 1월 14일 제18차 중앙기율위원회 3차 전체 회의에서의 발언

"초기에, 작을 때 잡는다要抓早抓小" "병이 있으면 즉시 고쳐야 한다有病就馬上治"라는 말은 중국의 서민들이 흔히 쓰이는 상용구다. 자녀의 교육 문제에 대해 이야기할 때 중국의 부모는 대개 "초기에, 어릴 때 잡아야 한다"라는 말로 기초 교육의

중요성을 강조한다. 의사들은 "병이 있으면 즉시 고쳐야 한다"라고 강조하는데, 치료시기를 놓쳐 작은 병을 크게 키워서는 안 된다는 의미다. "종기를 키워 후환을 남긴다養癰遺患"라는 말은 중국의 고사성어로, 원래는 종기를 제때 치료하지 않고 남겨두면 후환이 된다는 뜻이지만 주로 나쁜 사람이나 그릇된 일을 방관했다가는 더욱 심각한 결과를 가져온다는 의미로 쓰인다.

시진핑이 "초기에, 작을 때 잡는다" "병이 있으면 즉시 고쳐야 한다" "종기를 키워 후환을 남기면 안 된다"의 세 가지 표현을 사용한 것은 부패 척결이라는 중대한 정치적 임무에 있어서 일이 커지기 전에 최대한 빨리 개입해 사전에 대비를 철저히 하고 부패의 싹이 자라기도 전에 뿌리를 뽑아야 함을 강조하는 것이다.

옛사람은 "천리의 둑도 개미구멍에 무너진다千里之堤潰於蟻穴"(『한비자韓非子』「유노喩老」, 『회남자淮南子』「인간훈人間訓」)라고 말했다. 길이가 천리나 되는 대형 둑이 아주 작은 개미구멍 하나 때문에 무너진다는 뜻이다. 부패 문제도 이와 다르지 않다. 사소한 비리가 점차 대형 비리 사건으로 확대된다. 비리에 연루된 이들 대부분 처음에 누군가 옆에서 만류하고 경고했다면 그 잘못된 길을 끝까지 가는 일은 없었을 것이다. 비리를 저지르는 이들이 변해가는 과정을 살펴보면 그들의 이상과 신념의 둑이 아주 조금씩 천천히 무너지는 것을 볼 수 있다. 이 사실만 봐도 부패 척결이라는 중대한 임무를 완수하는 데

"초기에, 작을 때 잡는다"라는 것이 얼마나 중요한지 알 수 있다. 이상과 신념의 둑을 처음부터 제대로 굳힌다면, 약간의 균열이 생긴 둑을 최대한 빨리 보수한다면, 문제가 작고 병이 작을 때 빨리 해결하고 치료한다면 부패의 발생과 악화, 확산을 방지할 수 있다.

"초기에, 작을 때 잡자" "병이 있으면 즉시 고쳐야 한다" "종기를 키워 후환을 남기면 안 된다"라는 시진핑의 발언은 시대의 변화에 걸맞게 중국공산당이 부패 척결 업무에서 '처벌과 방지'를 병행하겠다는 결심을 드러내며, 부패 척결의 규율에 대한 당의 인식이 더욱 심화되고 있음을 보여준다. 당의 이러한 새로운 시도는 크게 두 가지로 구분할 수 있다. 한편으로는 비리를 저지른 자에 대해 아주 사소한 잘못도 용인해서는 안 되고 법에 저촉되는 행위에 대해서는 엄격하게 처벌하며 어떤 비리든 발견 즉시 철저히 수사해 누구든 비리를 저지르면 명예 실추는 물론이고 엄청난 대가를 치르게 한다. 다른 한편으로는 부패를 방지할 수 있는 효과적인 체계를 마련해 사전 예방에 적극 나서고 처벌과 방지를 병행한다.

"초기에, 작을 때 잡자" "병이 있으면 즉시 고쳐야 한다"라는 구호를 실천하기 위해서는 그를 뒷받침하는 제도 마련이 필요하다. 또한 관련 법규와 제도를 강화해 제도의 빈틈을 단단히 틀어막고 법에 근거한 행정, 제도에 근거한 업무 수행을 강화해서 부패를 저지를 여지를 남기지 않도록 해야 한다. 다른 한편으로는 권력, 그중에서도 고위 공직자가 가진 권력에 대한 감독을 강화해야 한다. 절대 권력은 절대 부패를 낳는다. 권력에 대한 감시가 제대로 이루어지지 않을 때 법규와 제도는 쓸모없는 빈 종이에 불과하며, 이는 결국 부패의 발생과 확산으로 이어진다. 이와 동시에 당원과 간부, 특히 고위직 간부에 대한 청렴 교육도 강화해야 한다. 교육을 통해 올바른 세계관과 인생관, 가치관을 정립하고 권력과 지위, 이익 및 정치적 실적에 대해서도 바른 생각을 가지도록 해야 한다. 또한 자신을 수양하고 시비를 분별할 수 있는 능력을 제고하며 자기검열 의식을 강화해 부패를 경계하고 방지할 수 있는 사상적 토대를 다져야 한다.

"선한 일은 작다고 포기하지 말고, 나쁜 일은 작다고 행하지 말라勿以善小而不爲, 勿以惡小而爲之."(『삼국지三國志』 「촉서蜀書」 '선주전先主傳') 당원과 간부, 특히 고위 공직자는 옛 성현이 남긴 이 말을 반드시 깊이 새겨야 한다.

67

'한 줄기 바람'으로만 머무르지 말자

爲民服務不能一陣風

국가사업의 장기적인 추진을 보장하는 체계를 구축해 업무 효율을 제고해야 한다. 대민 사업은 '한 줄기 바람'이나 용두사미가 되어서는 안 되며 형식주의에 그쳐서도 안 된다.

— 2014년 3월 17일 허난성河南省 란카오현蘭考縣 자오위루焦裕祿 지역 민원 창구 시찰 시의 발언

현대 중국어에서는 "한 줄기 바람—陣風"이라는 말로 어떤 일이 순간적으로 일어났다가 사라지는 양상을 표현하고는 한다. 시진핑이 "한 줄기 바람"이라는 비유를 든 것은 정부가 국민을 위해 마련한 조치가 "한 줄기 바람"처럼 순식간에 등장했다 소리 없이 자취를 감춰서는 안 되며, 장기적인 체계를 구축한 바탕 위에서 실질적인 성과를 거두어야 함을 강조하

기 위해서다.

중국의 모든 지방 정부와 관계 기관의 입구에는 마오쩌둥이 친필로 쓴 "인민을 위해 복무하라爲人民服務"라는 글귀가 걸려 있다. 그러나 실생활에서는 대민 서비스가 '변질'되기 쉽다. 일부 지방과 공무기관에서는 '대민 사업'이라는 이름으로 거리 조경 등 겉으로는 그럴싸해 보이지만 주민의 실제 생활과는 아무 상관도 없는 공공사업을 실시한다. 하지만 실제로는 군중이 겪는 어려움을 전혀 해결하지 못한다. 이 과정에서 대민 사업은 정부의 '보여주기식' 전시행정 사업으로 변질되고 만다.

또 일부 지역과 기관의 수장은 상부에 자신의 능력을 과시하기 위해 머리를 쥐어짜 '대민 사업'을 추진하지만, 이런 사업은 자신의 정치적 실적을 쌓기 위한 것일 뿐 주민의 편의를 위한 것이 아니다. 이 과정에서 대민 사업은 공직자의 '치적 쌓기용' 사업으로 변질된다. 또 일부 고위 공직자는 화려한 이름을 붙여 '과시형' 사업을 추진하는 데 몰두한다. 대민 사업이라는 명분이 가장 안전한 '과시'의 방식이라 생각하기 때문이다. 그러나 이 과정에서 대민 사업은 개인의 '과시'를 위한 장으로 변질되고 만다.

이와 같이 변질된 대민 사업의 결과는 "한 줄기 바람"에 그칠 수밖에 없다. 초반에는 해당 기관 수장의 높은 관심 속에 많은 인력이 동원되고 언론에서도 집중적으로 보도하며 수장이 직접 나서 세부 사항을 지시하지만 조금만 지나면 '대민 사업'에 동원된 인력이 더 이상 적극적으로 업무에 임하지 않고, 관련 조치도 실효성을 잃으며 해당 기구도 사업에 열의를 보이지 않는다. 세간을 떠들썩하게 했던 '대민 사업'은 이렇게 아무 성과도 거두지 못한 채 조용히 사라지고 만다.

"한 줄기 바람"과도 같은 대민 사업은 실로 큰 폐해를 남긴다. 우선 물질 자원, 인적 자원, 행정 자원 등 수많은 사회적 자원을 낭비하여 막대한 공공 관리 비용의 증대를 초래한다. 보다 심각한 문제는 당과 정부의 이미지와 공신력을 깎아내려 당과 정부에 대한 국민의 실망으로 이어진다. 이러한 사회적, 심리적 폐해는 진정으로 국민의 편의를 위해 실시하는 다른 조치들마저 국민의 의심을 받아 추진하기 힘들어지는 결과를 낳고, 결국 공공 관리의 어려움을 가중시킨다.

좋은 일을 하는 건 쉽지만 그것을 꾸준히 하기란 쉽지 않다. "한 줄기 바람"과도 같은 대민 사업의 출현을 방지해 대민 사업이 실질적인 성과를 거두기 위해서는 장기적인 체계 구축이 필요하다. 이를 위해 필요한 체계는 다음과 같다.

첫째, 정확한 업무 평가 및 심사 체계를 마련해 지도자와 간부의 정치적 실적을 정확하게 평가하고 '치적'만을 바라는 이들에게 기회가 돌아가지 않도록 해야 한다. 둘째, 엄격한 문책 체계를 마련해 "한 줄기 바람" 식의 대민 사업을 추진한 관계 부처와 공직자 간부에 대한 처벌을 강화하고 이와 같은 사업을 아예 시도할 수 없는 공공 행정 분위기를 조성해야 한다. 셋째, 대민 사업 정책이 정확한 근거를 바탕으로 추진되도록 체계를 구축해야 한다. 광범위한 조사와 연구를 토대로 관련 정책과 조치를 마련하고 국민이 진정으로 필요로 하는 사업에 대해 철저히 연구하고 착실하게 추진해 규정을 만들고 제도를 입안하며 이를 장기적으로 추진해 나가야 한다.

"사람이 하는 일을 하늘이 지켜본다人在做, 天在看"라는 속담이 있다. 이를 대민 사업에 적용시켜 보면 '하늘'은 곧 '국민'을 가리킨다. 특히 고도로 발달한 정보화 사회에서 국민은 때와 장소를 가리지 않고 당과 정부를 주시한다. 마오쩌둥은 일찍이 이렇게 말했다.

"공산당원은 씨앗과 같고 인민은 땅과 같다. 어느 지방에서든 모든 공산당원은 그곳 주민과 결합해 인민들 사이에 뿌리를 내리고 꽃을 피워야 한다我們共產黨人好比種子, 人民好比土地. 我們到了一個地方, 就要同那裏的人民結合起來, 在人民中間生根, 開花."

모든 당원과 간부, 특히 고위 공직자는 국민을 위해 성심성의껏 복무한다는 당의 기본 이념을 깊이 새기고 "대민 사업은 한 줄기 바람이나 용두사미가 되어서는 안 되며 형식주의로 그쳐서도 안 된다爲民服務不能一陣風, 虎頭蛇尾, 不能搞形式主義"는 시진핑의 경고를 명심해야 한다. "돌을 밟든 쇠를 잡든 흔적을 남긴다"라는 정신과 '위민, 실용, 청렴'이라는 행위 규범을 실천해 국민에게 실질적으로 도움이 되는 일을 추진해야 한다.

68

지도자가 바뀌었다고 정책을 '뒤집기'하지 말라

不要換一屆領導就'兜底翻'

"정치는 항구적인 것을 귀중하게 여겨야한다政貴有恒." 관직에 올라 관할할 수 있는 지역은 제한적이며 기간도 정해져 있다. 그러니 대범하고 단호하게 일을 추진하는 한편 전체 판도의 안정성과 업무의 연속성을 유지해야 한다. 문제를 정확히 파악했다면 즉시 조정하고 개선해야 한다. 그러나 지도자가 바뀌었다고 해서 무턱대고 이전의 정책을 모조리 "뒤집거나兜底翻" 자신의 치적을 위해 완전히 다른 사업을 추진해서는 안 된다. 정확한 청사진을 그리고 성과를 거둘 때까지 단호하게 밀어붙여야지 머뭇거리거나 번복해서는 안 된다.

— 2012년 12월 15일 '중앙경제공작회의'에서

"뒤집기兜底翻"라는 말은 원래 물건을 찾기 위해 서랍 등을 뒤엎는 행위를 나타내는 말로, 현대 중국어에서는 기존의 계획이나 방안, 진술 등을 완전히 뒤집는다는 의미로 사용된다. 시진핑은 이 "뒤집기"라는 단어를 사용함으로써 일부 지방과 기관의 신임 지도자가 혁신이라는 명목으로 전임 지도자의 시정 방침을 전면 부정하는 등의 그릇된 시정 현상을 꼬집는다.

"뒤집기" 현상은 일부 지방과 기관에서 매우 심각하게 나타난다. 신임 지도자는 자신의 능력이 남들보다 뛰어나다는 것을 과시하기 위해 엄밀하고 체계적인 조사와 연구, 실증도 거치지 않고 명령 한마디로 전임 지도자의 시정 방침을 뒤집는다. '개혁' 또는 '혁신'이라는 보기 좋은 이름을 붙이지만 실제로는 '손바닥 뒤집기'에 지나지 않는다.

이런 "뒤집기"는 도시 개발 및 발전 과정에서 더욱 두드러지게 나타난다. 가령 도심조경수 식수에 대해 전임 지도자가 프랑스산 오동나무를 심도록 지시했는데, 차기 지도자가 당광나무로 바꿀 것을 지시하고, 차차기 지도자가 다시 녹나무를 심도록 지시하지만 10여 년이 지난 뒤 대로변에는 또 다른 종류의 묘목이 서 있는 식이다. 다른 예를 들어 보자. 도시 발전 계획에 관해 전임 지도자가 도시 동부의 발전을 추진했는데 이와는 다른 생각을 가진 차기 지도자가 도시 남부 발전이라는 그럴싸한 청사진을 제시하며 의욕적으로 추진하던 중 다시 바뀐 지도자가 이번에는 도시 서부 발전을 추진한다. 이렇게 10여 년이 지나는 동안 도시 계획이 몇 번이고 뒤집히는 바람에 도시 전체가 "밀반죽 밀기"식 도시계획의 희생양이 되어 사방으로 확대되고 곳곳에서 진행되던 공사가 중도에 중단되기 일쑤다. 이는 막대한 자원 낭비를 초래하고 도시 발전을 가로막는다.

뒤집기식 시정의 폐해는 실로 엄청나다. 국가의 인적, 물질적, 재정적 자원의 심각한 낭비를 초래할 뿐 아니라 건설업 자체의 발전에도 해를 끼치며 당과 정부의 공신력을 깎아내리고 국민의 이익을 침해한다. 실제로 국민이 가장 큰 불만을 제기하는 부분 중 하나가 바로 이 뒤집기식 시정에 따른 폐해다.

뒤집기식 시정이 나타나는 원인은 여러 가지가 있지만 가장 근본적인 원인은 크게 두 가지다. 첫째, 행정지도자와 고위직 간부의 변질된 '치적 쌓기' 추구 행태다. 일부 행정 수반과 고위 공직자는 보여주기식 사업, 치적을 쌓기 위한 사업에만 몰두한 나머지 개혁과 개발 과정에서 드러나는 실제 문제를 적극적으로 해결하는 데 관심을 기울이지 않는다. 선임 지도자나 타 지역과의 차별화를 위해 번번이 정책을 뒤집으면서 문제 해결을 위한 실질적인 개혁은 추진하지 않는다. 또는 차기 지도자의 시정으로 이어질 수 있는 장기적이고 전면적인 계획은 추진하려 하지 않고 빠른 시일 안에 가시적인 성과를 낼 수 있는 사업에만 몰두한다. 둘째, 권력에 대한 견제가 부족하다. 엄격하게 시행되어야 할 민주집중제가 형식에 그치면서 '지도자의 말 한마디에 전체가 좌지우지되는' 현상이 빈번하다. 권력자의 맹목적인 정책결정이 기타 모든 구성원을 압도

하는 것이다. 언론 보도를 보면 대부분의 "뒤집기"는 권력자의 강압에 의해 이루어진다.

그러나 "정치는 항구적인 것을 귀중하게 여겨야한다政貴有恒."(『서경書經』 「주서周書」 '필명畢命') 정치는 쉽게 변해서는 안 된다는 말이다. '뒤집기' 식 시정이라는 문제를 해결하기 위해서는 지도자와 간부가 '치적'에 대해 올바른 가치관을 정립해야 한다. 이에 대해 시진핑은 "공로를 나에게 돌려서는 안 된다功成不必在我"는 정신, "못 박기釘釘子" 정신을 강조했다. '못 박기'는 한 번의 망치질만으로 되지 않는다. 못이 튼튼히 박힐 때까지 여러 번 망치로 두드려야 한다. 끊임없이 기초를 다지고 장기적인 이익을 위해 힘써야 하며, 현실적인 근거 없이 비교를 하거나 치적 쌓기에만 몰두해서는 안 된다. 윗선에 잘 보이려고만 애쓰며 아랫사람을 무시해서도 안 되며 역사와 국민 앞에 책임을 다해야 한다. 이런 점에서 중국은 아주 훌륭한 경험을 가지고 있다. 그중 하나가 바로 '경제개발 5개년 계획'의 성공이다. 역사적으로 축적해온 훌륭한 방법과 우위를 충분히 발휘한 결과다.

뒤집기식 시정 문제를 해결하는 데 필요한 또 한 가지는 지도자와 고위 공직자의 실적에 대한 평가·심사 체계의 개선이다. 단순한 기준에 따라 공직 간부의 실적을 평가하는 기존의 평가 체계를 개편해 '기초를 다지고 장기적인 이익을 도모하는' 업무의 추진 여부, 민생문제에 대한 대책 마련 및 해결 여부, 국민의 평가 등을 새로운 기준으로 삼아 지도자·고위 공직자의 인성과 능력을 평가해야 한다. 보다 중요한 것은 고위 공직자의 육성과 선발, 임용 체계를 개선해 지도자와 간부가 '과학적이고 민주적이며 법에 의거한 정책 시행'을 실천하도록 함으로써 '뒤집기'식 시정이 설 자리를 없애야 한다.

69

'못 박기 정신'을 실천하자

發揚'釘釘子精神'

우리는 "못 박기釘釘子" 정신을 실천해야 한다. 못 박기는 한 번의 망치질만으로 되지 않는다. 못이 튼튼히 박힐 때까지 여러 번 망치로 두드려야 하며 못 하나를 튼튼히 박은 후에는 또 다음 못을 박아야 한다. 이런 "못 박기" 정신을 가지고 끊임없이 각종 문제를 해결해 나가다 보면 틀림없이 큰 성과를 거둘 수 있을 것이다.

— 2013년 2월 28일 '제18기 중국공산당 중앙위원회 2차 전체 회의'에서

못 박기는 일상생활에서 흔한 행위지만 비유적으로는 '일의 시작부터 마침까지 일관되고 성실하게 임하는 태도'를 말한다. 업무 기풍의 개선을 강조할 때마다 시진핑은 "못 박기釘釘子" 정신을 강화해야 한다고 여러 차례 언급했다. 각급 지도

부와 고위 공직자가 사업을 추진하거나 일을 할 때 시작부터 마침까지 성실하게 임해야 하며, 거창하게 시작했다가 흐지부지 끝내거나 중도에 포기하는 일 없이 "작은 계획 하나도 끝장을 본다一張藍圖幹到底"라는 결심과 인내심을 가져야 한다는 의미다.

조직의 기풍 문제는 집권당이 해결해야 하는 주요 현안 중 하나다. 당과 국가가 추진하는 많은 일의 성패를 좌우하며 당에 대한 국민의 인식에도 영향을 미치기 때문이다. 당의 기풍과 이미지는 당원과 고위 간부의 기풍에 달려 있다. 기풍이 훌륭하면 당의 응집력과 호소력, 전투력이 강화되지만 반대의 경우에는 크게 약화된다. 주요 사업과 업무를 추진하는 데 있어 "못 박기" 정신이 부족하다는 것은 곧 기풍이 잘못되었다는 것을 증명한다.

지도 기관과 고위 공직자의 '못 박기 정신' 부족은 여러 가지 모습으로 드러난다. 첫째, 업무의 이행이 표면에만 그치고 일선 현장에 대한 조사와 연구가 부족하며 기층에 파고들어 실제 상황이나 민심을 이해하려는 노력을 하지 않고 첨예한 문제나 갈등에 부딪히면 정면으로 대응하기보다 회피하려 한다. 중요하고 어려운 업무를 뒤로 하고 쉬운 일만 골라서 대강대강 해치우며 회의와 서류에만 매달린다. 무거운 망치를 들고도 못을 튼튼하게 박지 않고 두들기는 시늉만 하니 국민의 원성을 살 수밖에 없다. 둘째, 일부 기관과 고위 공직자는 "한 줄기 바람" 식의 대대적인 캠페인을 벌이기를 좋아한다. 시작은 거창하지만 아무 성과도 거두지 못한 채 흐지부지 끝내는 것이다. "작은 계획 하나도 끝장을 본다"라는 결심과 인내심이 없이 망치 한번 크게 휘두르는 데 만족하기 때문에 무수한 사업이 애초에 기획했던 성과를 거두지 못한 채 중도에 폐기되고 만다. 이런 기풍의 문제가 발생하는 근본적인 원인은 관료주의와 형식주의, 잘못된 '치적 쌓기' 관념에 있다.

마오쩌둥은 "세상에서 가장 두려운 단어이자 공산당이 가장 강조하는 단어는 '성실함'이다"라고 말했다. 어떤 일이든 성실하고 진지하게 임하는 자세, 현실에 입각한 일처리, 어려운 환경에서도 끝까지 싸우는 정신, 실사구시와 우공이산愚公移山의 정신 등 오랫동안 쌓아온 훌륭한 전통은 중국공산당이 국민을 이끌고 중국 특색의 사회주의를 실현하면서 배운 소중한 가치다. '못 박기 정신'을 강조하는 것은 새로운 시대에 당의 훌륭한 전통을 계승하고 발전시키려는 노력의 일환이다. 각급 기관과 고위 공직자에게 '못 박기 정신'을 따르고 널리 알리도록 강조하는 것은 개혁의 전면적인 심화라는 당 중앙 지도부의 전략적 결정과 관련 조치를 철저하게 이행해 중국의 위대한 부흥을 실현하게끔 만드는 데 매우 중요하고 현실적인 의의를 지닌다.

'못 박기 정신'을 따르고 전파하기 위해서는 우선 굳은 결심과 인내심이 있어야 한다. 못 박기는 한 번의 망치질만으로 되지 않는다. 못이 튼튼히 박힐 때까지 여러 번 망치로 두드려야 한다. 무거운 망치를 들어 몇 번이고 못을 두드리겠다는

굳은 결심과 인내심이 없이는 못을 튼튼히 박을 수도 없을뿐
더러 품질이 떨어지는 불량품을 만드는 위험한 결과를 초래
한다.

'못 박기 정신'을 따르고 전파하려면 못을 겉보기에만 튼튼
하게 박거나 절반까지만 박아서는 안 된다. 못을 절반만 박아
도 아무 문제가 없을 것 같지만 그렇게 되면 결정적인 순간에
무게를 견디지 못하고 무너지고 만다. 당이든 정부든 '못'을 박
을 때는 반드시 못 머리까지 깊숙이 박아야 한다. 그래야만
역사와 국민의 검증에서 살아남을 수 있다.

'못 박기 정신'을 따르고 전파하기 위해 필요한 또 한 가지는
과학적이고 체계적인 못 박기 기술이다. 완력으로 세게만 두
드리면 못이 망가지고, 무조건적으로 내려치기만 해서는 못
이 휘고 만다. 실제 업무를 처리할 때는 개혁의 전면적인 심화
라는 당 지도부의 정신의 본질을 깊이 이해해야 한다. 당 지
도부의 정신을 세심하고 철저하게 이행하려는 태도와 결심을
지니는 한편, 어떤 업무든 실제 상황에 맞게 융통성 있게 처
리할 수 있는 지혜와 방법을 터득해야 한다. 망치질을 여러
번 반복해야만 못을 튼튼하게 박을 수 있듯 모든 정부 업무
도 발전에 도움이 되고 국민을 만족시킬 수 있을 때까지 세밀
하고 철저하게 처리해야 한다.

'못 박기 정신'을 따르고 전파하기 위해 무엇보다 필요한 것
은 바로 꾸준함이다. '끝날 때까지 끝난 게 아니다'라는 태도
로 시작부터 끝까지 포기하지 말고 꾸준하게 임해야 한다.

70

"평화롭고 친근하며 교양 있는 사자로 깨어나라!"

中國夢

누구나 저마다 추구하는 이상과 꿈이 있다. 요즘 많은 이가 '중국의 꿈中國夢'을 이야기한다. 나는 중화민족의 위대한 부흥을 실현하는 것이야말로 근대 이후로 우리 모두가 소망해온 가장 위대한 꿈이라고 생각한다. 여러 세대에 걸친 중국인의 숙원이 응축되어 있는 이 꿈은 중국 인민의 이익을 지키는 길이 무엇인지를 드러낸다. 이 꿈은 모든 중국인의 염원이다.

— 2012년 11월 29일 '부흥의 길' 전시회 참관에서

2012년 하반기에 중국공산당 제18차 전국대표대회(18차 당대회)가 폐막한 후 '중국의 꿈'이라는 단어가 인터넷에서 유행처럼 번져나갔다. 중국공산당 총서기에 갓 임명된 시진핑이 '부흥의 길' 전시회에 참관한 자리에서 처음 언급한 '중국의

꿈'은 그 후 대학이나 길거리의 커피숍, 국내외를 가릴 것 없이 퍼져나가 많은 사람의 공감과 기대를 불러 일으켰다.

꿈은 사람들이 잠을 잘 때 발생하는 상상의 이미지, 소리, 생각 또는 다른 감각들을 일컫는다. 꿈은 일종의 생리적 현상이지만 심리적 요소도 포함하고 있기 때문에 예술적인 영감을 자극하기도 한다. 그렇기 때문에 '꿈'이 '생각'과 결합될 때, 꿈은 단순한 생리적 현상을 뛰어넘어 미래의 이상에 대한 동경이나 달성해야 할 목표를 지칭하는 말이 된다.

어느 시인은 꿈이 지닌 힘을 두고 "새싹은 푸른 들판과 녹음이 우거진 산야를 꿈꾸고, 시냇물은 황량한 사막을 뒤덮는 꿈을 꾸며, 새는 거친 산과 계곡 위로 날아오르는 꿈을 꾸고, 대지는 생명 있는 만물을 키우는 꿈을 꾼다…"라고 표현하기도 했다. 인생을 살면서 꿈이 없어서는 안 된다. 꿈이 없다는 건 이루어야 할 목표와 나아가야 할 방향이 전혀 없다는 거나 마찬가지다. 국가와 민족 역시 똑같다. 시진핑이 제시한 '중국의 꿈'은 중 "두 개의 100년兩個一百年"이라는 국정 목표도 포함되어 있다. '두 개의 100년'은 중국공산당 창당 100주년이 되는 2021년까지 '전면적인 샤오캉 사회 건설'을 완수해 중국을 중진국 수준으로 향상시키고, 신중국 수립 100주년이 되는 2049년까지 부강하고 민주적이며 문명적이고 조화로운 사회주의 현대화 강국으로 거듭난다는 국정 목표를 말한다.

"중화민족의 위대한 부흥"이라는 중국의 꿈은 시진핑이 "중국의 꿈"을 언급한 이후에 생겨난 것이 아니라 근대 이후 중국인이 오랜 세월 품어온 염원이며 모든 인민이 나아가야 할 공통의 지향이다. 예로부터 중국은 찬란한 문명을 창조해왔고 세계 문명의 발전에 이바지해왔다. 과거 중국은 세계에서 경제적으로 가장 발전한 국가 중 하나였다. 서양의 한 학자에 따르면, 청나라 강희제·옹정제·건륭제가 통치했던 강건성세康乾盛世 시절, 중국의 경제 규모가 당시 세계의 3분의 1을 차지할 정도였다고 한다. 그러나 1840년 아편전쟁 발발 이후 100년에 걸친 외부 세력의 침략과 내전으로 중국인은 엄청난 고통을 감내해야만 했다. 이런 배경 때문에 중국의 부흥은 근대 이후에 중국인 모두의 목표가 되었고 수많은 지식인이 위기에 처한 조국을 구하고자 곳곳에서 호소하기도 했다. 량치차오梁啓超는 "젊은 중국少年中國"을 주장했고 쑨원孫文은 "중화 진흥"을 외쳤으며, 리다자오李大釗는 "중화민족의 부활과 재건"을 위해 노력해야 한다고 호소했다. 중국 국민은 시련에 굴하지 않고 저항하고 항쟁했으며 중국공산당의 지도에 따라 신민주주의 혁명을 완수했고 마침내 자신의 운명을 개척하고 신중국(중화인민공화국) 건설(1949년)이라는 위대한 여정에 나섰다. 그리고 개혁개방 정책을 실시하면서 수많은 모험적인 노력 끝에 중국인의 위대한 부흥을 위한 올바른 노선을 찾아내어 미래의 청사진을 점진적으로 구체화했다.

중국의 꿈, 그 핵심은 당연히 '국가의 부강'과 '국민의 부유한 생활'이다. 시진핑이 "중화민족의 위대한 부흥이라는 중국의 꿈은 부국강병, 민족 진흥, 그리고 국민의 행복을 실현하는 것이다"라고 밝혔듯, 중국의 꿈은 국가를 부강하게 만드는 꿈이고, 민족을 진흥시키는 꿈이며 궁극적으로는 국민의 행복을 실현하는 꿈이다. 국가와 민족은 추상적인 개념이 아니라 국민으로 이루어진 실체이기 때문에 부강한 국가와 민족의 진흥이라는 목표는 국민에 의해 실현되어야 하고 그 목표를 추진하는 궁극적인 목적 역시 국민의 행복에 있다. 이처럼 중국의 꿈은 13억 인의 염원이기 때문에 모든 국민은 자발적으로 이 꿈의 실현에 다 함께 동참해야 한다. 시진핑은 미국의 오바마 대통령에게 이렇게 말했다.

"중국의 꿈은 아메리칸 드림을 포함한 세계 각국의 국민이 꿈꾸는 아름다운 꿈과 일맥상통한다."

이 말 속에는 국가의 꿈과 국민의 꿈은 같은 것이라는 의미가 포함되어 있다. 누군가는 아메리칸 드림이 '개인의 꿈'을 강조한 반면 중국의 꿈은 '국가의 꿈'을 강조하므로 이 둘은 '일맥상통하지 않는다'라고 지적한다. 사실, 이런 주장은 중국의 꿈을 오해했을 뿐더러 아메리칸 드림도 잘못 이해한 것이다. 마틴 루터 킹 목사는 '아메리칸 드림'에 대해 다음과 같이 연설했다.

나에게는 꿈이 있습니다. 언젠가 조지아 주의 붉은 언덕 위에서 예전에 노예였던 부모의 자식과 그 노예의 주인이었던 부모의 자식이 한 식탁에 함께 둘러앉는 날이 오리라는 꿈입니다. (…) 언젠가 저의 네 남매가 피부색이 아니라 인격으로 판단되

는 국가에서 사는 꿈입니다. (…) 만일 미국이 위대한 국가가
된다면 이 꿈은 반드시 실현될 것입니다.

이 연설에서 강조한 것은 바로 사회 전체의 꿈이다. 물론
중국과 미국은 문화적 전통이 다르고 근현대 시대의 역사적
과제가 다르며 서로 다른 이데올로기와 발전 노선을 선택했
다. 따라서 아메리칸 드림은 '개인의 노력'이 가진 가치가 훨씬
부각된 반면 중국의 꿈에서는 '국가의 부강과 민족의 진흥'을
최우선 과제로 설정한다. 그러나 사회주의 시장경제와 민주
정치를 발전시키는 과정에서 우리는 "큰 강에 물이 있어야 작
은 강에 물이 찬다大河有水小河滿"라는 인식을 가지고 국가 부강
과 민족 진흥을 추구해야 한다. 시진핑이 '중국의 꿈'을 제기하
자 사람들은 "차이나 드림China Dream"으로 번역했지만 요즘에
는 "차이니즈 드림Chinese Dream"으로 번역하여 중국의 꿈을
'중국인의 꿈'으로 부각시키기 시작했다. 더 나아가 각 개인이
품은 구체적인 '꿈'의 가치에도 주목하고 있다. 시진핑이 "중국
의 꿈은 민족의 꿈이자 중국인 각자의 꿈中國夢是民族的夢, 也是每
個中國人的夢"이라고 강조했던 것처럼 말이다.

18차 당 대회 폐막식에서 시진핑은 중국공산당을 대표하
여 국민에게 엄중하게 약속했다. "행복한 삶에 대한 국민의
소망이야말로 우리의 목표다." 18차 당 대회에서 발표한 보고
서 역시 중국 특색의 사회주의를 견지하고 발전시키는 첫 번
째 '기본 요건'은 바로 "국민의 주체적인 지위를 견지하는 것"

이라고 밝히고 있다.

현재 절대다수의 중국인은 GDP 상승에서 눈을 돌려 더 좋은 교육, 보다 안정적인 직업, 더 많은 소득, 더 신뢰할 수 있는 사회보장제도, 더 쾌적한 주거 환경, 더 다양한 문화상품, 더 아름다운 환경에 대해 관심을 기울이며 더 많은 알 권리, 표현의 권리, 참정권, 감독권을 누리고 젊은 세대가 더 건강하게 성장하고 좋은 조건에서 일하며 더 행복하게 살 수 있기를 바란다. 중국인 각자가 이러한 염원을 추구하는 것이야말로 중국이 갖고 있는 국가의 꿈과 민족의 꿈을 실현하는 힘의 원천이 될 수 있다. 모든 국민이 법을 준수하고 사회규범의 마지노선을 넘지 않는 범위 내에서 개인의 직업에 대한 이상과 행복한 삶을 위해 노력하도록 국가가 독려하고, 이를 보장하기 위해 공평한 권리, 평등한 기회, 공정한 규칙이라는 경쟁 환경을 조성함으로써 각자가 자신의 꿈을 실현하고 성공적인 삶을 누릴 기회를 제공한다면 노동, 지식, 기술, 경영, 자본 등 각 분야가 시너지 효과를 발휘하고 사회적 부를 창출하는 원천이 샘솟아 중국의 꿈이 실현될 수 있을 것이다.

중국의 꿈은 '전체'와 '개인' 모두를 아우르고 있다. "큰 것을 이루어야 작은 것을 얻는다得其大者可以兼其小"(송나라 구양수 산문 「역혹문易或問」)는 말처럼 개인의 이상을 국가 부강과 민족 부흥이라는 대의 속에서 찾아야 궁극적으로 '전체의 꿈'과 '개인의 꿈' 모두를 실현할 수 있다.

하지만 중국에는 "남가일몽南柯一夢" "황량미몽黃粱美夢" "치인설몽癡人說夢 "백일몽" 등 꿈에 대한 부정적인 면을 환기시키는 옛말들이 있다. '중국의 꿈'이 이러한 부정적인 꿈이 아니라 아름다운 꿈으로 거듭나기 위해서는 갖은 노력이 필요하다. "꿈처럼 덧없는 인생"이라 한탄하며 '취생몽사醉生夢死'해서도, 국가의 꿈과 민족의 꿈을 '동상이몽'하게 만들어서도 안 된다. 또한 꿈에 지나치게 몰입한 나머지 '호접몽胡蝶夢'처럼 꿈과 현실을 혼동해 각자가 꿈을 꾸고 그것을 실현하는 주체라는 책임감을 잊어서도 안 된다.

지금은 과거 어느 때보다도 중국의 위대한 부흥이라는 목표에 가까워졌다. 개혁개방을 실시한 후 중국은 커다란 변화를 겪었다. 개혁개방 이전에는 200달러에도 못 미치던 1인당 GDP가 2013년에는 7000달러로 급증하였고, 경제규모 면에서 세계 제2의 경제대국으로 도약했다. '국민이 주인'이라는 말의 함의가 확대되고 표출 형식도 다양해졌으며 교육, 과학, 문화, 의료 분야가 눈부시게 발전하여 사회가 전반적으로 조화와 안정을 이루었고 중국공산당의 집권 능력 또한 날로 강화되고 있다. 이 모든 것이 중국의 꿈을 실현하는 탄탄한 토대이다.

그러나 중국은 여전히 개발도상국 수준에 머물러 있으며, 13억 인구의 행복하고 아름다운 삶을 창출하기란 결코 쉽지 않다. 중국의 발전 여정에는 아직도 수많은 난관과 도전이 도사리고 있다. 각고의 노력을 지속적으로 기울여야만 하는 이유다.

중국의 꿈을 실현하기 위해서는 중국만의 길, 즉 '중국 특색의 사회주의'의 길을 가야 한다. 중국 특색의 사회주의는 지난 30여 년간 개혁개방 정책을 실시하면서 체득한 것이며 60여 년 전 중화인민공화국이 수립된 이래 끊임없는 실험과 연구 끝에 얻은 답이다. 또한 근대 이후 170여 년에 걸쳐 수많은 사건을 겪은 끝에 도출한 결론이자, 오천년 중국사의 유구한 문명을 계승해 얻은 해답이다. 한마디로 중국 특색 사회주의의 길은 역사적 선택이었다.

철학에서 근본 명제란 가장 근원적이고 본질적인 문제를 가리킨다. 각 시대마다 각각의 근본 명제가 있다. 1840년 서구 열강의 함선과 대포가 강제로 중국의 문을 열어젖힌 후 "굴욕과 고난으로부터의 탈피"가 그 시대의 근본 명제가 되었다. 이 명제를 해결하기 위해 중국에서는 여러 가지 움직임이 있었다. 양무운동은 서양의 문물을 수용해 부국강병을 시도했고 무술년에 일어난 변법자강운동은 변법을 통해 부국강병을 추진했으며, 신해혁명(1911)으로 중화민국이 탄생했고 5·4운동은 과학과 민주주의의 발전을 부르짖었다. 이처럼 시대의 고통을 외면하지 않고 국가와 국민을 구하는 길을 모색했던 수많은 지식인이 세대를 거듭해 분투했지만 중국인을 지옥의 나락에서 구해내지는 못했다.

오직 중국공산당만이 인민을 이끌고 피의 항쟁을 거쳐 민족 독립과 인민 해방을 실현하는 지난 시대의 명제를 성공적으로 해결했다. 신중국 수립 이후에는 사회주의 건설 방법을 모색하는 것이 시대의 근본 명제로 떠올랐다. 마오쩌둥은 「10대 관계론」 「인민 내부의 모순을 올바르게 처리하는 문제에 관하여」라는 글에서 "소련을 거울로 삼자以蘇爲鑒" 제안하며, 중국의 현실을 고려해 독자적인 노선을 취하고 중국식 공업화를 실시함으로써 시대적 명제에 대한 해답을 구해야 한다고 역설했다. 그러나 대약진, 문화대혁명 등 '극좌'적인 사상의 영향으로 이론이 현실에서 괴리되어 사회주의 건설을 위한 모색이 크게 좌절되었다.

1978년 중국공산당 제11기 중앙위원회 제3차 전체 회의(11기 3중 전회)는 마오쩌둥의 노선을 그대로 따라야 한다는 화궈펑華國鋒의 주장인 '양개범시兩個凡是' 이론의 사상적 굴레에서 벗어나 역사의 과오를 바로잡고 경제 건설을 중심으로 한 올바른 실용주의 노선을 확립했다. 그 후 "사회주의란 무엇인가? 어떻게 사회주의를 건설할 것인가?"라는 문제가 개혁개방 시대의 근본 명제가 되었다. 덩샤오핑은 드디어 남방 담화南方談話(1992년 중국 남부의 경제특구를 순시하며 개혁개방의 확대를 주장한 담화. 남순강화南巡講話)에서 이렇게 강조했다.

"계획경제와 시장경제 중 어느 쪽의 비중이 높은지는 사회주의와 자본주의를 구분하는 본질적인 요인이 아니다. (…) 이로써 중국 특색의 사회주의 현대화 건설이라는 열차는 고속 주행의 시대에 진입했고 개혁개방은 새로운 역사적 단계에 들어섰다. 과거의 역사가 이 노선을 선택했고 미래의 역사가 이 노선이 중국의 현실과 부민강국에 부합하는 올바른 노선임을 증명할 것이다.”

중국의 꿈을 실현하기 위해서는 중국의 정신, 즉 애국주의를 핵심으로 한 민족정신과 개혁·혁신을 중심으로 한 시대적 정신을 고취해야 한다. 애국주의는 중국의 위대한 부흥을 위한 깃발이고 중국인의 화합을 이루는 정신적 유대이며 아름답고 행복한 국가를 일구는 정신적인 힘이다. 이는 낡은 틀에서 벗어나 과감한 탐색과 모색을 시도하는 사상, 남들보다 뒤처지지 않고 앞서고자 하는 사명감, 한 치의 동요 없이 자강불식하고자 하는 정신이 개혁과 혁신으로 구체화된다. 중국의 정신은 한마음 한뜻으로 부민강국을 실현시키고자 하는 영혼이며 중국인 모두를 일으켜 세우는 힘이다.

중국의 꿈을 실현하기 위해서는 중국의 역량을 하나로 모아야 한다. 다시 말해 중국의 56개 민족이 일치단결해야 한다. 중국의 꿈에는 중국 국민 전체의 이익을 실현하겠다는 강한 의지와 공통의 열망이 깃들어 있다. 개인의 미래와 운명은 국가, 민족과 긴밀하게 연결되어 있음을 역사와 현실이 말해준다. “시냇물이 흘러 바다가 되고 티끌이 쌓여 산이 된다涓流彙海, 聚沙成塔.” 탁상공론은 나라를 망치지만 실질적인 행동은 나라를 발전시킨다. 13억 인구의 지혜와 노력을 한데 모으면 누구도 감히 무시할 없는 위력을 발휘할 수 있다.

중국의 꿈을 실현하기 위해서는 평화 발전의 길을 고수해야 한다. 이는 170여 년 전의 치욕을 씻어내고 다시 국제사회에 우뚝 서겠다는 의미로, 100여 년 전 서구 열강이 품었던 패권 장악의 꿈과는 다르다. 시진핑은 프랑스를 국빈 방문했을 때 이렇게 말했다.

"나폴레옹은 중국을 두고 '잠자는 사자'라고 일컬으면서 이 잠자는 사자가 깨어나면 세계가 두려움에 떨 것이라고 말했다. 이제 중국이라는 사자가 깨어났다. 하지만 그 사자는 '평화롭고 친근하며 교양 있는 사자'다."

중국의 꿈은 평화와 발전과 협력과 상생의 꿈이다. 중국은 자국의 발전을 위해 노력할 뿐 아니라 세계에 대한 책임을 다하고 세계의 발전을 위해 기여하며 중국 국민뿐만 아니라 전 세계인의 행복을 위해 노력해야 한다는 말이다. 곧 "평화롭고 친근하며 교양 있는 사자"로 깨어난다는 말은, 중국의 발전이 세계에 위협이 아니라 궁극적으로 세계 평화와 안정과 발전을 촉진하고, 세계의 다른 개발도상국가의 현대화에 다양한 본보기를 제공하며, 더 많은 발전의 기회를 가져온다는 점을 보여줄 수 있다는 의지가 담긴 표현이다.

시진핑이 중국 국가주석 및 중국공산당 총서기에 선출된 후 첫 해외 순방을 나설 때, 그의 곁에는 부인 펑리위안彭麗媛도 함께였다. 오랫동안 '중국의 국민가수'로 사랑받아온 펑리위안은 그 후 잦은 해외 순방길에 세련되면서도 중국 고유의 특색이 묻어나는 패션을 선보여 중국 국내뿐 아니라 해외에서도 '패션 외교'의 선풍을 일으키며 크게 회자되었다.

그녀가 공식석상에서 착용한 옷, 신발, 가방 등 패션 아이템은 모두 중국 디자이너의 작품이며 중저가 제품이 대부분이다. 중국 디자이너의 의상 및 중저가 제품을 선호하고, 양장을 입더라도 치파오의 형식을 차용한 의상으로 중국의 특색을 강조하면서 세계적인 패션 트렌드에 결코 뒤처지지 않는 세련미와 화려함을 선보인 펑리위안은 '중국의 퍼스트레이디'의 새로운 상을 제시했다. 또한 중국 국민의 자부심을 드높이고 국제사회의 중국에 대한 호감도를 한껏 끌어올렸다.

부창부수라 했던가. 시진핑의 화법은 부인 펑리위안의 패션 스타일과 꼭 닮았다. 펑리위안의 패션과 마찬가지로 시진핑의 화법 역시 서민적이고 친숙하며 중국 고유의 문화적 특성을 담고 있다. 또한 시대의 흐름이나 글로벌 환경에 뒤처지지 않는 시대정신을 강조하며, 거기에 그치지 않고 미래의 발전상을 선도한다. 중국인이라면 누구나 일상에서 한 번 이상 들어봤을 법한 친근한 속언과 속담, 최신 유행어, 글로벌 이슈를 일컫는 각종 시사용어, 중국의 전통과 중국인의 철학이 담긴 고대 경전의 구절 등을 적재적소에 활용하며 현재 중국이 처한 입지를 정확하게 분석하고 드러나거나 감춰진 문제점을 통렬하게 지적하면서 그 해결책과 앞으로 나아갈 방향을 제시하는 것이다.

이 책은 시진핑이 각종 크고 작은 공식석상에서 했던 연설이나 강연, 담화 가운데 이 같은 특징을 가장 효과적으로 드러낸 대표적인 표현들을 실었다. 이 책에 실린 시진핑의 말들과 그 말들의 유래, 내포된 함의, 시진핑이 그 표현을 사용한 사회문화적 배경 및 의도 등을 알기 쉬우면서도 정확하게 분석한 해설을 읽다 보면 시진핑의 한마디 한마디는 결코 국가 지도자가 공식석상에서 의례적으로 할 법한 형식적이고 정치적인 수사가 아니다. 이는 시진핑이 바라보는 중국, 시진핑이 진단하는 세계, 시진핑이 꿈꾸는 중국과 세계의 미래, 즉 시진핑의 국정 운영 철학을 매우 함축적으로 전달하는 효과적인 도구라는 것을 알 수 있다. 그리고 시진핑은 말 속에 담은 그의 국정 운영 철학을 이미 하나씩 행동으로 옮겨 보여주고 있다. 시진핑의 말은 단순한 '말'이 아니라 중국의 과거, 현재, 미래, 중국의 발전 과제와 방향, 해결방안을 대내외에 선포하고 그에 따라 변화하는 모습을 보여주는 '행동 양식'인 것이다.

중국의 발전상을 정확하게 이해하고 그에 적절하게 대응하는 능력을 키우는 것이 각국의 최대 화두로 떠오른 지금, 무엇보다도 먼저 '시진핑의 화법'에 주목할 필요가 있다.

시진핑의 말
平 易 近 人

초판인쇄 2015년 8월 17일
초판발행 2015년 8월 24일

지은이 천시시
옮긴이 박영인
펴낸이 강성민
기획 노만수
편집 이은혜 박민수 이두루 곽우정
편집보조 이정미 차소영 백설희
마케팅 정민호 이연실 정현민 지문희 양서연
홍보 김희숙 김상만 한수진 이천희

펴낸곳 (주)글항아리 ǀ 출판등록 2009년 1월 19일 제406-2009-000002호

주소 413-120 경기도 파주시 회동길 210
전자우편 bookpot@hanmail.net
전화번호 031-955-8891(마케팅) 031-955-8897(편집부)
팩스 031-955-2557

ISBN 978-89-6735-244-8 03300

에쎄는 (주)글항아리의 브랜드입니다.

이 도서의 국립중앙도서관 출판예정도서목록(CIP)은 서지정보유통지원시스템 홈페이지(http://seoji.nl.go.kr)와 국가자료공동목록시스템(http://www.nl.go.kr/kolisnet)에서 이용하실 수 있습니다.